THE ABSOLUTE
PRINCIPLE

硬道理

上市公司高质量发展的
十项修炼

宋志平 著

机械工业出版社
CHINA MACHINE PRESS

图书在版编目（CIP）数据

硬道理：上市公司高质量发展的十项修炼 / 宋志平著 . -- 北京：机械工业出版社，2025.7（2025.8 重印）. -- ISBN 978-7-111-78834-8

I. F279.246

中国国家版本馆 CIP 数据核字第 2025FV0955 号

机械工业出版社（北京市百万庄大街 22 号　邮政编码 100037）
策划编辑：吴亚军　　　　　　　　　　　　责任编辑：吴亚军　李志斌
责任校对：王小童　张慧敏　李可意　景　飞　责任印制：刘　媛
三河市宏达印刷有限公司印刷
2025 年 8 月第 1 版第 2 次印刷
170mm×230mm・22 印张・3 插页・292 千字
标准书号：ISBN 978-7-111-78834-8
定价：99.00 元

电话服务　　　　　　　　　网络服务
客服电话：010-88361066　　机　工　官　网：www.cmpbook.com
　　　　　010-88379833　　机　工　官　博：weibo.com/cmp1952
　　　　　010-68326294　　金　书　网：www.golden-book.com
封底无防伪标均为盗版　　　机工教育服务网：www.cmpedu.com

序

宋志平先生是我国著名企业家，管理领域的著作等身。他的管理思想根植于丰富的企业实践，融合了东方智慧与西方现代管理理念。他曾同时出任中国建材集团和国药集团的董事长，并将它们带入《财富》世界500强行列。在我国，同时出任两家央企的董事长，实属罕见。宋志平先生陆续卸任这两家央企的董事长后，又先后出任中国企业改革与发展研究会会长、中国上市公司协会会长。

我和志平会长都很关心中国资本市场的发展，经常一起参加有关的专业会议和学术论坛。我多次倾听了他有关管理理念、上市公司发展和资本市场改革等方面的演讲。他将管理理论与实践案例相融合，演讲内容相得益彰，有趣而立体。他强调，现代企业家要重视战略管理，注重资源整合，着眼于创新和价值创造，并不断超越自我。

基于丰富的管理实践，志平会长先后出版了《包容的力量》《经营方略》《三精管理》《有效的经营者》等著作，他所倡导的"共生共享"理念，为中国企业特别是国企、央企提供了重要的管理范式。现在，摆在我们面前的这部新作《硬道理：上市公司高质量发展的十项修炼》，全面地概括了上市公司高质量发展的十项修炼，即"治理规范、突出主业、创新领先、产品卓越、品牌卓著、回报股东、并购重组、双循环市场、防范风险、社会责任"。这十项修炼简明而清晰地概括了上市公司高质量发展的核心要点，既是过往实践的总结，也是现代企业管理精髓的提炼。这是一部系统讨论如何提高上市公司质量的著作，内容翔实、案例鲜活、观点突出，相信必将促进我国上市公司做强做优做大，既值得上市公司的管理人员阅读，也值得关心资本市场和上市公司质量的读者阅读，书中的观点和思路实际上对广大非上市公司也有着重要的指导意义。

在中国，资本市场的可持续发展需要三个要素的支撑或保障。

第一，上市公司的竞争力和可投资性，这是资本市场发展的基石和必要条件。上市公司的竞争力和可投资性，来自广大利益相关者对企业的成长预期。企业成长预期最重要的影响因素是科技创新、产业赛道、管理模式和企业家精神。为此，必须推动上市公司的结构调整和制度变革，大力培育企业家精神。

第二，充分的流动性，这是资本市场发展的重要保障和充分条件。充分的流动性既包括市场资金的充足，又包括市场发展所必需的流动性战略储备机制。为此，需要拓宽市场化投资资金进入资本市场的渠道，打通各类市场化投资资金进入市场的痛点和堵点。与此同时，从宏观和战略层面，需要构建维护资本市场稳定的战略性储备资金。

第三，资本市场全链条式的制度改革和规则完善，这是资本市场"三公"原则实现的前提。中国资本市场制度改革和规则完善的重点是：构建对违法违规者具有巨大威慑作用的法律法规；正确理解注册制条件下IPO的边界和精髓；改革并进一步完善大股东减持规则；加大对上市公司和中介机构失职、失信、违规违法行为的监管与法律处罚，彻底消除"埋雷""暴雷"现象；规范并完善退市机制，建立中小投资者利益保护和赔偿机制；重视市场并购重组功能，简化并购重组程序。

如果我们能从上述三个方面去深刻理解中国资本市场改革的基本要点，并着力推进这些改革，完善相关规则和政策，那么中国资本市场的未来一定是可期的。

是为序。

吴晓求

2025年6月8日于北京

中国人民大学国家金融研究院

目 录

序

第 1 章　治理规范　　1

公司的独立性　　2
公司人格独立　　2
股权制衡与治理结构独立　　6
经营决策独立　　8

合规经营　　11
制度合规　　12
运营合规　　14
财务合规　　16

信息公开透明　　19
真实、准确、完整地披露信息　　19
按时规范地披露信息　　21

	做好业绩说明会和路演	23
	最佳实践案例：美的集团的公司治理	25
第2章	**突出主业**	**32**
	做强主业	33
	业务选择的三原则	34
	做企业的四大核心	36
	业务归核化	39
	专业化与多元化的对立统一	41
	提高企业核心竞争力	44
	核心竞争力是一种组合力	45
	构筑动态竞争优势	49
	从竞争到竞合	50
	专精特新	55
	打造专精特新企业	55
	专精特新的核心在于技术	57
	深耕细分领域	59
	最佳实践案例：宁德时代深耕主业发展	61
第3章	**创新领先**	**68**
	有效的创新	69
	有目的、有效益、有组织的创新	70
	创新并非总是从零开始	73
	创新要善于把握机遇	75

创新离不开资本市场	77

选择适合的创新模式 79

自主创新	80
集成创新	82
持续性创新	84
颠覆性创新	86
商业模式创新	88

大力发展新质生产力 91

新质生产力的三大发展方向	91
科技创新与产业创新的融合	94
企业家精神和创新文化	97
创新 + 资本 + 制造 + 市场	99

最佳实践案例：联影医疗的创新突破 102

第 4 章　产品卓越　108

精细管理 109

树立正确的质量观	109
降本增效的两大利器	112
好学易用的管理工法	115
三精十二化	118

产品四化 122

高端化	122
绿色化	124
智能化	126

服务化 129

　五优飞轮 131
　　　从"五优路线"到"五优飞轮" 131
　　　"五朵金花"般的服务 133
　　　定价权应收归管理层 135
　最佳实践案例：北新建材打造世界一流产品 136

第 5 章　品牌卓著　143

　品牌创造价值 144
　　　进入品牌新时代 145
　　　质量创造品牌，品牌创造价值 146
　　　品牌建设的重要事项 150

　重视品牌投入 153
　　　像投装备那样投品牌 153
　　　单品牌与多品牌策略 155
　　　讲好品牌故事 158

　品牌是一把手工程 160
　　　向瑞士和法国企业学做品牌 160
　　　一把手要执掌品牌战略 162
　　　一把手是品牌的最佳代言人 164
　最佳实践案例：安踏的世界品牌之路 165

第 6 章　回报股东　172

　加强市值管理 173

　　　　资本市场的新规律　　　　173
　　　　做好市值管理工作的重点方向　　　　175
　　　　提高市值的有效策略　　　　177
　　　　国有控股上市公司的市值管理　　　　179
　　重视分红和回购　　　　182
　　　　分红要把握好两点　　　　182
　　　　回购要答好五问　　　　185
　　　　分红与回购"双管齐下"　　　　187
　　追求永续经营　　　　189
　　　　做好长期和滚动发展规划　　　　189
　　　　适时开启第二曲线　　　　191
　　　　坚持稳健的现金管理　　　　192
　　　　做好企业一把手的传承　　　　195
　　最佳实践案例：中国神华——回报股东的典范　　　　199

第 7 章　并购重组　　　　205

　　并购重组的战略价值　　　　206
　　　　并购重组的意义　　　　207
　　　　有机并购重组　　　　212
　　　　并购重组的"三盘牛肉"　　　　214
　　并购重组的原则　　　　217
　　　　服从企业战略　　　　217
　　　　产生明显效益　　　　219
　　　　实现协同效应　　　　221

风险可控、可承担　　　　　　　　　　　　　223
　并购重组后的整合与融合　　　　　　　　　　　225
　　　机构整合重在精干化　　　　　　　　　　　225
　　　业务整合重在调整优化　　　　　　　　　　227
　　　市场整合重在打造核心市场与利润区　　　　229
　　　管理整合重在工法　　　　　　　　　　　　232
　　　文化整合重在融合　　　　　　　　　　　　235
　最佳实践案例：海信的并购重组式发展　　　　　237

第8章　双循环市场　　　　　　　　　　　　　　243

　深耕国内市场　　　　　　　　　　　　　　　　244
　　　做好市场定位　　　　　　　　　　　　　　244
　　　进行差异化竞争　　　　　　　　　　　　　247
　　　要在国内销售最好的产品　　　　　　　　　250
　　　扎实做好营销渠道　　　　　　　　　　　　251
　积极开拓国际市场　　　　　　　　　　　　　　253
　　　从产品"走出去"到企业"走出去"　　　　254
　　　海外并购与海外建厂　　　　　　　　　　　256
　　　抱团出海的三大策略　　　　　　　　　　　258
　双循环互相促进　　　　　　　　　　　　　　　261
　　　强化国内大循环的主体地位　　　　　　　　261
　　　企业"走出去"的原则与注意事项　　　　　263
　　　增强两个市场的联动　　　　　　　　　　　265
　最佳实践案例：海尔的全球化发展　　　　　　　267

第9章 防范风险   273

风险管理的框架   274
    风险识别   274
    风险评估   276
    风险规避和应对   278
    风险监控   280

应对五大常见风险   281
    防范周期性风险   282
    降低决策性风险   284
    警惕资金链风险   286
    规避大企业病风险   288
    化解"走出去"风险   290

处置风险的原则   292
    用制度来"治未病"   293
    早发现、早处置   294
    将损失降至最低   296

最佳实践案例：工商银行——防范风险的典范   298

第10章 社会责任   304

关注利益相关者   305
    做企业要以人为中心   305
    做企业的目的是让社会更美好   307
    做有品格的企业   309

  做企业的三重境界 312
建立共享机制 313
  没机制，神仙也做不好企业 314
  从激励机制到共享机制 315
  机制工具箱 317
推动可持续发展 320
  积极应对气候变化与"双碳"问题 320
  企业经营的价值排序 323
  注重可持续发展的方法 325
  站在道德高地做企业 327
最佳实践案例：中国移动履行社会责任模式 329

后记 336

第 1 章
Chapter 1

治 理 规 范

———

公司治理是决定上市公司高质量发展的关键要素。在企业中，经营是做正确的事，目的是提高效益，管理是正确地做事，目的是提高效率，而治理则是制定行权规则，目的是防范决策风险。治理并不是上级管下级，而是所有权和经营权分离之后，公司的所有者和经营者、决策者和执行者之间形成并制定出来的一套行权规则。

在国企改革、民企发展过程中，我国企业立足中国国情，积极借鉴国际优秀企业的成功经验，逐步形成有中国特色的公司治理经验和模式。过去多年来，我亲身经历了国企走向市场过程中所进行的现代企业制度变革，从实践中体会到规范的公司治理既是市场对企业的客观要求，也是企业稳健成长的自身需要。良好的公司治理是一个多维度的概念。

《OECD公司治理原则》是公认的国际公司治理领域的"黄金准则"，

包括六大核心原则，其中就有要构建起有效的公司治理框架，明确股东会、董事会与管理层的权责边界，这为监管当局制定本国的法律法规和监管规定提供了指引。中国证券监督管理委员会（简称"中国证监会"）2002年首次发布了《上市公司治理准则》，2018年9月、2025年3月先后进行了修订，新修订的《上市公司治理准则》的目的是规范上市公司运作，提升治理水平，保护投资者合法权益，促进资本市场稳定健康发展。该准则强调了股东权利保护、信息披露透明、董事会独立性及可持续发展目标等。2025年5月发布的《中共中央办公厅 国务院办公厅关于完善中国特色现代企业制度的意见》，要求把规范公司治理作为完善中国特色现代企业制度的重点工作。

公司的独立性

公司的独立性是现代公司治理的核心命题，它决定着公司能否在复杂的市场环境中保持战略定力，实现可持续发展。从当年的琼民源事件和德隆事件到两康事件，以及最近揭露的个别上市公司财务造假事件，这些公司治理危机不断警示着我们：公司的独立性绝非可有可无的装饰品，而是攸关公司生死存亡的生命线。上市公司的独立性对于维护市场公平、保护投资者利益以及促进公司健康发展具有重要意义。公司的独立性主要体现在股权制衡、治理结构、经营决策、财务报告、关联交易等方面，确保公司能够独立于控股股东、实际控制人以及其他关联方，以避免利益冲突，确保公司决策的公正性和透明度。

公司人格独立

在公司治理中，最重要的是公司的独立性，而公司的独立性所带来的最大影响是公司股东的有限责任。当我们创立起一家公司时，就要知道这家公司是独立的，这里的"独立"是指法人财产权独立。公司一经注册，根据《中华人民共和国公司法》(简称《公司法》)第三条规定，公司是企业法人，有独立的法人财产，享有法人财产权。公司和股东独立，公司以它的全部财产对自身的债务承担责任。换句话说，《公司法》赋予了公司独立于公司股东的法律人格，公司作为民事权利主体，具有权利能力和行为能力，这不仅让公司能以自己的名义拥有财产、订立合同、起诉、承担责任，也将公司的财产与股东的财产区分开来。虽然股东出资注册了公司，但是它不完全归股东所有。从治理的角度来看，股东应该根据《公司法》等对董事会的规定开展相关工作，股东推荐董事和选举董事的权利是通过股东会来行使的。

大家常见的有限责任公司、股份有限公司，其中都有"有限"两个字，这该怎么理解呢？股东出资是有限的，股东所承担的责任也是有限的。在对公司承担责任的时候，有限责任公司的股东在自己认缴出资额的范围内承担责任；股份有限公司的股东在自己认购股权的范围内承担责任。从某种意义上说，《公司法》也是保护股东的。股东出资100万元注册了公司，出于经营不善等原因，这家公司破产了，为什么会破产？那就是资不抵债了。这里的"资"指的是什么？它是指公司独立的法人财产权中的"资"，而不是公司股东自己的所有资产，这是有本质区别的。当然，有限责任也意味着不能超越股东的权利去干预这家公司，不得做出幕后交易、操纵公司等过分伸张权利的行为，否则公司就不独立了，股东就要承担并不应由股东承担的对公司的无限责任。这就是法律中所谓的"刺破公司面纱"，又叫公司人格否认。

公司的独立性是国内外企业经营过程中规避法律风险的关键。就公司的独立性而言，如果没有遇到大的法律纠纷问题，大家可能不会那么重视公司的独立性，而一旦自己的企业遇到了法律纠纷，尤其是国际法律纠纷，就会发现规范的公司治理多么重要，公司的独立性多么重要，遵守《公司法》多么重要。对上市公司而言，股东除了参加股东会进行投票表决外，无权随意支配公司的财产；除了按股份额领取股息、红利外，也不能侵占公司的任何其他利益。这是上市公司保障股东利益的重要原则。我认识一位在国外开公司的朋友，他有一辆汽车，税务部门要求他把这辆汽车一年里发生的各种费用划分清楚，有多少是为公司花费的，有多少是为个人花费的，不能把个人产生的费用放在公司里报销。但是，有的公司在报销等方面因公与因私就没分得那么清楚，之所以出现这种现象，就是因为有些人没有真正理解《公司法》，不懂得公司的独立性和股东责任的有限性意味着什么，不明白股东的权责利。在公司里，股东可以分红，可以改组董事会，但是不得支配公司的财务，不得侵占公司的利益，哪怕是独资公司也不行。毕竟，股东利益是全体股东的利益，而不只是大股东或控股股东和实际控制人的利益，尤其是要照顾中小股东的利益，体现平等待遇。

《上市公司治理准则》对上市公司的独立性进行了专门的阐述，其中第六十二条规定："控股股东、实际控制人与上市公司应当实行人员、资产、财务分开，机构、业务独立，各自独立核算、独立承担责任和风险。"简单来说，它可以概括为"三分开两独立"。在人员分开方面，《上市公司治理准则》第六十三条进一步规定："上市公司人员应当独立于控股股东。上市公司的高级管理人员在控股股东不得担任除董事、监事以外的其他行政职务。控股股东高级管理人员兼任上市公司董事的，应当保证有足够的时间和精力承担上市公司的工作。"如果不分开，想做到规范治理，想让上市公司独立运行是非常困难的，就容易产生关联交易、幕后操作等。直至今天，"三分开两独立"实际上在有的企业执行得并不好。上市公司的独立性弱、母子公司不分、母子公司"从左口袋到右口袋"、母子公司给控股公司做担保等现象仍然存在，这些都与"没分开"有关。

1994年，我带领北京新型建筑材料总厂（简称"北新总厂"）入选"百户试点"⊖单位，北新总厂在当时也是建材行业唯一的试点企业。1996年，北新总厂实现了国有总厂的成功改制，由工厂变身成了有限公司。1997年，在有限公司的基础上用一些良性的资产吸引投资成立股份公司，北新集团建材股份有限公司（简称"北新建材"）就是在那个时候成立并在深圳证券交易所上市的。上市最重要的是引进了市场化机制，北新建材那时便开始以新型国企的姿态逐步进行了一系列适应市场竞争的规范治理和管理，通过市场化改造和历练，从传统国企向产权清晰、权责明确、政企分开、管理科学的现代企业转变。北新建材最初从北新建材集团有限公司（简称"北新集团"）中单独拿出来上市，在这个操作过程中，就坚决执行了"三分开两独立"。北新集团与北新建材是完全分开的，两块牌子、两套人马，两个不同的办公地点，财务与资产也分开了，业务也都是各自独立的，"三分开两独立"极大地维护了北新建材的独立性。

目前，我国法律已经确立了公司人格独立制度，但在现实中，仍不同程度地存在滥用公司人格独立的行为。有的公司为享受优惠政策而在特定地区设立，但并不在该地区开展业务，人们将这种情形称为"借窝生蛋"。有的公司成立后，股东就将公司注册时所投入的资金转移或抽逃出去，接着大量举债，当债权人事后发觉并追究时，才知道公司已经一无所有，债权人因无法对幕后股东追偿而束手无策，幕后股东则中饱私囊，逍遥法外，演变成公司入不敷出而幕后股东却越来越富有，人们将这种情形称为"金蝉脱壳"。还有的公司已经资不抵债，却在债权人申请公司破产还债之际，以公司原班人马和主要资产另行设立一家公司，致使原公司失去可用于偿债的资产，即企业空壳经营，债权人只能望新公

⊖ 所谓百户试点，就是我国20世纪90年代启动的一项国企改革试点工程，全称是"百户现代企业制度试点"，是国企改革从计划经济体制向市场化转型的关键探索。1994年正式启动，由国务院牵头，选择100家国企和56家企业集团进行公司制改造，推动国企建立现代企业制度，实现"产权清晰、权责明确、政企分开、管理科学"的目标。

司资产而兴叹，人们将这种情形称为"轻装突围"。在上市时，不少母公司将自己的主营业务、优质资产打包到了上市公司里。而母公司要发展，就需要扩张，但原先的主营业务已在上市公司里，怎么扩张呢？于是，它抵押上市公司的股票等，做了一些非主营业务，最后让上市公司背负一个庞大的母公司。如果处理不好母子公司关系，上市公司往往就会被拖垮。

股权制衡与治理结构独立

《中共中央办公厅 国务院办公厅关于完善中国特色现代企业制度的意见》中提出：发挥资本市场对完善公司治理的推动作用。强化控股股东对公司的诚信义务，支持上市公司引入持股比例5%以上的机构投资者作为积极股东。严格落实上市公司独立董事制度，设置独立董事占多数的审计委员会和独立董事专门会议机制。完善上市公司治理领域信息披露制度，促进提升决策管理的科学性。

对上市公司来说，良好的股本结构既不是一股独大，也不是股权过于分散。当前，有的上市公司仍存在一股独大的倾向，容易造成中小股东利益被忽视的情况。要解决这些问题，上市公司就要引入积极股东，优化股权结构，使公司加强内部制衡，公开透明地经营，保障中小股东的合法权益。从全球经验来看，相对集中的股权结构有利于公司长期发展，但股权集中度过高则会增加代理成本。合理的股权结构是维护公司独立性的关键，通过引入战略投资者、实施员工持股计划等方式，可以形成有效的股权制衡。腾讯的"合伙人制度"、阿里巴巴的"双重股权结构"都是股权制衡的创新实践，它们在保证创始人控制权的同时，也引入了其他制衡力量。

股权结构优化需要平衡各方利益。过度分散的股权结构可能导致"内部人控制"，而过度集中的股权结构则可能产生"大股东隧道效应"。

理想的股权结构应该保持适度集中,形成两三个主要股东相互制衡的格局:一般是选择一个战略投资者、两个左右的财务型投资者。以中国建材集团有限公司(简称"中国建材集团")旗下的北新建材、中国巨石股份有限公司(简称"中国巨石")的股权结构设计为例,中国建材集团作为产业投资公司,持有中国建材股份有限公司(简称"中国建材股份")50.01%的股权。中国建材股份作为第一大股东,持有北新建材37.83%的股权,中国建材集团在北新建材的国有股约为18.9%;中国建材股份持有中国巨石29.22%的股权,中国建材集团在中国巨石的国有股约为14.6%;北新建材、中国巨石的第二大股东、第三大股东,它们的占股比例都超过了5%,这样就形成了大家能够真正商量问题、互相制衡的股权结构。

股权结构是公司治理结构的基础,决定着治理机制的有效性,而公司治理结构是实现股权安排的制度保障。治理结构的独立性,重在制度设计,设计好谁来做决策,每个治理主体可以做哪方面的决策,各治理主体之间应该怎么制衡,这相当于是一种"顶层架构"的独立性。《公司法》中详细规定了股东会、董事会、经理层各自的权责边界,各方均应依法运行,确保所有权与经营权、决策权与执行权分离,这样才能保障公司的独立性。国有控股上市公司的党委会"前置研究"重大事项,厘清与董事会之间的权责边界,在"三重一大"决策机制中,决策运行体系进一步完善。

现在有些企业里常用的一些行政性文件等,实际上是公司治理结构中的瑕疵,超越了出资人权限。出资人与所出资企业之间并非简单的上下级关系,所出资企业需要依法向所有股东负责。一旦出资方超越了股东权限,有限公司就不独立了。公司章程、公司制度是保障公司独立性的好武器,《公司法》中没有明确说明的,可以在公司章程和制度中明确。好的制度设计可以防止控股股东通过关联交易、资金占用等方式损害公司利益。中国建材集团旗下有上千家企业,还有多个层级,集团创造性地运用"职能层级化"的治理架构来管理这些企业，通过派出董事来参与控股子公司的重大决策，明确对于超出控股子公司董事会权限的投资则要依据《公司法》，由控股股东通过股东会依法行使相关决策权。

在国有控股上市公司里，建立有中国特色的国有企业现代企业制度，要贯彻两个"一以贯之"：坚持党对国有企业的领导是重大政治原则，必须一以贯之；建立现代企业制度是国有企业改革的方向，也必须一以贯之。真正建立现代企业制度，必须健全公司法人治理结构，治理结构要有独立性。在国有控股上市公司中，要把党建融入公司治理，也要纳入公司章程。只有完善企业法人治理结构和健全市场化运营管理机制，才能实现企业的科学决策、规范内部管理。

经营决策独立

治理结构的独立性是公司经营决策独立的前提。董事会是公司治理的关键，董事会的职责是定战略、做决策、防风险。所以，经营决策的独立性主要看董事会。一方面，股东要做成"开明的股东"；另一方面，董事会要做成"伟大的董事会"，要独立运作，独立于管理层，避免成为"花瓶"，还要具备专业性和包容性。独立董事的比例、专业背景、履职能力等因素都影响着董事会的独立性。研究表明，董事会的独立性越强，公司越能抵制不当的关联交易和短视行为等。

2004年，国务院国有资产监督管理委员会（简称"国务院国资委"）开展建设规范董事会试点工作，要求外部董事在公司董事中占多数，聘请一些社会精英担任专门委员会主任。当时，央企和国企董事会改革的最大特点就是引入外部董事，打破内部人控制。此前，董事会里往往没有外部董事，而且党委会、董事会、办公会都是公司内的同一批人，只不过是分成了几块不同的牌子，后来引入了外部董事，外部董事还要占多数。中国建材集团、中国医药集团有限公司（简称"国药集团"）都是最早一批的董事会试点企业，那批共有7家单位。当时，中国建材集团一共11名董事，其中外部董事6名，内部董事5名。国药集团则是"三三制"的董事会结构，内部董事有3名，即党委书记、总经理、纪委书记兼工会主席；国资委系统外派3名董事；另外3名董事是聘请的社会精英。这个结构非常好，有不少是专家董事，对国药集团的发展起到了很好的推动作用，"三三制"董事会结构是我比较推崇的。现在，大部分央企和国企都已经做到了外部董事占多数。

福耀玻璃工业集团股份有限公司（简称"福耀玻璃"）的曹德旺很早就开始关注公司董事会的结构，采用的是"533"型董事会结构，也做到了外部董事占多数。股东会与董事会的行权规则完全依循《公司法》，不过，他们也做了一点改进，就是所有未经董事会通过的议案不得以其他方式提交股东会。当时，福耀玻璃的董事会共有11名董事，其中持股5%以上的股东占一个董事席位，共5名；外聘独立董事3名；内聘公司高管3名作为管理董事，主要代表职工权益。

董事会的独立性是公司经营决策独立的重要保障。建立专门委员会制度、完善议事规则、强化信息披露等措施，都能提升董事会决策的独立性。有些公司设立的"提名委员会"就是确保董事会独立性的制度创新。董事会文化对经营决策独立也有深远影响，一个公司的董事会文化应该是"独立、开放、包容"的，避免公司的经营决策被个别利益主导。美国通用电气公司（简称"通用电气"）推行的"建设性对抗"文化，有效提升了董事会决策的独立性和科学性。

在董事会里，我们还要保证独立董事的独立性，他们需要真正参与决策并制衡大股东的权利。无论是独立董事还是会计师事务所，都是公司请来的，这里就存在一个问题：独立董事能不能独立于公司，能不能独立于大股东、控股股东来做决策？独立董事即使是控股股东请来的，也要做到决策独立。我们要保证独立董事的独立性，尊重他们的权利，不能隐瞒，不仅要让他们知道好消息，也要让他们知道坏消息，让他们真正能为自己的行为负责。在有限公司中，董事应当对董事会的决议承担责任。董事会的决议违反法律、行政法规或者公司章程，给公司造成严重损失的，参与决议的董事对公司负赔偿责任；经证明在表决时曾表明异议并记载于会议记录的，该董事可以免除责任。因此，公司不仅要爱护每一位独立董事，还要保证他们都能按照自己的商业判断做决定。

董事会还有一项很重要的职权，就是选人用人。选对人用对人，对公司发展而言至关重要。在定战略、选业务时，要先事后人；而定好战略、选好业务后，就要先人后事了。即使有再好的战略、再好的业务，如果没有合适的人去执行，那恐怕也做不成。我这么多年选人的方法比较简单，就是德才兼备，以德为先、以才为主。以德为先就是要选好人，但做企业不见得是有好人就能做好的，也得有能人才行。大家问我："宋总，好人能人有多少？"实际上，好人中的能人也就30%左右。其实，企业家是个稀缺资源，可遇而不可求，能人以才为主，这"才"是什么呢？它主要有三层意思：一是专业主义者，就是干一行、爱一行、专一行、精一行的人，能把自己的事情说清楚；二是痴迷者，就是睁开眼睛就想工作的事，晚上睡觉之前也在想，半夜起夜还在想；三是过去工作有业绩，做成过事，这也很重要。我选企业一把手，一是德上必须可靠，二是一定要有能力。做企业是个非常复杂的事，并不容易。

公司的独立性是公司治理的"底线中的底线"，是公司健康发展的基石。除了要做到"三分开两独立"，做好股权制衡与治理结构独立，保持经营决策独立之外，公司还可以采取三个措施来维护自身的独立性。第一，格子化管控。这是我在中国建材集团时提出的一个管理模式，集团旗下有上千家企业，这些企业应该如何管理呢？这是很多人关心的事情，我的做法就是将集团内企业按业务领域划分，明确各自的战略边界和权责范围，避免母子公司间的越权干预。例如，母公司作为决策中心，不直接参与子公司的日常经营，仅通过战略指导和财务监督实现管控。第二，强化信息披露。公司的独立性需要以信息的真实性为基础，信息披露是资本市场的生命线，公司需要确保信息的真实、准确、完整和及时披露。一些上市公司董事长将信息披露视为董事会秘书的职责，其实不然，公司治理是一把手工程。第三，股权多元化改革。通过引入多元股东，比如民营资本可以与国有资本混合，这样民企可以学习国企在治理方面的规范性，而国企则可以实现股权结构优化，增强市场活力。此外，企业的一把手要亲自抓治理，通过《公司法》等法律手段保障公司的独立性。一家独立的企业更容易实现商业向善，兼顾股东、员工、客户和社会的利益，而非仅服务于大股东或控股股东的利益。

合规经营

合规性是公司治理的重要组成部分。习近平总书记在 2025 年民营企业座谈会上提到，希望广大民营企业和民营企业家胸怀报国志、一心谋发展、守法善经营、先富促共富，为推进中国式现代化作出新的更大的贡献。党和国家高度重视各类企业依法合规经营，党的二十届三中全会通过的《中共中央关于进一步全面深化改革 推进中国式现代化的决定》指出，支持引导民营企业完善治理结构和管理制度，加强企业合规建设和廉洁风险防控。新修订的《公司法》规定，国家出资公司应当依法建立健全内部监督管理和风险控制制度，加强内部合规管理。国务院国资委出台了《中央企业合规管理办法》，工业和信息化部等 15 部门办公厅联合发布了《关于促进中小企业提升合规意识加强合规管理的指导意见》，旨在引导中小企业增强合规意识，提升合规管理水平，防范生产经营风险，促进高质量发展。中国证监会不断强调上市公司的合规性，从上市公司的"入口"到持续监管，再到"出口"，监管机构正在建立更加严格的制度安排，坚决将造假者挡在市场门外，将公开透明的要求贯彻到公司信息披露的全过程。合规经营中有三点要特别注意，一是制度合规，二是运营合规，三是财务合规，我们要在企业里建立起完善的合规管理体系。

制度合规

制度合规是指在企业内部规章制度与外部法律法规相一致的情况下，确保企业的经营管理行为符合法律、法规、规章及其他规范性文件、行业规范和自律规则以及公司章程、内部规章制度等的要求。对上市公司来说，制度合规就是要严格按照《公司法》《中华人民共和国证券法》（简称《证券法》）和《上市公司治理准则》等，建立现代公司制度。从上市的那一天开始，上市公司就不再是过去的普通公司，而是进入了一个透明的舞台，所有的经营管理活动都要遵照规则执行。从实践来看，以公司章程、"三会"议事规则、信息披露管理制度、投资者关系管理制度等为基础的上市公司治理制度，基本上实现了应建尽建。当然，上市公司也要按照《公司法》等法律法规要求，健全公司治理制度，采取有效措施确保公司治理各项机制有效运行。对于运行中出现的问题，上市公司要及时进行整改，查漏补缺。

在治理机制中，董事会的合规运行尤为重要，是企业决胜市场的战略性力量。董事会一经选出，是独立于股东而运作的，并对公司承担法律责任。有的股东认为由自己推荐的董事必须代表自己的利益，实际上，董事应该根据商业逻辑、专业能力在企业发展和风险控制两难选择中独立做出判断并承担责任。在理论上，不论是股东推荐的董事还是公司聘请的独立董事，都要对公司负责，都要对自己的决策负责，而事实上很多人对此并不是很清楚。所以，董事不是光环和待遇，而是巨大的责任。康美药业案里的会计师事务所、独立董事都受到了处罚，这是里程碑式的事件，给上市公司敲响了警钟。

除了董事和高级管理人员要忠实勤勉履职外，上市公司也要充分发挥独立董事的作用。国务院办公厅印发的《关于上市公司独立董事制度改革的意见》明确，上市公司董事会中独立董事应当占三分之一以上，国有控股上市公司董事会中外部董事（含独立董事）应当占多数。要有效发挥独立董事参与决策、监督制衡、专业咨询的作用，防止独立董事变成"花瓶"董事。目前，我国上市公司独立董事规模超过1.2万人。中国证监会发布的《上市公司独立董事管理办法》，赋予中国上市公司协会建设和管理上市公司独立董事信息库的职责。通过市场化方式建立独立董事信息库，可以保证独立董事有更独立的来源，让资本市场对独立董事行为有一个历史性判断和客观评价。

近年来，随着监管力度的加大和市场环境的改善，上市公司的合规经营意识逐步增强，但仍存在一些问题。首先就是制度合规意识有待进一步提升，部分企业对制度合规的重要性认识不足，存在侥幸心理。有一些企业虽然建立了合规制度，但在执行过程中存在流于形式的现象。有了健全的合规制度，还要确保制度能够得到有效执行，通过监督和审计确保合规要求落到实处。中国石油化工股份有限公司（简称"中国石化"）制定了100多项内控制度，覆盖财务、采购等关键环节，每年还进行5000多次的内部审计，确保制度执行到位。关联交易严格遵循公平原则，100%经审批与信息披露，防范利益输送。2023年，中国石化组织20多万名员工参加合规培训，推动"依法治企"理念深入人心。

过去这几年，我在中国上市公司协会给1万多名上市公司的"董监高"（董事、监事、高级管理人员）做过培训。在培训的时候，我经常问他们有没有读过《公司法》《证券法》等，并不是所有人都回应说读过，有的人甚至认为这是董事会秘书（简称"董秘"）的事。关键少数的"董监高"都没认真研究过《公司法》等，怎么经营公司呢？这可不只是董秘的事，而是"董监高"自己的事，不然公司出了事自己要承担责任时还不知道这是怎么回事。所以，"董监高"一定要认真学习法律法规，一定要认识到公司治理的重要性，建立规范的治理结构，形成真正权责明确的制衡机制。

运营合规

运营合规是指企业在运营过程中严格遵守法律法规、行业准则以及内部管理制度，确保业务活动合法、合规，以降低风险，维护企业声誉和持续稳健发展。也就是说，运营合规主要关注两点：在外部，它要以法律法规为底线，明确合规边界；在内部，它要通过制度、流程将外部监管要求转化为可执行标准，形成内部控制体系。在强监管、高风险的市场环境下，我把这种外部遵循法规划底线、内部严守制度控流程的模式，称为运营的"内外双轨合规模式"。比如，在有的高监管行业，企业一般会将外部合规要求嵌入内部制度，同时通过内部控制体系确保执行。

相比于外部的硬性法律法规，公司内部的制度、流程更像是一种柔性管控，旨在构建起一种可执行的框架，用来转化外部监管要求。比如，我们可以将外部的法律法规等监管要求细化为企业内部的合规手册、控制流程等。法律法规也在不断地更新和完善，公司面临的法律环境日益复杂，尤其是对跨国经营的上市公司来说，不同国家和地区的法律法规差异增加了运营合规的难度。

如今，很多企业都在"走出去"，这些从事国际业务的企业在治理过程中很重要的一点是，要确保企业的内部控制体系是非常完善的。如果企业面向的是全球客户，拥有全球客户体系，那么客户对企业提出的法律或合规问题，特别是全球不同国家和地区的法律或合规问题的频率是非常高的。公司要建立起一整套法务体系，不仅包括公司治理的法务团队，还包括非常完善的内部控制体系。国际业务非常多的公司要规范化运营，从一开始就要避免国际法律问题。

吉利汽车的合规做得比较好，这是因为它在 2010 年收购沃尔沃之后，就派人到瑞典参加了第一次合规培训，那次培训开启了吉利汽车合规运营的大门。吉利汽车董事长李书福发现，国际大型企业都非常注重合规，普遍都有专门的合规部门、首席合规官，而那时国内企业很少有这样的机构和人员设置。为进一步与国际接轨，吉利汽车2014年邀请专业团队，专门为自己打造了一套合规体系，包括合规机构设置、合规机制运行、合规文化等。吉利汽车的"大合规"不仅涉及企业防范腐败的内容，还包括遵守法律法规、行业标准、规章制度、道德准则等内容。吉利汽车要求公司主要领导模范合规，中层骨干自律合规，全体员工学会合规。正如李书福所言，汽车工业是一场马拉松比赛，依法合规经营，企业才能走得更远。

我做中国建材集团董事长的时候，与当时世界第一大建材公司法国圣戈班集团的董事长交流过。我问他："你做董事长这么多年，主要管什么？公司里最大的事是什么？"他说主要有两件事情：一是分配薪酬，二是抓公司内部控制。我当时心里一愣，董事长要管公司内部控制吗？但是，回顾各个企业这么多年所发生的种种乱象，细想一下，就是因为公司内部控制形同虚设。实际上，西方国家的公司一般都会设置一个合规部门，对自己的员工开展合规调查；我国现在越来越多的上市公司也设置了合规部门和首席合规官，加大了对自己员工舞弊行为的调查。2024年，一家大型互联网上市公司进行内部合规调查，将39名涉嫌违法的犯罪人员移送司法机关，23家合作方被列入"永不合作主体清单"。

公司审计主要包括内部审计和外部审计。我们的董事会里有审计委员会，大多数公司都有审计部，每年都要做内部审计。但是，有些公司做得并不好，董事长也没把内部审计作为一项重点工作来抓。董事会应发挥好不同专业委员会的作用，尤其是发挥好审计委员会的作用。董事会中的审计委员会、公司的审计部与法律合规部都是合规工作的重要负责机构。为此，我们可以在公司内部构建起三道合规监督防线：第一道是业务部门，进行每日风险自查、合规自评；第二道是法律合规部、审计部，进行合规培训、月度专项审计；第三道是审计委员会，进行季度独立审查。上市公司要充分发挥审计委员会对财务信息、内部控制、内外部审计等工作的监督作用，健全公司内部监督机制。

财务合规

在资本市场中，上市公司的财务数据是投资者决策的重要依据。财务合规是指企业的一切经济活动（尤其是财务核算）都要符合国家法律法规、方针政策及内部控制制度等的要求。财务合规的核心在于严格遵循《中华人民共和国会计法》（简称《会计法》）和《企业会计准则》等法律法规，确保每一笔账目真实、准确、完整，经得起穿透式监管和时间的考验。比如，收入怎么确认、存货如何计价、成本如何结转等，公司要严格遵循《会计法》等做账，客观真实地反映自身经营的财务结果，坚决不做假账。

《会计法》明确规定"单位负责人对本单位的会计工作和会计资料的真实性、完整性负责"，财务造假将面临行政处罚、刑事追责乃至退市风险。从新闻报道中也能了解到，一些通过虚构合同虚增收入的上市公司，被监管机构罚款上亿元，主要责任人被判有期徒刑。当然，财务数据失真将导致投资者"用脚投票"。2023年就有一家公司因存货减值计提不充分被问询，它的股价暴跌15%。有些上市公司面对压力，比如业绩对赌等，可能就会通过一些技术手段和隐藏手段，在财务方面动起脑筋，主要有四种方式：一是收入造假，提前确认收入、虚构客户交易；二是成本操纵，费用资本化、存货跌价准备计提不足；三是关联交易隐匿，未披露关联方资金占用、利益输送；四是表外负债，通过SPV（special purpose vehicle，特殊目的公司）隐藏债务，规避监管。这些都是禁区，不做假账是底线，要严守。

20世纪90年代，英美有些上市公司丑闻不断。2000年后，美国先后发生了安然事件和世通事件，后来美国就出台了《萨班斯–奥克斯利法案》。自此，董事会从第一阶段的仪式型董事会转变成了第二阶段的开放型董事会。这又带来了另外一个问题，尽管每位董事都积极发言，但大家害怕承担法律责任，导致董事会往往做不出决策。而董事会的责任往往需要在风险和发展之间做好平衡，过于重视风险而忽视发展，企业可能会止步不前，但过于重视发展而忽视风险，企业可能会轰然倒下。其实，通过一个错误的决定和否决一个正确的决定，董事同样都负有责任。否决一个正确的决定，企业容易错失长远发展的机会。后来，董事会又进一步转变成了第三阶段的进步型董事会。这个阶段的董事会能够更好地平衡风险和发展的关系，为企业的发展与效益负责。

我国有些上市公司的董事会也遇到过类似的情况。康美药业事件就让董事承担了连带赔偿责任，有的独立董事觉得委屈，实际上这是董事应承担的责任。2020年3月1日起施行的修订后的《证券法》，加大对证券违法犯罪行为的打击力度，用法律法规严厉打击各种造假行为，并让造假者承担财务赔偿和法律责任，当然包括"看门人"，他们也有责任。投资者可以追诉到"看门人"，提起集体诉讼。

作为广大中小股东的"看门人"，会计师事务所、律师事务所和券商保荐人的合规也很重要。这些"看门人"必须依法依规出具报告。会计师事务所作为企业财务信息的核心鉴证者，它的合规性直接关系到数千万中小股东的切身利益。国家会计学院⊖成立时，时任总理朱镕基给学院的题词就是"诚信为本，操守为重，坚持准则，不做假账"，可见会计师事务所的工作多么重要。从康美药业财务造假案到康得新122亿元资金失踪，再到有的会计师事务所为恒大地产连续多年出具标准无保留意见审计报告，这些事件背后均暴露出其工作的失职。当审计报告沦为"橡皮图章"，"看门人"机制便形同虚设了。

会计师事务所是不能造假的。然而，有的会计师事务所仍会铤而走险造假。会计师事务所本来是"看门人"的角色，却没能把住门。每个企业要想上市就要有一个保荐人，它们是投行，也叫券商、保荐人，是来推销公司股票的，也负有很大的责任，是不能造假的。如果"看门人"都不合规，这会带来很大的危害。但是，会计师事务所的合规不是简单

⊖ 2002年更名为北京国家会计学院。

的流程优化，当审计费用不再与客户满意度挂钩，当技术手段能够穿透最精巧的财务魔术，当违法违规成本远超潜在收益的时候，"看门人"才能真正守住资本市场的底线。唯有如此，才能避免"两康式"的悲剧重演，让审计报告重新成为投资者信赖的"安全证书"。当然，业财一体化、大数据检测等智能监管的出现，也使得财务造假的空间越来越小。

除了制度、运营、财务尤其要注重合规外，当前新技术的发展和应用也带来了新的合规风险，如数据隐私保护、网络安全等。实际上，合规与风险管理是密不可分的，企业应该建立起完善的合规管理体系，识别并防范潜在风险，确保经营活动的合法性和规范性。中国移动的合规管理体系建设得非常完善，这主要得益于以下九个方面：公司高管重视，建立合规管理机构和工作体系，开展风险评估，制定合规管理政策与程序，对员工和第三方进行背景调查，合规培训，内审、监控、测试以及提供报告，建立合规的激励与约束机制，不断更新合规管理内容。结合自身实践，中国移动还归纳出六步法：一是完善制度，二是规范流程，三是制定指南，四是防控风险，五是开展培训，六是搭建平台。

值得注意的是，企业的合规义务不仅要非常明确，还要进行动态管理。合规义务要清单化，法律责任要穿透化，惩戒措施要立体化。以法律责任为例，尤其要注意特定角色人的违规，企业及管理层也是有连带责任的。合规不仅仅是董事会、管理层和几个关键部门的责任，还需要企业全员的参与。企业应通过专项的培训和文化建设，提升全员的合规意识，形成自觉遵守规则的文化。中国移动的合规文化理念是4句话、16个字，即"严守法纪、尊崇规则、践行承诺、尚德修身"。当然，合规建设也是一个长期的过程，需要持续的培训和制度建设，将合规意识融入日常运营中，形成长效机制。中国农业银行每年用于合规培训的投入超过亿元，覆盖40万名员工，确保合规文化深入基层。正是得益于严格的合规经营，中国农业银行资产规模突破40万亿元，连续多年稳居全球银行前10，在行业中保持领先优势。

信息公开透明

上市公司与非上市公司最大的区别就在于上市公司是一家公开、透明的公司，对所有股东都是一视同仁的。信息披露是资本市场的核心基石，不仅是上市公司履行透明经营责任的关键手段，更是投资者评估公司价值和风险的主要依据。在以信息披露为核心的注册制下，上市公司必须全面公开自己的经营状况、财务数据及其他关键信息，确保投资者能在充分知情的基础上做出理性的投资决策。提升信息披露的透明度对于规范市场行为、增强投资者信心，尤其是吸引中长期资金入驻至关重要。2025年3月，中国证监会发布了《上市公司信息披露管理办法》修订版，并对年度报告、中期报告的格式及编制规则做出了修订，2025年7月1日起实施。该管理办法第六十五条规定"上市公司按照证券交易所的规定发布可持续发展报告"，这是中国证监会首次在部门规章层面明确提出要发布"可持续发展报告"。

真实、准确、完整地披露信息

作为公众公司，上市公司建立在公开透明的基础上。真实、准确、完整的信息披露，有助于社会资源的优化配置。中国证监会十分重视上市公司的信息披露，因为这是资本市场的生命线。《证券法》第七十八条明确规定："发行人及法律、行政法规和国务院证券监督管理机构规定的其他信息披露义务人，应当及时依法履行信息披露义务。信息披露义务人披露的信息，应当真实、准确、完整，简明清晰，通俗易懂，不得有虚假记载、误导性陈述或者重大遗漏。证券同时在境内境外公开发行、交易的，其信息披露义务人在境外披露的信息，应在境内同时披露。"透明的信息让投资者能够看清上市公司的基本面，做出理性决策；也让上市公司赢得了信任，吸引了公司发展所需的长期资本。

上市公司必须明白，真实、准确、完整地披露信息，不仅是对投资者负责，也是对自己负责。对投资者来说，大家靠什么了解公司呢？那就是公司的信息披露，毕竟，很少有人会跑到公司的财务部去看公司账上的钱有多少，跑到公司的仓库去看库存有多少，等等。其实，注册制的前提是公司的信息披露必须准确，如果信息披露不准确，注册制是做不下去的。企业不能只披露对自己有利的信息，而隐瞒可能影响投资者决策的关键内容。信息披露的完整性，就像拼图，缺了一块，整个画面就无法完整呈现，投资者需要的是完整的图景，而不是拼凑的碎片。信息披露不真实、不准确和不完整，不仅会引发公司法律风险，还会误导投资者，让公司的信誉大打折扣，失去立足的根本。一旦公司选择隐瞒或虚报，短期或许能够掩盖问题，但长期来看，信任崩塌的代价远比眼前的利益惨重。资本市场是透明的，任何虚假信息最终都会被揭穿，而代价往往是毁灭性的。

信息披露不仅要真实、准确、完整，还要简明清晰、通俗易懂。在资本市场中，投资者来自各行各业，不是每个人都是金融专家。如果信息披露过于复杂，就像用密码写信，只有少数人能看懂，最终只会让市场失去信任。打个比方，同样讲安全生产，有的企业文件动辄几十页专业术语，员工看得云里雾里；而有的企业的安全手册用漫画配顺口溜，连临时工都能记住要点。上市公司披露的信息不是高深的学术论文，得让大众容易理解。

信息披露是保护投资者知情权的一个核心工作，不能有内幕消息，要让所有投资者都能公平获得信息。公司要做好定期的信息披露和临时的信息披露公告，尤其是投资者特别关心的公司发展战略、生产经营情况、财务指标和未来发展方向等，要及时进行信息披露，回应投资者的关切。在资本市场中，信息披露的公平性是不可动摇的基石。信息应当同时向所有投资者披露，不得提前向任何单位和个人泄露。而证券及其衍生品同时在境内境外公开发行、交易的，上市公司在境外市场披露的信息，应当同时在境内市场披露。只有所有投资者都能在同等条件下获取信息，市场才能真正实现资源的优化配置。提前泄露信息，哪怕只是对少数人，都会破坏资本市场的公平性，甚至引发严重的信任危机。这就像一场赛跑，所有选手都站在同一起跑线上，如果有人提前得知发令枪响的时间，就破坏了这场赛跑的公平性，比赛就失去了意义。

内幕信息的保密性至关重要。在内幕信息依法披露前，内幕信息的知情人和非法获取内幕信息的人不得公开或泄露该信息，也不得利用该信息进行内幕交易。内幕信息就像一把双刃剑，知情人如果不能"守口如瓶"，不仅会破坏资本市场的公平性，还会让自己陷入法律的泥潭。更为重要的是，内幕交易会破坏资本市场的信任基础，损害整个资本市场的健康发展。内幕交易看似隐蔽，但资本市场的监管机制日益完善，任何违规行为最终都会被揪出来。

按时规范地披露信息

上市公司应按监管的相关要求按时披露公司的季报、半年报和年报，并确保报告的合规性和准确性。我做中国上市公司协会会长这几年，平时会了解上市公司每年都是因为哪些方面的违规而受到了惩处，不少是因为信息披露不规范。上市公司不仅要披露好消息，还要如实披露负面信息，不能选择性披露或隐瞒负面信息，这是建立投资者信任的关键。信息披露不仅要包括财务数据，还应涵盖公司治理、可持续发展等方面的内容，以帮助投资者全面了解公司的运营状况和未来潜力。现在，越来越多的上市公司开始发布可持续发展报告，披露率逐年提升，这有助于推动公司治理与社会、环境的和谐发展。

绝大部分股东、独立董事、非独立外部董事主要都在公司的外部，他们参与公司决策和监督的前提是及时获得真实、准确、完整的公司信息。在信息披露中，独立董事要发挥有效的监督作用，积极参与公司决策，确保信息披露的真实性、准确性、完整性和公平性。另外，公司的一些业务流程要做好前置设计,以便让信息披露的管理者、负责人能在重大信息的前置流程里提前介入,避免漏报和漏披。同时,也能更好地向资本市场反映所有的重大事件,定期跟踪,在规范的信息披露基础上,向资本市场做更好的宣讲和解读。

上市公司加强信息披露的能力,主要包括建立完善的数据管理机制、提升量化披露水平,以及创新信息披露形式,以增强信息的有效性和可比性。上市公司可以参考国内外权威的信息披露标准,如《上市公司可持续发展报告指引》等,提升信息披露的规范性和专业度。信息披露无小事,一旦披露不当,就可能带来好多不可挽回的损失。我在中国建材集团做了18年的董事长,觉得要做好信息披露的统领工作,有两个人尤其要重视:一个是董事长,另一个是董秘。董事长的意识要非常强,要把信息披露当成责任。

我这几年调研了近500家上市公司,有些上市公司披露工作做得比较好,除了董事长、董秘尽责外,我认为上市公司可以从以下三个方面入手来提升信息披露工作的质量。

第一,成立一个专门的信息披露委员会。因为信息披露涉及的部门多、环节多,为了保证不错不漏,这方面的管理可以制度化,用制度约束,制度也要流程化,流程尽量能用IT系统固化,清单化管理、日历管理等方面都要有一套完整的管理体系。

第二,加强自愿性披露。除了法定披露之外,上市公司在跟投资者沟通的过程中,还可以选择对他们比较关心的一些热点问题进行自愿性披露,保证投资者能够及时地了解到公司的运营状况,增进投资者对公司的理解和支持。假设过去是按季度披露主要业绩,那现在可以每个月都公布主要的业务指标,让大家更及时地了解到公司业务发展得怎么样。

第三,在信息披露过程中,可以根据客户反应不断优化披露的格式和内容。很多投行一般都会到公司问些问题,追问一些数据,尤其是盈利预测模型涉及的指标,这样做就是为了改进自己的盈利预测模型。既然投资者有这样的需求，上市公司就可以主动地披露，当然，披露的格式和内容也要与时俱进。

做好业绩说明会和路演

上市公司可以通过业绩说明会、路演、反路演等形式，主动与投资者沟通，展示公司的透明度和责任感。在召开业绩说明会时，董事长或总裁、管理层都应尽量亲自参加，直面投资者。其实，包括证券分析师在内的许多投资者所关注的问题也很专业，通过信息披露，他们可能比上市公司更能看清公司的全面发展情况，比如公司哪些方面存在问题，有时甚至毫不客气地质问，公司是怎么看待和解决这些问题的。我觉得，公司管理层要有开放的心态，交流得越充分，投资者就越理解公司的发展，越觉得这是一家值得尊重的公司。

中国证监会、国务院国资委每年都会联合推动一些上市公司做业绩说明会，大约 4000 位董事长和总经理亲自参加这样的业绩说明会。当然，在中国证监会、国务院国资委的指导下，中国上市公司协会也做了大量的工作。无论公司做得怎么样，都要和投资者沟通，做得差一点，更要和投资者讲一讲，听一听他们的意见。我发现，不少上市公司在和投资者沟通方面存在差距。有的公司业务做得非常好，市值却不高，问题就出在和投资者沟通上。上市之后，公司有两种客户：一种是产品客户，另一种是资本客户，应该给投资者好好地讲讲公司的技术、新产品、发展战略、经营思想等，多和他们沟通。

1997 年，我带着北新建材上了市，股价在上市后的一段时间内涨了很多，但后来有段时间随着竞争的加剧，跨国公司在国内设厂，大打价格战，利润下滑，股价也应声下跌，股民开始有了情绪。我当时就写了一篇文章，刊登在《上海证券报》上，题目是《把我的真心放在你的手心》。其实，这个题目受到了一首歌的启发，尽管我不太会唱，但听过，意境挺好。在那篇文章里，我向股民交代了北新建材发展遇到的问题和原因以及以后的发展计划。我觉得，应该把北新建材所遇到的市场价格竞争问题和暂时的困难明确无误地告诉投资者。在市场经济的风风雨雨中，我们不能只喜欢股民的掌声，也要去接受股民的责备。令我没有想到的是，这篇文章反响很好。我常跟大家讲，你们知道上市公司为什么经常要发声吗？买了公司股票的那些人，遍布天南海北，大家很少能见到他们，所以他们希望在媒体上能听到公司的声音。

中国建材股份赴港上市前后，我带领团队进行了IPO路演、2005年年度业绩路演、收购徐州海螺水泥有限责任公司（简称"徐州海螺"）专项路演和2006年半年业绩路演，共与450余家机构投资者见面。在中国建材股份上市后的前两年里，我和管理团队进行了10次路演，见了全球大约1000位基金经理，有人称我可能是当时华尔街跑得最勤快的中国企业的董事长了。在后面的10多年里，每年基本也有两次路演，主要面向全球的投资者，尤其是到香港、新加坡、伦敦、旧金山、波士顿、纽约去向基金投资者进行路演。我们应该在允许披露范围内经常和大家进行面对面的沟通交流，讲讲公司里的新变化、新进展。路演时也有技巧，就是要把企业故事"讲好、讲通、讲准确"。"讲好"是指企业故事讲完后大家愿意下单买入股票；"讲通"就是所讲的东西不要互相矛盾，上次讲的故事和这次讲的故事要一致，需要提前做好功课；"讲准确"就是要用数字说话，把数字搞清楚再去讲，不能乱讲。就讲好企业故事而言，有两点值得注意：一是故事是真实的，引人入胜；二是故事要能持续讲下去，善始善终。能否讲好企业故事与自身经营状况息息相关，如果企业经营不善或没有长远规划，故事就很难讲下去了。

路演有三个作用：一是当面向投资者介绍情况，推介公司，同时通过投资者了解同业公司情况，认清自己在行业中的位置，知彼知己；二是加强与投资者的关系，积极回答投资者的各种问题，让投资者深入了解公司的优势、特质和潜力；三是接受投资者对公司经营管理和战略方向的指导，倾听投资者的建议。对资本市场而言，它最初关心的是企业规模，等把企业规模做上去了，又开始关心产品价格，然后关心利润情况。当年中国建材股份登陆香港 H 股，让我们有机会见到了成熟的投资者。投资者审视中国建材股份的经营能力和战略后，提出了很多有益的建议。中国建材集团当初选择大规模重组水泥，就是从资本市场和投资者那里找到了企业发展方向，做到今天的规模，也是一步一步被投资者"逼出来"的，但越到高处视野越广阔。投资者给了我们很多从未想过的建议，教会了我们很多经营知识，这对企业和我个人来说都是重要的收获。

当然，上市公司也可以把投资者请进来，深度了解公司并提出建议，这就是大家常说的反路演。其实，投资者特别喜欢反路演的方式，真正走进企业去看企业，感觉是不一样的。举个例子，中国交通建设集团有限公司（简称"中国交建"）在建设港珠澳大桥的过程中，得到了大家的广泛关心，因为这是一项代表当今世界交通基础设施最高水平的巨大工程。于是，中国交建就组织投资者参观了这项工程，大家都想见到港珠澳大桥工程岛隧项目总工程师、总经理林鸣，林总出面跟大家进行了交流，投资者特别满意。有一年在中国交建信息披露的过程中，有些投资者发现公司的科技投入比例比较大，就特别想了解这些科技投入具体投到哪里去了，都产生了哪些科技成果，虽然中国交建也进行了书面的解答，但感觉投资者还是理解得不够深刻。后来，中国交建就组织投资者参观了自己的国家重点实验室，看了一些创新成果，这样的做法确实让投资者觉得自己的投入是值得的，理解了公司开支虽然比较大，但都用到了刀刃上，产生了很好的效益，进而更放心地去投资了。

最佳实践案例：美的集团的公司治理

美的集团股份有限公司（简称"美的集团"）是一家从家族企业转变为现代治理的具有代表性的民营上市公司。我在调研时了解到，这家企业10年间的股价涨了十几倍。美的集团是一家从中国小镇走出来的家电企业，如今已成为全球家电行业的领军者。我曾和美的集团董事长方洪波交流过，我问他为什么美的集团发展得这么好，他对我说这主要得益于现代治理，我深以为然。美的集团卓越的公司治理实践，为其他上市公司树立了典范。

卓越的公司治理实践

美的集团创立于1968年，1980年抓住改革开放的机会通过生产电风扇进入家电行业，1981年"美的"商标诞生，1992年完成股份制改革，并于1993年在深圳证券交易所上市，是中国乡镇企业改制的第一家上市公司。2013年，美的集团重组后实现整体上市，随后几年通过并购东芝家电、意大利Clivet、德国库卡、以色列高创与吸收合并小天鹅推动持续扩张进程。目前，美的集团主要有六大业务板块：智能家居、工业技术、楼宇科技、机器人与自动化、美的医疗、安得智联。2024年，美的集团在《财富》世界500强中排名第277位。同年9月，美的集团在香港成功上市，这是它加速出海的战略举动。历经50多年的发展，美的集团实现了九次重大蜕变：从股份制改造、事业部制改革，到管理层收购（management buyout，MBO）、股权分置改革、核心高管持股、引入战略投资者、换股吸收合并、多层次股权激励，再到"何方"交接班，展现了它的卓越治理能力和水平。

股权结构优化与制衡

为了避免"一股独大"，美的集团引入了高瓴资本等战略投资者，同时通过MBO、员工持股等方式优化股权结构。截至2024年年底，何享健家族通过美的控股有限公司持有美的集团约28.33%的股权，处于相对控股地位，以方洪波为代表的管理层个人持股比例合计约为2.26%。作为上市公司，美的集团还有大量公众股东，包括香港中央结算有限公司等机构投资者，合计持股比例约为50.47%。这样的股权结构，有助于家族控股，确保公司长期战略的稳定性和连贯性，避免短期利益对战略决策的干扰；同时，职业经理人持股和引入战略投资者，为公司带来了市场化的管理理念和创新活力，提升了决策的灵活性和效率；家族、战略投资者和管理层的不同持股比例，也形成了相互制衡的机制，防止了出现短视行为或内部人控制问题。

去家族化

美的集团是个家族企业，它的创始人何享健先生早年经常出国，思想比较超前，接受了现代公司治理观念。何氏家族成员制定了家族宪章，明确不出任董事局职位，不得干预美的集团的经营管理。何享健于2012年8月25日交棒职业经理人方洪波，实现所有权与经营权分离，避免了家族企业的决策局限性。自方洪波接班以来，美的集团实现了营业收入、净利润、经营净现金流的全面增长，营业收入从2011年的1341亿元增长至2024年的4091亿元，净利润从2011年的66亿元增长至2024年的385亿元，经营净现金流从2011年的41亿元增长至2024年的605亿元。可以看出，美的集团的净利润增速超过了营业收入增速，经营净现金流增速又超过了净利润增速，真正实现了经营上的高质量增长。

职业经理人制度

实际上，美的集团的职业经理人制度就是以市场化机制替代血缘纽带。它的成功依赖于两大基石：一是信任，就是家族对职业经理人团队的彻底授权；二是制度，就是科学的选拔、激励与风险控制体系。现在，美的集团不仅管理层长期稳定，而且从全球引进人才。在14人的集团高管团队中，核心成员任职超10年，多名高管是从基层一路成长起来的，战略执行连贯性强。同时，管理层背景多元，兼具本土经验和国际视野。在职业经理人的选拔上，美的集团既注重从外部引进优秀人才，也强调人才的内部培养。通过"需之即拿，拿之即磨，磨成则用"的方式，快速补充和优化管理团队。

美的集团采用事业部制组织架构，各事业部拥有相对独立的经营权和决策权，职业经理人可以在授权范围内自主经营。事业部总经理等重要岗位坚持"能者上，平者让，庸者下"的用人原则，以业绩承诺的收入、利润、市场占有率为考核标准，通过竞争上岗和绩效考核，选拔出真正有能力的职业经理人。在机器人和人工智能（artificial intelligence，AI）等技术密集型领域，则从西门子、华为等企业引入人才，打破内部晋升单一路径。此外，美的集团还强制要求管理层中的 70 后占 70%，80 后占 20%，90 后占 10%。

长期激励计划与约束

美的集团奉行"业绩就是硬道理"的理念，每年与职业经理人签署绩效考评书，明确经营目标和奖惩条件。绩效完成好的职业经理人，奖金可达到固定收入的 3～5 倍，甚至更多，而绩效差的则可能颗粒无收。如果职业经理人连续多个季度未完成业绩目标，将面临降职甚至撤职的风险。为了推动核心管理团队与公司长期成长价值的责任绑定，美的集团推出了一系列长期股权激励计划。2015 年推出的合伙人计划覆盖中高层，业绩与股价直接挂钩。2023 年通过"全球合伙人计划"向 52 名核心高管授予限制性股票 1.2 亿股，锁定期 5 年。针对中高层骨干，则实施"限制性股票＋业绩股票"的组合，需要达成净资产收益率（return on equity，ROE）不低于 20%、营业收入复合增长率不低于 5% 等硬性指标。核心管理团队的考核指标兼顾营业收入增长、现金流、研发投入等，避免短期逐利。高管 30% 的年薪要递延 3 年发放，若任期内出现重大决策失误，如并购资不抵债等，可追回已发放奖金。美的集团连续 10 年推出长期股权激励计划，累计授予超过 1.5 万人次，绑定核心管理人员与股东利益。最终实现以持续业绩、市值增长、高额现金分红及股份回购，回报股东权益。

美的集团制定了《职业经理人行为准则》《职业经理人六条红线》等，对职业经理人的行为进行约束。方洪波还签发了一份《简化工作方式的要求》。第一，内部沟通严禁使用PPT。除技术方案、财务报告、集团和事业群/部年会之外，工作沟通、总结规划、述职、答辩、评优等场景禁止使用PPT。若其他场景必须使用PPT，要求白底黑字且一页内几行字，以减少形式主义，提高沟通效率。第二，严禁他人代写材料。包括董事长、总裁在内的所有人的材料都必须自己写，保证对工作的理解和思考真实反映在材料中，避免敷衍塞责的情况。第三，严禁下班时间开会。禁止形式主义加班，让员工在工作时间内高效完成任务，平衡好工作和生活，同时减少不必要的资源浪费。第四，减少微信群数量并禁止形式主义行为。减少微信群的使用，禁止各类喊口号等不产生实际价值的行为，避免员工在无意义的事情上花费过多精力。第五，减少手工报表和作业，推广数字化看板。倡导使用数字化工具进行管理，减少手工操作带来的低效率和错误，提高管理的准确性和及时性。第六，内部严禁送礼及开展非规定团建活动。禁止内部送礼以及除规定团建活动之外的吃喝等行为，营造廉洁、公正的工作氛围。

强化董事会效能

董事会成员拥有与公司业务要求相适应且均衡的技能、经验等，有助于从不同角度审视公司战略和运营，从而为公司发展提供更全面的决策支持。美的集团董事会成员共有10位，其中6位是内部董事，4位是独立董事。首先，独立董事在董事会中占比高，他们的背景多元，涵盖财务、经济、技术等领域，都曾在海外留学或工作过，并在国际知名公司工作，既专业又具有国际视野。其次，专业委员会运作高效，美的集团设有战略、审计、薪酬、提名4个委员会，除了战略委员会由公司内部人担任主任委员外，其他委员会均由独立董事主导。这种明确的分工有助于提高董事会决策的专业性和科学性，降低决策风险。最后，美的集团每年都对董事会的决策质量进行第三方评估，主要分为3个阶段。

在调研阶段，进行文档调阅，审查过去一年董事会会议纪要、议案文件、投票记录，分析决策逻辑与争议点，还要进行访谈调研，如匿名访谈董事、高管及主要股东等，了解决策参与度与实际影响力，并通过美云智数平台提取经营数据，验证决策效果。在量化评分与定性分析阶段，根据按权重分配的（战略决策占40%、风险管理占30%、合规性占30%）评分卡体系，对董事会年度表现打分。然后，与海尔集团公司（简称"海尔"）、格力等同业董事会进行对标分析，如独立董事履职时长、议案否决率等。还要选取典型决策进行复盘，评估信息收集的充分性、替代方案的论证深度。在报告输出与反馈阶段，将评估结果分为"优秀、良好、待改进"三级，并有针对性地提出优化方案。在第二年再次进行评估时，验证上年度优化方案的落地情况。美的集团2021年对机器人业务进行了战略调整，第三方评估时发现，库卡整合决策中对中国市场需求研判不足，过度依赖德国团队数据，于是要求成立跨区域技术委员会，中方经理人进入库卡董事会，同时要求所有海外并购案必须包含本土化落地路径规划。美的集团据此进行了相应的改进，2023年库卡中国营业收入占比从15%提升至35%。

数字化赋能治理

美的集团积极推进数字化转型，实施全流程数字化管理，并建立了智能化风险控制体系，利用数字化赋能公司治理。依托工业互联网平台美云智数，实现供应链、财务、人力数据实时透明，提升决策效率。比如"红黄灯"预警系统，通过美云智数实时监控各事业部的财务、库存、回款数据等，出现应收账款周转天数超过45天等异常指标则会自动亮灯，集团总部据此可直接介入调整。通过大数据预警市场、财务及合规风险，美的集团降低了治理成本。

实践启示

启示一：优化股权结构，避免"一股独大"。 不同利益相关者在公司治理中发挥的作用不同，家族股东关注公司长期价值，战略投资者关注投资回报，公众股东关注公司业绩和股价表现，管理层则关注公司运营效率和自身利益。家族控股和战略投资者的持股比例形成了一定的"黄金控制线",既能抵御外部恶意收购,又能增强上市公司通过资本市场融资的弹性。美的集团引入战略投资者,实行员工持股计划,强化长期激励机制,平衡控制权与治理效率,明确接班人机制,"去家族化"等,对其他企业来说都有较好的借鉴意义。

启示二:构建职业经理人生态。美的集团将职业经理人分为三类:第一类是内部企业家,如方洪波等,是企业的领路人和总指挥,负责整体战略规划和决策;第二类是职业经营者,各事业部、集团直属经营单位的总经理,是操盘手和司令员,直接负责经营业绩;第三类是专业经营管理者,集团各职能部门负责人及一级经营单位除总经理之外的管委会成员,是执行人和推动者,围绕总裁和总经理的经营任务开展工作。此外,美的集团通过外部引进与内部竞聘相结合选拔人才,避免任人唯亲。

启示三:强化董事会效能。美的集团每年都会对董事会决策质量进行第三方评估,定期评估董事会效能,迫使董事会直面决策盲点。独立董事的专业性非常关键,要选择具有行业经验的外部专家,而非"人情董事"。数字化赋能治理,有助于董事会构建起高效治理体系,平衡稳定性与创新性。

第 2 章
Chapter 2

突 出 主 业

———

2024年4月,国务院印发《关于加强监管防范风险推动资本市场高质量发展的若干意见》(简称"新'国九条'"),鼓励上市公司聚焦主业。2024年7月,国务院国资委也引导国有企业聚焦主责主业,增强战略支撑托底能力。在2024年5月的企业和专家座谈会上,习近平总书记指出,异军突起的企业,就是心无旁骛、一以贯之、做强主业。2025年2月,习近平总书记在民营企业座谈会上再次提到,他在福建和浙江工作时,就很认同当地一些民营企业立足实业、聚焦主业、不断做大做强的做法。自担任中国上市公司协会会长以来,我发现那些出了问题的上市公司,绝大部分问题出在偏离主业、盲目扩张。真正走专业化道路的上市公司基本上都比较稳健,这是一个长期性、规律性、实践性的问题。

突出主业、做强主业的前提是,首先要能选到一个或多个好业务,做成核心业务,进而做成主业。业务选择是企业里最难的事情,一旦选错了，就会犯颠覆性错误，可能再也无法补救，所以选业务一定要遵循原则。企业不仅要有核心业务，还要有核心专长、核心市场、核心客户，围绕这四个核心进行专业化运营。在做强主业的过程中，企业还要不断提升核心竞争力。过去，企业可能"一招鲜吃遍天"；但现在，企业只有一招可能还不够，需要的是多招及组合，企业的核心竞争力大都是一种组合力。如果企业能构建起有竞争力的组合与生态体系，并与生态各方共赢发展，这将成为其他企业难以逾越的壁垒。当然，企业的核心竞争力并不是一成不变的，企业可以通过不断迭代打造出新的动态竞争优势。

做大企业，对标世界一流；做中等企业，对标隐形冠军；做中小企业，就做专精特新。企业无论规模如何，都应该秉持专业化的思维，努力深耕细作，这是实现长久稳健发展的前提。中央经济工作会议提出，要促进专精特新中小企业发展。专精特新就是专业化、精细化、特色化、新颖化，而且把专业化放在第一位。专业化就是要聚焦细分领域，我们要打造更多的专精特新"小巨人"企业，继而发展成细分领域里的隐形冠军。

做强主业

企业的人力、财力、物力等资源都是有限的，成功的企业大多都是长期恪守主业，进行专业化经营的企业。这些年，个别上市公司违背经济规律，盲目铺摊子、上项目、乱投资，业务多而不精、规模大而不强；有的上市公司因过度多元化、金融化导致主业空心化、脱实向虚，面临较大风险，给股东利益和市场稳定带来不利影响。在内外部经营环境日益不确定、风险进一步加大的情况下，上市公司要保持清醒的头脑，做强做实主业。

业务选择的三原则

哈佛大学约瑟夫·鲍沃教授 2009 年曾问我:"宋先生,让您晚上睡不好觉的事情是什么?"我不假思索地说:"怕自己想错了。"当时,我正在国内整合水泥业务,处在一个比较艰难的阶段。自己的压力很大,社会上对我整合水泥业务的质疑声也很大,再加上全球金融危机让中国建材股份的股价一落千丈,我确实睡不好,常想自己是不是做错了;或者说水泥业务整合要做,但适不适合中国建材集团这家实力相对弱小的企业来做。虽然整合水泥业务后来被证明是对的,但整个过程中的各种担心一直如影随形。

在充满不确定性的今天,企业所做的决定也充满了不确定性。这有点像在大海里航行,即使你的方向正确,也要时刻注意暗礁,随时应对恶劣的风暴。有的企业之所以能够成功,往往是因为选对了一项业务,而一些企业失败往往是因为它们在选择业务时来回变换,始终没有选对业务。经常有人问我某项业务要不要做,我为此总结出业务选择的三原则,分别是"四问""四不做""四要"。

业务选择的"四问"

一问:在行业里自身是否有优势?企业要进入的领域应该符合自身的战略需要和自身条件,要能结合技术、人才、管理等优势,形成足够的业务驾驭能力。对企业来说,在选择新业务时,应选择那些与现有核心业务相关的产业和产品,以提高新业务成功的概率。中国建材集团之所以进入薄膜太阳能电池领域,是因为我们在玻璃领域具备强大的技术优势,而太阳能电池是玻璃的衍生品。

二问:市场是否有空间?企业要进入的市场应有足够的容纳度,能为业务成长提供支撑,若市场太小甚至几近饱和就不宜涉足。中国建材集团是第一家做出光纤石英棒的公司,一根石英棒能被拉出几千公里的光纤,看起来是一个大生意,实际上市场体量却很小,一年的石英棒用量也就能实现40亿元的销售收入。整个市场就这么大，因而中国建材集团不宜做石英棒这样的项目。中国建材集团需要像湖泊或海洋般广阔的市场，这样的市场才有足够的容纳空间。

三问：商业模式能否被复制？星巴克、肯德基、麦当劳等企业的商业模式都可以被复制，选择可以迅速被复制的业务，就能更快形成规模。比如，中国建材集团旗下的凯盛科技股份有限公司（简称"凯盛科技"）在山东德州做的智慧农业大棚，就把现代农业与光伏产业结合了起来，大棚透光性好，还能全方位智能控制种植条件，蔬果长势十分喜人，这种模式正在全国迅速推广。

四问：与资本市场能否对接？企业不能只赚产品市场的钱，还得赚资本市场的钱。效益不仅包括产品的利润，还包括资本市场的市值，企业要把产品利润在资本市场上放大。

这"四问"想清楚了，自然就过滤掉了一些不适合的业务，从而帮助企业做出更好的业务选择。

业务选择的"四不做"

一是产能过剩的业务不做。产能过剩可以重组，但是如果没有差异化的新技术，就不能再作为新业务，也就不能再建新生产线。过剩行业正在减量发展，任何企业都不能再盲目增量，而是要在品种、质量、产业链上精耕细作。

二是不赚钱的业务不做。一个业务怎么也找不出盈利模式，就不要做了。业务能不能赚钱，盈利点在哪里，盈利模式是什么，这些问题都必须事先明确。

三是不熟悉的业务不做。针对某一项业务，如果企业里没人熟悉情况，没人说得清楚，没人能做出清晰的判断，这项业务十有八九会亏损。中国建材集团对生物制药、旅游等行业都不太熟悉，因此就没做相关业务。

四是有法律风险的业务不做。不注重法律风险的企业，很容易被拖入泥潭，尤其是当相关企业的业务板块正在打官司时，就不要进去掺和。

业务选择的"四要"

对照"四问""四不做"，企业对一个业务能不能做就有了基本判断。那么，这个业务能不能长久地做下去呢？关键点是什么？在新业务培育发展的过程中，企业还应牢记"四要"。

一要评估风险。开展新业务必须慎之又慎，它的核心是对风险进行全面评估和考量，明确风险点在哪里，风险是否可控、可承担，一旦出问题能否进行有效的切割，把损失降到最低。

二要专业协同。在选择业务时，必须小心谨慎，业务一旦选定，就应交由专业的平台公司去做，按照平台专业化思路，一个平台只做一个专业领域，突出核心专长。同时，新业务发展不是孤立的、单一的，要与现有业务产生协同效应，推动企业内部的协作发展，提升产业链的综合竞争力。

三要重组团队。发展新业务可以采用技术重组的方式，不仅要重组企业，还要重组它的研发团队。这样既可以保持新业务核心技术的稳定性，又可以稳定"军心"。重组技术就要重组团队，重组团队就要重组研发中心，有一班整齐的人马，再去做创新就会相对容易一些。中国建材集团进行技术重组时，会保留被重组企业的技术团队，因此原技术团队的员工热情高涨、干劲十足，做出了不少重要成果。

四要执着坚守。发展新业务不是一朝一夕的事，一定要有执着的劲头、坚守的毅力，否则是做不成大事的。深入了解一家企业及其业务、产品、技术等，需要花费相当长的时间。

做企业的四大核心

做企业突出主业，重点是要发展核心业务，发挥好核心专长，开发好核心市场，维护好核心客户。如果用一条十字线来看企业，横向来讲，企业的业务不能做太多，一般不超过三个，要聚焦；纵向来讲，产业链不能过长，涉猎的业务也不超过三个，要深耕。做企业还是要符合专业化分工，这是一个基本逻辑。要想突出主业、做强主业，企业就得把主业做成拳头产品往前走，争取进入行业前三名，做成行业龙头或细分领域的头部企业。只有这样，企业才可以找到自己的生存空间，实现效益的提升。

过去央企讲主业不能超过三个，当时有的企业觉得可能会失去不少发展机会。20多年过去了，现在回过头来看，企业围绕主业发展实际上规避了很多风险。目前，98家央企大部分是专业化的公司，如果当时没有这个规定，就可能会加剧业务同质化，也不会有今天的发展局面。核心业务是企业最重要的产品或服务，通常为企业贡献最大比重的营业收入和利润。核心业务一般应占企业营业收入或利润的70%左右，企业应将最优质的资源配置给核心业务。

选好了核心业务，企业还要明白自身的核心专长是什么。核心专长是企业在市场竞争中的独特优势，可能是某项技术专长、管理能力、运营效率、成本控制、品牌知名度或新的商业模式等。企业需要明确自身的核心专长，并不断投入资源进行完善和创新。打个比方，企业的主业是开饭馆，那么拿手菜或特色菜就是自己的核心专长，如果没有核心专长，就没有顾客光顾。要想"一招鲜吃遍天"，企业至少要在某一件事上比别人做得好十几倍或几十倍。

我曾去湘潭钢铁集团有限公司（简称"湘钢"）调研，它是湖南钢铁集团有限公司旗下的一个钢铁厂。湘钢在整个钢铁行业里不算是大钢铁厂，而且它所在的产区既没有焦炭，又没有铁矿，也没有海港，不具备原燃材料优势和运输优势。这样一家钢铁厂，该怎么经营呢？它走了一条极致的差异化路线，很少生产建筑钢材，主要生产高端的汽车钢板和硅钢板，中国不少汽车企业用的钢板就是湘钢生产的。2022年，湖南钢铁集团的利润在钢铁行业排在第二位，仅次于中国宝武钢铁集团有限公司（简称"中国宝武"），不过，中国宝武做的钢种类较多，而湘钢主要做高端的汽车钢板和硅钢板。湘钢下属的电缆厂，以前是一家很有名的企业，后来被湘钢重组了。我参观了这家电缆厂，它现在不做普通电缆，只做各种各样的特种电缆，成了一家绩优上市公司，也是200家"创建世界一流专精特新示范企业"之一。极致的差异化能力就是湘钢的核心专长。

做企业必须有自己的核心市场，不仅要在自己的核心市场里拥有话语权，还要把核心市场变为核心利润区。我国本身就是一个坐拥14亿人口的大市场，除此之外，还有一片广阔的海外市场。企业首先要清楚自己的核心市场是在哪里，在国内还是在国外，要有具体的区域位置。当然，也要清楚企业的核心利润主要来自哪里。有时，核心市场与核心利润来源并不在同一个区域，如果是这样的情况，企业应该有战略上的调整。市场如果不能变现，不能带来效益，就失去了核心市场的意义。例如，中国建材集团通过整合国际工程业务，将资源集中在"一带一路"倡议的重点区域，避免了内部竞争，提升了市场效率。中国中材国际工程股份有限公司（简称"中材国际"）通过精耕中东非、中东和东南亚市场，实现了收入和利润的增长。

企业有没有以及有多少忠诚的核心客户至关重要。我常说，客户是企业的"江山"，失去了客户，就等于失去了"江山"。因为企业就是通过为各种各样的客户解决问题而获得效益的，对企业忠诚的核心客户越多，企业就会发展得越好。凡是优秀的企业往往都建立了长期客户群和核心客户群，对客户忠诚，并持续为客户创造价值，提供增值服务。有时，我们去饭店吃饭，如果点了一大桌子菜，吃不下，就会造成浪费；而如果有服务员在点菜时告诉我们，菜已经够吃了，不用再点了，我们就会觉得很温暖。这就是一种增值服务，看起来好像少卖了几道菜，但是长期来看，饭店获得了更多回头客。这个故事的道理其实挺简单，但是并不那么容易做到。

除了把握客户需求外，企业更难做到的是创造客户需求，只有走在客户和市场的前面，才能取得较为显著的创新成果，提供更具特色的产品或服务，吸引和培育更多的长期客户。特来电新能源股份有限公司（简称"特来电"）的创新理念是："不是客户需要什么，我们就开发什么，而是我们创新什么，市场就需要什么。"它的定位是打造一个新能源和新交通深度融合的生态运营公司，通过搭建一张中国最大的汽车充电网，构建人、车、电池、能源深度连接的工业大数据平台，并保持实时在线和高强度交互，将汽车大数据、用户行为大数据、能源大数据等收集到充电网，实现电商、约车、买电卖电、大数据修车、大支付金融、大客户电商等互联网增值服务，引领充电网、车联网和互联网"新三网融合"的新能源互联网。

业务归核化

今天的市场竞争日趋激烈，而企业的人才、知识，包括各项能力都是有限的，有限的资源不可能做无限的事。其实，业务不在于多而在于精。做企业最忌讳"狗熊掰棒子"，一定要突出核心专长和核心竞争力，对现有业务精耕细作，不断完善和创新，而不停地更换业务和盲目地新增业务都是不可取的。对大多数企业来说，还是要走专业化道路，抵挡住非专业化机遇的诱惑。

有些企业领导为了公司发展往往会不断地更换业务，甚至新增非核心业务，但我主张业务归核化，就是突出主业、聚焦主业、做强主业，提高主业发展质量，不断提升企业的核心竞争力。在此基础上，如有必要可适度开展相关多元化经营，但要严格控制业务数量。一般来讲，业务不能太多，如果企业的销售额也就几十亿元或一两百亿元，我建议就做一个业务，把一个主业做好就行了，做成赫尔曼·西蒙所说的隐形冠军。关于隐形冠军，西蒙给出了三个标准：市场份额排名全球前三；销售额低于50亿欧元；没有很高的知名度，窄而深地专注做一个行业。企业都要有主业，要围绕主业形成核心业务，非核心业务原则上应该被舍弃。

企业有个好业务是不容易的，如果这个业务赚钱，却只是企业的边缘业务，不是主业，那很多人是舍不得剥离这个业务的，因为它还能赚钱。但是，即使这个业务不赚钱，由于企业为此花费了很多人的心血，还是舍不得剥离。剥离非主业，是需要很大战略定力的。中国建材集团旗下有家资产管理公司，专门负责处理那些非集团主业的企业退出问题，力争把剥离非主业带来的损失降至最低。这家资产管理公司经理人员的奖金收入不以经营业绩为标准，而是视处理问题的难易程度而定。

赤峰吉隆黄金矿业股份有限公司（简称"赤峰黄金"）是业务归核化的一个典型案例。赤峰黄金是一家民营上市公司，创始人赵美光2016年辞任公司董事长一职，正式退居幕后，公司聘请了山东黄金集团有限公司原董事长王建华接任。赵美光很开明，他把律师请去，让子女们都签了一份文件，把赤峰黄金的所有管理权交给了王建华为首的管理班子，自己家族里没有一个人是董事会成员，进一步规范了公司治理。王建华到赤峰黄金后梳理了公司的业务，坚定不移地剥离非矿业资产，把赤峰黄金的"出血点"都剪掉了，仅专注于金矿开采，坚持实践"让更多的人因赤峰黄金的发展而受益"的核心价值观。现在，赤峰黄金的经济效益很好，资产负债率低，股价也有大幅提升。

有时，不仅是经营困难或发展无望的企业或业务需要被剥离掉，一些经营良好的企业或业务也是可以卖掉的。法国圣戈班集团在美国曾有一家玻璃纤维厂，经营得很好，却卖给了欧文斯科宁公司，因为它预见到这个产业未来的竞争会非常激烈，所以就剥离了这个业务。现在，建筑材料领域的国外头部集团还在不停地卖掉下属企业，确切地说，它在卖某一类型业务的所有企业。这些企业买卖的标准就是市值的高低。如果一个业务或企业不能带来高的市值，就会被剥离掉。实际上，当企业市值走低时，CEO（首席执行官）都会被换掉。国外企业的剥离并非都与业务类型有关，很多企业的主业与非主业总是在不断地调整和变化，目的主要就是追逐高市值。这一经营思想与国内企业有很大的不同。

在国内，即使集团公司总部下面有前景良好、利润可观的业务，如果不是在集团公司规定的主业范围内，都会被剥离掉。这在央企和国企里很常见，因为主业是根据公司战略确定的，一旦确定好了，鉴于主业变更的程序等原因，变化起来考虑的因素会比较多。在民企中，因为公司定位和程序没有那么严格，经营也很灵活，一般都是哪种业务能赚钱，自己又能做的，就会较快涉足。不过，一些坚持走专业化道路的民企也会坚守自己的经营原则，在明确的战略定位下只做主业，无论非主业赚钱还是不赚钱，一律剥离。我倡导做企业就要做强主业，非主业要迅速剥离。

中国石油化工集团有限公司是一家大型央企，主要从事石油和化工业务。为了提高主业竞争力和专业化水平，集团在过去几年里进行了一系列业务剥离和重组。它旗下原来有一家酒店，而酒店经营不是它的主业，所以集团通过股权转让的方式，将这家酒店出售给了一家专业酒店管理公司。这样，集团一方面将资源和精力聚焦在主业上，另一方面也促进了酒店业务的专业化和市场化运作。过去，福耀玻璃的业务涉及小型超市、加油站、房地产、玻璃等，即使是玻璃业务，既做建筑玻璃也做汽车玻璃。后来，曹德旺董事长听取专家的建议把超市、加油站等都卖掉，只做汽车玻璃，志在为中国人做一块属于自己的高质量玻璃，当好汽车工业的"配角"。今天，福耀玻璃的全球市场占有率已超过30%，中国市场占有率已超过60%。

专业化与多元化的对立统一

企业在发展过程中，往往容易有业务扩张的倾向。到底坚持专业化还是选择多元化，或者兼具专业化和多元化，这是企业必须面对的重大战略抉择课题。我本人是专业主义者，希望能把某一个专业领域做好。专业化是企业的立身之本，做企业首先要有专业化能力。做大企业，对标世界一流，这是专业化；做中等企业，对标隐形冠军，这也是专业化；做中小企业，就做专精特新，这还是专业化。西蒙先生认为，专业化有市场风险，当一项技术被取代时，就会遇到风险，就像蒸汽机被取代了，蒸汽机做得再好也没用。但同时他也认为，资源高度分散的多元化也会存在风险，两种风险比较，他还是倾向于选择专业化。多年来，欧洲国家的工业发展主要走的是专业化道路。

专业化和多元化，比较形象的表述就是"把鸡蛋放在几个篮子里"。企业如果想把鸡蛋放在一个篮子里就必须放对，否则，一旦这个篮子出了问题就会全军覆没；如果放在多个篮子里，虽然安全系数大了，但篮子太多又会增加成本。在工业化早期，大多数企业的业务都较为单一，走的是专业化道路。但随着经济的迅速发展和机会的不断增多，单一业务的竞争日益激烈，一些企业开始实施多元化战略，如美国通用电气、韩国现代、日本三菱等，都是典型的多元化企业。一直专注于专业化发展的日本新日铁、韩国浦项钢铁等，近些年也进入了全球不动产业务领域。

在业务选择上，有的集团公司既可以专业化，又可以多元化。也就是说，集团所属企业要专业化，不同企业要聚焦各自业务，最好能够形成具有一定对冲性的业务组合，这样集团层面自然就是多元化的。企业要做多少业务，关键取决于自身的文化沿革和管理能力。多元化发展对企业的投资水平、管控能力、财务管理能力等都提出了更高的要求，许多中小企业没有足够的驾驭能力，因此走专业化道路是它们更好的选择，而大企业则可以开展多元化业务。

就水泥企业而言，像安徽海螺集团有限责任公司（简称"海螺集团"）选择的是专业化，主要做水泥，而像中国建材集团这样的产业集团选择的是相关多元化。所谓相关多元化，是指在业务上有技术的相关性，或者有产品的相关性，或者有市场的相关性。中国建材集团构筑起了基础建材、新材料、工程技术服务"三足鼎立"的业务格局，基础建材和新材料下面又分为水泥、石膏板、玻璃纤维等业务。其实，国药集团选择的也是相关多元化，既有化学药、中药、生物制药等业务，也有医疗器械、医药分销等业务。

像华润（集团）有限公司（简称"华润"）这样的投资型集团选择的是多元化，它有六大业务领域、25个业务单元，做得也很好。即便集团层面是多元化的，但经营业务平台还是专业化的。比如，华润水泥㊀绝对不做啤酒，华润啤酒绝对不做水泥。这些多元化的公司从资本收益、公司战略等角度出发，进入市场潜力大、逆周期或周期性不明显、企业具有独特资源和经营能力的产业领域，注重形成业务之间的对冲机制。这样既可以确保企业不会因行业波动而面临颠覆性风险，又可以获得稳定持续的收益。

那么，我们的企业到底该走什么路线？对中小企业来说，我建议走专业化路线；对业务发展撞到天花板的大企业来说，我建议走相关多元化路线，也就是在业务的技术、产品、市场上有相关性和协同效应；对大型投资集团来说，可以走多元化路线，业务之间并不一定要相关而要有对冲性，就是那种"东方不亮西方亮"的投资结构。瑞·达利欧在《原则》一书中就提出了一个投资的原则：可投资有对冲性的三个不相关的业务。他把投资人的钱分成三份，找三个不同的高成长行业，再分别选三个高盈利的企业投进去，这就形成了对冲机制，不至于某一个投错就导致全军覆没。

企业是有边界的，在这个边界内进行的扩张是专业化的扩张。因此在各种诱惑面前，企业要始终保持清醒的头脑，要更有定力，坚守主业，心无旁骛地做好主业。2018年年底，中国建材集团成为国有资本投资公

㊀ 2023年12月，华润水泥控股有限公司（简称"华润水泥"）更名为华润建材科技控股有限公司（简称"华润建材科技"）。

司试点企业后，开始调整总部职能，抓住融资和投资两大核心，组建投资产业基金，利用业务归核化的上市公司平台优化资源配置，聚焦基础建材、新材料、工程技术服务三大核心投资方向，以管资本的方式推动产业进退。集团总部致力于打造国家材料领域的综合产业投资集团，同步完成管资产向管资本、建筑材料向综合材料、本土市场向全球布局的"三大转变"。

中国建材集团所属企业则是主业突出、技术领先、管理先进、效益优秀、混合适度的专业化业务平台，力争在水泥、玻璃纤维、轻质建材、玻璃、国际工程等领域形成具有国际竞争力的上市公司群，成为若干具有国际影响力的行业领军企业和一批专注于细分领域的隐形冠军。各专业化业务平台形成了互补共进的业务族群，实现了经营、市场、技术、财务、资本支出等一系列协同效应，提高了资金效率和资源利用率，降低了周期性运营风险。在投资企业层面，以相关多元化构筑业务的组合力；在实体企业层面，以专业化夯实竞争基础。组建业务相关多元化的联合舰队模式的最大好处就是让相关多元化与专业化相互弥补、合理搭配，让获取投资收益和提高核心竞争力两不误。

提高企业核心竞争力

党的二十大报告强调："深化国资国企改革，加快国有经济布局优化和结构调整，推动国有资本和国有企业做强做优做大，提升企业核心竞争力。"党的二十届三中全会通过的《中共中央关于进一步全面深化改革推进中国式现代化的决定》又提出推动国有资本和国有企业做强做优做大，增强核心功能，提升核心竞争力。2025年2月17日，习近平总书记在民营企业座谈会上也提出，要不断提高企业质量、效益和核心竞争力。企业的核心竞争力关键在于要能体现出价值创造，它一般不是依靠某一种要素就可以实现的，而是多种要素的组合力所致。当然，企业的核心竞争力并不是一成不变的，企业需要通过不断迭代来动态地打造自身的竞争优势。

核心竞争力是一种组合力

企业是市场竞争的主体，那企业之间的竞争到底靠的是什么呢？这就是企业的核心竞争力。核心竞争力是普拉哈拉德、加里·哈默尔于1990年提出的概念，他们当时认为，核心竞争力就是企业组织中的集合性知识，尤其是有关如何协调多样化生产经营技术与有机结合多种技术流的知识，并以此形成相较于竞争对手既快速又低成本的竞争优势。在他们看来，核心竞争力首先应该能为企业提供进入不同市场的潜力；其次，核心竞争力应该对最终产品的顾客价值贡献巨大；最后，一个企业的核心竞争力应该是难以被竞争对手所模仿和复制的。我结合企业实践，将核心竞争力概括为通过企业家创造性的资源组合而形成的独特的、持续为企业带来竞争优势的能力。就核心竞争力而言，我特别强调几个关键要素：企业家、资源组合、独特性和竞争优势。

一个企业能不能生存下去，能不能长大，能不能发展起来，最终取决于它有没有核心竞争力。每一家能够活到今天的企业，都有自己的核心竞争力。从短期来看，产品的质量和性能决定了企业的竞争优势；但从长期来看，起决定性作用的是企业的核心竞争力。中国建材集团旗下的中材国际，在水泥装备领域的全球市场占有率第一，面对2024年经营环境不利的情况仍然实现了增长，这家企业就有它的核心竞争力。大量研究表明，企业的成功在于自身强大的核心竞争力，在企业失败的理由中，核心竞争力的丧失往往排在第一位。很多领导者有时并没意识到企业的核心竞争力到底是什么，也没去着力培育和巩固，反而在其他方面下了很大的功夫。面对激烈的市场竞争，企业可能就会丧失自身的核心竞争力，最后败下阵来。因此，提升核心竞争力对企业生存和发展来说特别重要。

一些优秀企业的核心竞争力是比较明显的。例如，中国巨石、北新建材等企业之所以能在激烈的市场竞争中经营发展良好，同样源于它们各自的核心竞争力。北新建材的石膏板在全国的市场占有率高达67%，即使2022年房地产市场下行，建材市场整体收入下降，北新建材仍有近200亿元的营业收入，实现了约32亿元的净利润，与历史最高利润相比，效益还是比较稳定的。因为它坚持"质量上上、价格中上、服务至上"，具有质量优势、品牌优势和服务优势，客户黏性强。中国巨石过去是以成本领先闻名的企业，这几年走高端化、差异化路线，重点开发电子板的电子纱和用于风力发电机叶片的高强度纤维，中高端产品比例稳步上升，产品附加值也有所提高，企业效益良好。它在美国南卡罗来纳州投资建设了一家玻璃纤维工厂，实现了百分之百的投产、生产；另一个在埃及的工厂，辐射整个欧洲，覆盖那里的客户，这样就能降低当前不确定性给产品带来的影响。

透过这些企业的做法，我们可以看出，核心竞争力就是让企业在市场竞争中保持领先的能力，主要包括知识、技能、技术系统、管理系统、价值观等。核心竞争力不仅能让企业提供更具吸引力的产品或服务，开拓更广大的市场，满足不同市场需求，而且能提升客户满意度和忠诚度，最终还能给企业和股东们带来更多的经济价值。核心竞争力具有四大特征：一是核心竞争力是企业长期打造形成的；二是核心竞争力是企业几个专长的组合；三是企业的核心竞争力很难被复制；四是企业即使有了核心竞争力，也不是一劳永逸的，还要不断完善和巩固。企业要通过长期持续的投入和建设，根据自身的成长阶段、竞争对手的情况和市场的变化，育长板、补短板，强化组合能力，真正做到"人无我有，人有我新，人新我变"。

现在和40年前的情况有了很大的区别。40年前，我们说一个企业取得竞争优势，很大可能是因为迈克尔·波特提出的三大竞争战略，即成本领先、差异化、集中化。但是，由于不确定性和技术、环境变化太快，今天企业的核心竞争力也变得更加动态化。同时，核心竞争力不只是企业有一个专长，它可能是个组合拳，由几个专长组成，然后形成一个巨大的护城河，或者形成一个竞争壁垒。过去，企业的核心竞争力往往建立在某项专利技术或某个爆款产品上。诺基亚凭借硬件技术统治手机市场14年，却在智能手机生态的降维打击下迅速衰落；柯达发明了数码相机，却因固守胶片产业链而消亡。这些例子向我们揭示了一个残酷的现实，那就是单一维度的核心竞争力已经无法应对系统化的竞争。2025年3月，我到蜀道投资集团有限责任公司（简称"蜀道集团"）调研，发现它的核心竞争力包括五个专长：一流的投融资、施工建设、服务、公司治理和创新。

现在，企业需要将核心竞争力从单一技术或爆款产品升级为多种专长的组合力，建立起"资源控制—利益共享—规则制定"的生态体系，即便后来者能在某个环节突破，但也难以瓦解生态体系的协同优势。这正是企业生态所形成的终极壁垒，它的本质在于创造共生价值。当企业能将自身置于价值网络的中心节点，连接多方参与者并形成利益共同体时，便会形成独特优势。无锡药明康德新药开发股份有限公司（简称"药明康德"）的开放平台以及研发的全球化网络，都是其他研发型医药企业难以超越的。在平台上，它和用户牢牢黏合在一起，有着技术分享与利益分成的正循环。它有十二大技术平台交叉赋能，沉淀有20亿条分子数据，如果竞争对手也想要建立和它一样的体系，至少需要投入10年时间、50亿美元。很多企业到华为、丰田那里学习，但是，它们的核心竞争力实际上是其他企业难以模仿的，原因就在这里。

我曾调研过腾讯，它的核心竞争力是很难被复制的，主要源于以下几点。第一，腾讯的数字底座。作为数字原生企业，它一开始的种子就是数字化的，多年来一直伴随着数字化而成长。腾讯在新基建等方面打下的基础是非常牢固的，我以前参观过银行的数据中心，也参观过一些大数据中心，但到了腾讯在贵州的数据中心后，深感震撼，那绝不是一日之功。第二，腾讯的产品矩阵。从 QQ、微信到视频、音乐、游戏等，它构建起了一个覆盖社交、娱乐、资讯、工具等全场景的产品矩阵，为不同的用户提供不同的产品。第三，腾讯构建的生态。做企业最重要的就是把整个系统连接起来，尤其到了物联网时代，腾讯的连接能力是巨大的，拥有 10 亿用户，这不是谁都能够复制的。腾讯的使命愿景是"用户为本，科技向善"，非常简洁，但直指本质。科技的最终目的是什么？那就是让社会更美好。

我 2020 年去了茅台镇，想对贵州茅台酒股份有限公司（简称"贵州茅台"）的核心竞争力一探究竟。到了那里，我发现茅台酒确实是比较特殊的一种酒，酿制技艺是一种独特的传统酿酒工艺。整个茅台镇飘着酒香，但茅台镇地方不大，酒的产量也没那么高，恰恰是它独具特色的地方。其实，贵州茅台的核心竞争力就是一种组合力。我认为，它主要得益于五点。第一，独特的品质。贵州茅台拥有不可复制的地理环境、独一无二的微生物菌落群、传承千年的传统工法、长期贮存的优质基酒资源组成的"四个核心势能"，以及品牌、品质、生态、创新、文创"五大动能"。第二，强大的品牌。作为我国高端白酒的著名品牌，除了茅台酒系列产品外，它还有汉酱酒、茅台王子酒等酱香系列酒产品。2023 年凯度 BrandZ 最具价值全球品牌 100 强中，贵州茅台的品牌价值为 875.24 亿美元，排列第 18 位，蝉联酒类行业品牌榜第一。第三，忠诚的客户群。贵州茅台有自营、团购、电商、商超、社会经销商和"i 茅台"六大类渠道，客户黏性强。第四，深入的文化渗透力。贵州茅台通过物质和非物质文化传承，以二十四节气为中心的文化 IP、一系列独具特色的文化活动等讲好茅台文化故事，打造美的文化生态。第五，优异的价值创造力。上市 20 多年来，贵州茅台只募集过一次资金，当时募得了 22.44 亿元，累计分红却超过 2000 亿元。

构筑动态竞争优势

在当今快速变化的商业环境中，企业的核心竞争优势并非一成不变。随着技术的不断进步、消费者需求的变化以及市场竞争的加剧，企业必须不断迭代自己的产品、服务、商业模式等，不断调整和优化自身的资源与能力，以构筑动态竞争优势。动态竞争优势的形成并非一蹴而就，而是需要企业具备快速学习、创新和调整的能力。尤其在数字经济时代，企业必须通过创新、知识共享与文化塑造等多种要素的组合力，构筑动态竞争优势。未来，企业必须持续关注外部环境的变化，灵活调整自身战略，通过技术创新、商业模式创新、供应链升级和生态构建，不断增强自身的核心竞争力，只有这样才能在激烈的市场竞争中立于不败之地。

最初，科大讯飞以语音识别技术起家，在智能语音技术领域占据领先地位，它的语音识别技术广泛应用于教育、医疗、智能客服等多个领域，奠定了它在行业内的技术优势。随着人工智能技术的迅猛发展，科大讯飞意识到仅靠语音识别技术难以满足市场对智能化的全面需求。于是，科大讯飞在自然语言处理、机器学习等领域加大研发投入，推出了多款人工智能产品和服务，如智能语音助手、智能办公设备等。如今，科大讯飞不仅在语音识别技术上保持领先，还通过构建人工智能生态，整合硬件、软件和服务，形成了全方位的竞争优势。科大讯飞与华为联合发布的"飞星一号"智能算力集群，展示了它们在人工智能硬件和软件领域的强大技术实力。

华能国际电力股份有限公司（简称"华能国际"）是中国最大的上市发电企业之一。公司成立于1994年，是中国境内第一个实现在纽约、香港、上海三地上市的发电企业。最初，华能国际的核心竞争力主要在于它的发电能力和规模效应。后来，随着全球对环境保护和可持续发展的重视，传统能源企业需要加快绿色转型，以适应市场变化和政策要求。华能国际通过技术创新、新能源业务布局和成本控制等措施，成功调整了它的核心竞争力，从传统的火电巨头转型为绿色低碳能源企业。

现在，动态竞争优势的形成和维持是企业在快速变化的市场环境中保持领先地位的关键。比如，小米起初以高性价比的智能手机切入市场，凭借"互联网+硬件"的模式，通过线上销售、粉丝经济和极致性价比的产品策略，快速成为国内智能手机市场的领先者。随着市场竞争的加剧，小米意识到仅靠智能手机难以长期维持自身的竞争优势。企业的核心是产品，小米于是拓展业务边界，推出红米品牌，布局手机周边产品、生活消费产品，逐步构建小米生态链。自此，小米的核心竞争力已从单一的高性价比智能手机，转变为多元化的智能硬件生态。小米在国内市场取得成功后，加速国际化布局，进入英国、法国和荷兰等海外市场。同时，小米推出新零售模式，通过线上线下融合的方式提升用户体验和市场覆盖范围。这时，小米的核心竞争力进一步扩展到国际化和新零售模式。

近年来，小米加大技术研发投入，特别是在人工智能、物联网领域。小米提出了"手机+AIoT"双引擎战略，通过技术驱动和生态链深化，进一步巩固了它在智能家居和智能硬件领域的竞争优势。此外，小米在短短3年内成功推出了首款电动汽车SU7，而科技巨头苹果在探索10年后却于2024年宣布放弃造车计划。小米SU7从研发到上市仅用了3年时间，这一速度在汽车行业中堪称惊人。根据市场数据，SU7在2024年上市后订单量持续攀升，成为中国电动汽车市场的一匹黑马。自SU7上市以来的一年里，保时捷在中国的交付量下降了近30%。小米能在短时间内实现从电子产品公司到电动汽车制造商的转型，关键在于它充分利用了中国成熟的电动汽车供应链。

从竞争到竞合

竞争是市场经济的灵魂。不少人误认为，要竞争就不可能合作，市场竞争就是"你死我活"的丛林法则。其实,竞争有好坏之分,良性、有序的竞争是好竞争,而恶性、无序的竞争是坏竞争。良性竞争创造价值,恶性竞争毁灭价值。通常,大家比较熟悉《中华人民共和国反垄断法》,实际上政府还制定了《中华人民共和国反不正当竞争法》《中华人民共和国反倾销条例》等法律法规,保护正当的良性竞争,反对不正当的恶性竞争。2024年7月30日,中共中央政治局会议指出,要强化行业自律,防止"内卷式"恶性竞争;2024年12月,中央经济工作会议进一步提出,综合整治"内卷式"竞争,规范地方政府和企业行为;2025年《政府工作报告》也强调了综合整治"内卷式"竞争。"内卷式"竞争通常表现为片面追求低价格的过度同质化竞争。客观来讲,这是因为产能过剩,但也与企业的竞争心态有关。

近年来,国内一些行业和领域出现内卷式竞争,而且愈演愈烈。不仅钢铁、水泥等传统行业卷得厉害,"新三样"的新能源汽车、动力电池、光伏组件也面临着市场压力。价格大幅下降,直接压缩了企业的利润空间,行业出现亏损。内卷式恶性竞争问题受到的关注度正日益提升。国家多次要求行业自律和克服内卷,但依然有不少企业在打价格战,低价倾销,致使整个行业严重受损。钢铁、水泥、化工等资源性行业,其实不适宜进行过度的竞争。要做好国内大市场,就要加强行业自律和克服内卷,企业要着眼于用技术、质量、品牌、服务,当然也包括合理的价格进行良性竞争,不能进行技术同质化的杀价竞争。我们常讲降本增效,但实际上成本是边际递减的,成本降到一定程度就会降不下去,再降只能以降低质量为代价。内卷式的恶性竞争不仅会导致产品价格和企业利润下降,还将影响上市公司的市值,进而影响资本市场以及上证指数等,所以必须综合施治,化解重点产业结构性矛盾,促进产业健康发展和升级。

价格是企业的生命线,必须认真对待。不少人认为产品价格是由市场决定的,是客观的,企业只能适应。但事实是,市场价格往往是由卖方进行恶性竞争而形成的不合理的低价。在产能过剩的情况下，企业之间常大打价格战，结果价格大幅下降，全行业亏损，没有一个胜利者。在买方市场中，产品供大于求，市场已从供给制约转为需求制约。在这种形势下，企业再去增加产量，不仅不能摊薄固定成本，反而会增加变动成本，致使流动资金紧张。更为严重的是，产能过剩引发企业之间愈演愈烈的低价倾销和恶性竞争，极大地压缩了企业的利润空间，甚至导致亏损。举个例子，卖20万辆汽车比卖10万辆汽车的单位成本更低，表面上看也能获得更多的盈利。但在过剩经济背景下，生产10万辆汽车能卖得出去；生产20万辆汽车，就有10万辆卖不出去，不但没有真正降低每辆汽车的单位成本，还会占用大量的流动资金。

不少企业在经济危机和过剩时期采取了降价放量的竞争策略。这样的策略往往使企业的经营状况雪上加霜，因为市场这时本来就在萎缩，企业放量销售完全是逆市场操作。理智的做法是竞争各方尽量合理地减产，在降价上慎之又慎，用减产保价的方式渡过难关。2011年下半年，由于电力供应紧张，再加上节能环保的需要，浙江、江苏等地方政府对工业企业采取了分期分批控制用电的措施，这些企业中也包括水泥企业。一开始，不少水泥企业跑到电力局，希望不要拉闸，后来大家发现拉闸限电后，水泥价格竟"因祸得福"，每吨涨了100多元。虽然水泥产量少了一些，但是利润提高了许多。2011年，整个水泥行业的利润竟破天荒地超过了1000亿元，这种增长确实得益于限电。

这件事提醒我们：过去把竞争焦点放在量上，价格不停地往下降，企业赚不到钱；现在减量了，企业反倒赚了很多钱。可见，行业的主要矛盾是价格，不是量，而且在供大于求的情况下，想放量也放不了，因为这时的水泥产品价格弹性更是微乎其微。通过这一年，大家认识到，影响企业效益的是价格，影响价格的是供需关系，这就把逻辑讲通了。量多不赚钱，量少才赚钱，要想取得可观的利润，就不能盲目地靠放量降价，而是要进行产销平衡，以销定产，稳产保价。可以说，限电事件对水泥行业来说既是一场市场教育，也是一场价格教育。

面对"量本利"的失效，我们创造性地提出一种全新的盈利模式：价本利。"价本利"模式不再将企业的盈利核心立足于产量的增加，而是实行"稳价、保量、降本"的六字方针。它的基本要义有两点：一是通过稳价保价手段，使价格处在合理的水平区间，使它不严重偏离产品的价值；二是控制一切应该控制的成本。"价本利"是从传统的"量本利"发展而来的，并不是对"量本利"的否定，而是针对行业关键矛盾的转化提出的新模式。在供大于求的背景下，"价本利"重构合理的价格体系，不是围绕"增量"压价销售，而是围绕"稳价"以销定产、降本增效，维护区域市场供需平衡。"价本利"追求的是稳定价格，不滥用市场支配地位，让市场有序化，不漫天要价也不恶意杀价，在市场、客户、竞争者都能接受的情况下追求价格理性化。

市场竞争一定要有秩序，而不应该是混乱的。秩序应该怎样建立呢？这就需要行业自律：一是行业协会要发挥自律功能，强化对会员企业自律管理的权威性；二是行业里的领袖企业和大企业要带头自律，维护行业的市场秩序。一个行业要在市场经济中形成稳定的企业阵形、团体竞争力和抗风险能力，大企业的引领作用至关重要。大企业对行业负有更大的责任，应该带领行业实现健康化，系统地、全面地、长远地想问题，不仅要治自己的"病"，更要着眼于治行业的"病"。各个大企业应该共同努力来带头维护行业价格的稳定，不能在价格上自乱阵脚而大打出手。行业里的中小企业通常没有定价实力，要想多赚钱，可以采取差异化战略，遵从大企业制定的市场规则和行业价格，而不要用压价的方式拼命去抢占市场份额、破坏行业价格的稳定。这么多年的实践证明，如果一个行业垮掉，没有哪家企业是可以幸免的，这就是我们常讲的"覆巢之下，焉有完卵"。希望我们能够改变企业的竞争生态，使市场更加健康化、竞争更加有序化。

领袖企业不同于一般企业，它就像雁阵中的头雁，方向感、大局意识、责任意识都要格外突出。领袖企业是行业系统的中坚,不仅要关注自身成长、降低成本、管理工厂,更要推动行业发展、引导政策、稳定市场。也就是说,要从"做工厂"到"做市场"。按照传统思路,企业只要做好工厂、控好成本、扩大销量、增加品种,就能赢利。但在饱和市场中,如果没有好的行业生态,企业只知"冲冲杀杀",图一时之快、一己之私,即便内部管理做得再好,也不会成为赢家。现在年轻人喝白酒的少了,2023年白酒行业销售量下降了5.1%,价格增长了9.7%,利润增长了7.5%,行业利润有2000多亿元。原因就在于茅台和五粮液这两家企业起了带头作用,它们主导不能比价格,而是要比技术、质量和服务,建设品牌、维护价格、加强行业自律,整个行业才能发展得更好。

市场竞争不是零和博弈,行业竞争也不只是你死我活、优胜劣汰,还要学会合作。竞争体现在技术创新、精细管理、品牌塑造等方面,而合作体现在产业政策的执行、市场健康的维护、管理技术的交流学习等方面。尽管同行是冤家,但也是利益相关者,共同利益应大过分歧。我之前去一家汽车公司调研,它的机器人焊接生产线不仅生产自己的汽车,还为一些新势力车企做车体加工。同行的专家就问,这样不就等于支持了自己的竞争者吗?这家公司回应,汽车制造多是同质化的,这样做反而可以降低成本。其实,新势力车企不需要生产线,只需要单独的外观设计和技术研发,而生产过程可以外包给这些汽车制造企业。

从竞争到竞合,是市场经济进步的结果。在整个行业中,重要的不是哪家企业能做好,而是如何把行业做好。产业链、供应链、价值链上的企业,要共同维护行业的健康,让大家都有效益。改变竞争者的思维模式,从竞争到竞合,从红海到蓝海,做到适可而止、各适其位,是过剩行业必须完成的跨越。如果说市场竞争是对低效的校正,那么市场竞合就是对过度竞争的校正。真正实现市场竞合并不容易,市场竞合体现的是一家企业的价值追求和思想境界。企业经营有三重境界:利己、互利、利他。企业的发展以盈利为前提，要求企业完全利他似乎不太容易。市场是大家共处的环境，它不属于哪一家企业，想要在这个统一的市场中共事，就要互利。做企业应尊重他人的利益，不能单纯利己，更不能损人利己，往往利他才能利己。

专精特新

其实，专精特新不是什么新概念，工业和信息化部2011年在《"十二五"中小企业成长规划》中就提出了这个概念。近几年，专精特新成为企业发展中非常重要的内容，中央经济工作会议、党的二十大报告中又专门提及了专精特新，包括要支持中小微企业发展、支持专精特新企业发展。党的二十届三中全会提出"构建促进专精特新中小企业发展壮大机制"，财政部、工业和信息化部联合印发了《关于进一步支持专精特新中小企业高质量发展的通知》（财建〔2024〕148号），对进一步支持专精特新中小企业高质量发展提供了有力支撑。发展专精特新企业意义重大，尤其在当前经济环境下，中小企业应通过专业化、精细化、特色化和新颖化提升竞争力。专精特新的核心在于技术，要获得技术主权，就要培养一大批技术人才，弘扬工匠精神，坚持长期主义，打造更多的专精特新"小巨人"企业，进而成为细分领域的隐形冠军。

打造专精特新企业

专精特新是为促进中小企业高质量发展提出的概念。其中，"专"是指专业化，即企业应专注于特定领域，具备专业生产或服务能力，技术、产品和服务在细分市场中具有明显优势。"精"是指精细化，即企业管理精细，注重细节，追求高品质和高效率，具备较强的质量控制和生产管理能力。"特"是指特色化，即企业产品或服务具有独特性和差异化，能够满足特定市场需求，具备较强的市场竞争力。"新"是指新颖化，即企业具备较强的创新能力，能够通过技术创新、产品创新、商业模式创新推动发展，拥有自主知识产权或核心技术。专精特新对制造强国和质量强国建设来说是非常重要的。制造强国和质量强国建设到底靠什么？其实，这要靠企业。那要靠什么样的企业呢？一是世界一流的大企业，二是专精特新的中小企业。

从制造大国迈向制造强国，不仅要有世界一流的大企业，还要有一批专精特新的中小企业。现在，我国中小企业有4800万家，具备专精特新特点的"小巨人"企业已有上万家。苏州天孚光通信股份有限公司是一家国家级专精特新"小巨人"企业，专注于光通信领域，在光器件的研发、生产、销售等方面具有专业化的技术和能力，产品质量精良，在细分领域具有较高的市场占有率。中微半导体设备（上海）股份有限公司在半导体设备领域做得比较"专"，它的刻蚀机市场占有率位居全球前列。南京埃斯顿自动化股份有限公司在精细化方面做得不错，工业机器人全产业链自主可控，它的成本优势非常显著。上海凯赛生物技术股份有限公司在生物学方面掌握了人无我有的独门技术，是全球首家实现生物法长链二元酸（尼龙关键原料）规模化生产的企业，替代传统石油化工路线，环保优势显著。青岛高测科技股份有限公司每年都会推出新产品，建立起"设备＋耗材"的协同模式，自研的金刚线全球市场占有率排在前三，形成了持续复购的商业模式。

工业和信息化部对专精特新"小巨人"企业的认定是动态评估的，每三年复核一次。截至2024年年底，从专精特新"小巨人"企业里培育出来的制造业单项冠军超过1500家。这与西蒙所讲的隐形冠军相类似，而单项冠军指的是长期专注于制造业特定细分领域，生产技术或工艺水平国际先进，单项产品（生产性服务）市场占有率位居全球前列的企业。

在制造强国和质量强国建设中，专精特新企业是基础。当然，做成专精特新企业也是不容易的。企业应立足市场加大研发投入，掌握核心技术。保持市场领先地位，也需要政策支持。企业应积极争取政策支持，但不能完全依赖政策。真正的竞争力来自市场，企业应在政策支持下提升自身能力，实现可持续发展。专精特新是企业高质量发展的方向，通过专注核心业务、提升管理质量、打造特色产品、加强创新和培养人才，企业就可以在市场中占据有利地位。

归根到底，做企业还是要构筑竞争优势，就是要明确比其他企业强在什么地方，形成竞争壁垒。我常讲，做企业关键要抓好四件事：核心业务、核心专长、核心市场、核心客户，这些都是企业的看家本领。大家把这四件事想通了，大概就知道企业该做什么了。这四件事是我们做企业的看家本领，其中最重要的是核心专长，而专精特新为企业打造核心专长指明了方向，要么"专"，要么"精"，要么"特"，要么"新"，或者兼而有之。

专精特新中小企业是整个产业链和供应链中的关键环节，任何一家世界一流企业都可能会有上千家中小企业承接它的外包业务。正如我们常说的大河与小河的关系，如果没有这些专精特新中小企业，大企业也不一定能做好。企业发展的真谛在于找到适合自己的生态位，当大则大，当小则小，可以做小而美、小而精的行业，也可以做大产业，做成行业里的巨无霸。不管是世界一流企业还是专精特新企业，都要突出自己的技术、质量、管理、效益，构筑竞争优势，把自己打造成行业龙头或细分领域的头部企业。

专精特新的核心在于技术

专精特新的核心是技术，而技术的进步离不开技术人才，技术人才是企业的核心资源。企业不仅要特别重视技术人员的自我培养，也要积极引入技术人才，设立良好的激励机制，激发他们的创新热情。万华化学集团股份有限公司（简称"万华化学"）是一家全球化运营的化工新材料公司，为了实现"让每个中国人都能有一双皮鞋"的目标，公司最早从国外引进技术装备，从事人造革生产，后来进入化工原料生产领域。由于遭遇技术引进失败等困难，万华化学决心自己搞技术研发，随后大刀阔斧地进行体制机制改革，把技术创新作为公司第一核心竞争力，借助员工持股和科技分红两大法宝，激发骨干员工干事创业的积极性，同时鼓励创新，宽容失败，进而实现技术突破。

企业要通过产学研用结合充分利用高校、科研院所的研究成果与人才优势，捕捉技术前沿趋势，解决企业发展的技术难题，降低技术开发风险，推动技术创新，从而增强企业的核心竞争力。中国建材集团旗下的中复神鹰碳纤维股份有限公司（简称"中复神鹰"）与东华大学、武汉理工大学等高校建立了产学研联合体，以合作研发模式为主，人才培养、咨询服务与委托研发为辅，进行碳纤维相关技术及其应用的研究，在国内率先实现了干喷湿纺的关键技术和核心装备自主化，由此获得了国家科学技术进步奖一等奖。

2021年，我去上海调研了国际领先的数据处理及互连芯片设计公司——澜起科技股份有限公司（简称"澜起科技"）。作为科创板首批上市公司，澜起科技成立于2004年，2019年7月登陆上海证券交易所，致力于为云计算和人工智能领域提供高性能、低功耗的芯片解决方案。澜起科技与上海交通大学共建了集成电路设计前沿技术联合实验室，该实验室聚焦集成电路领域，重点围绕技术创新和人才培养两个方面开展合作，力争实现关键领域的技术突破，推动科创和产业的深度融合。

在铜铟镓硒太阳能领域，中国建材集团是通过并购获得核心技术和技术主权的。欧洲主权债务危机后太阳能业务受创，中国建材集团2014年从法国圣戈班集团那里收购了德国Avancis公司，包括它在慕尼黑西门子研发园区的研发中心和研究人员，以及在莱比锡附近的托尔高的工厂和智能化生产线。依托慕尼黑这个研发中心的技术，中国建材集团平行地在安徽蚌埠建了实验室、铜铟镓硒生产线，两边一起完成了很多原材料国产化、光伏建筑一体化设计等工作，生产出了世界上最好的太阳能电池，转化率很高。

为了掌握核心技术、获得技术主权，企业还要有一批有工匠精神的技术人才。我在丰田汽车厂调研时看到，员工整整齐齐排着队去餐厅，全是清一色的年轻人。他们中学毕业以后就上技校，技校毕业以后就到丰田上班。对企业而言，工匠精神特别重要。潍柴动力股份有限公司（简称"潍柴动力"）是山东潍坊一家做内燃机的企业，其柴油机的热效率超过52%，目前是全球最高的。除了过硬的技术外，潍柴动力还很重视弘扬工匠精神，它的首席技师就是一名"大国工匠"。现在讲"大国重器"比较多，要做"大国重器"必须有"大国工匠"。格力电器之所以能在市场竞争中取得好成绩，不仅得益于公司有位百折不挠、勇往直前、有拼搏精神的企业家董明珠，而且它还有15 000人的技术团队、几万名现代工匠，这些人帮助企业获得了技术主权。

我们现在老讲工匠精神，如果连工匠都没有，哪来的工匠精神？我们要搞专精特新，就需要一大批有动手能力的年轻人。福耀玻璃的创始人曹德旺认为，我国在科技与工程领域的高素质人才储备不足，难以满足产业升级的需求。因此，他在福州高新区创办了福建福耀科技大学，为科技与工程领域培养高素质人才。有条件的大学也要面向专精特新培养有动手能力的人才——工匠，这是我们大学应该认真考虑的。在工匠精神方面，我们还要继续加强职业教育、技能教育，培养更多的技术人员和工匠，这样才符合我国大力发展实体经济、建设制造强国和质量强国的战略。

深耕细分领域

实际上，很多企业为了一个技术或一个产品，一做就是几十年，才能做成专精特新企业。做企业是一个长期的事业，不是百米冲刺，而是马拉松式的长跑。做企业很难马到成功，它是一个漫长的过程，是一件苦差事，久久为功，必须坚守。企业家精神蕴含了创新、坚守和责任三层意思，坚守是最不容易的。做好一家企业需要 10～15 年的时间，如果你想把企业做到极致，可能需要 30～40 年。有人会问我，这是怎么算出来的？其实，这不是算出来的，而是做出来的。像中国巨石将玻璃纤维做到世界第一，就用了四五十年的时间。

马修·奥尔森、德里克·范·贝弗在《为什么雪球滚不大》一书中指出，大公司发展到一定程度后，它的增长往往会陷入停滞，而一旦增长止步，就会走向衰败。所以，做企业应该考虑如何稳定自身的增长。事实证明，即便在不太景气的行业，企业通过关注增长较快的细分市场，仍能获得一定幅度的增长，轻易地离开一个自己产品销量下降而市场空间巨大的行业是不明智的。

沃尔沃过去觉得汽车行业竞争压力大，是夕阳产业，就去开发航空发动机业务，结果新业务没有做好，汽车业务也严重萎缩，竞争不过丰田、奔驰等汽车公司，经营业绩每况愈下，后来被吉利收购了，现在做得还不错。而丰田一直坚守汽车业务，如今已经成为世界上最赚钱的汽车公司之一。由此看来，转型不一定要转行，而是要立足本行业，在对现有业务精耕细作的基础上，持续提质增效升级，用新技术、新商业模式改造传统行业。没有落后的行业，只有落后的技术和企业。其实，哪个行业都有做得非常好的企业，比如水泥、钢铁等传统制造行业，都有先进的技术和企业。当然，哪个行业也都有做到破产的企业。

在经济下行的时候，面对产能富余、同质化竞争，企业除了通过持续的技术创新开展差异化的竞争外，还可以通过业务细分、产品细分、品牌细分、市场细分等创造新的竞争优势，找到自己的生存空间，实现效益的逆势增长，做细分领域的头部企业。这样，我们的企业才可以从红海驶入蓝海，这也是一个减少行业内卷的选择。

以玻璃为例，建筑玻璃、汽车玻璃、电子玻璃、光伏玻璃同为玻璃行业，但每个细分领域之间也是隔行如隔山。像福耀玻璃做汽车玻璃，蓝思科技股份有限公司（简称"蓝思科技"）做手机玻璃，它们都做成了细分领域的头部企业。蓝思科技崛起于消费电子时代，经过近20年的持续创新发展，实现了业务从手机玻璃到智能穿戴、新能源汽车等玻璃护屏的全覆盖，奠定了在行业细分领域的领先地位。近年来，蓝思科技不断在垂直整合能力上加码，从3D玻璃到蓝宝石，再到精密陶瓷、精密金属等消费电子产品外观新材料的加工生产和应用，产品线不断丰富。

大家常说法国的面包好吃，而实际上法国的面粉有100多种。同样，日本的特种水泥有100多种，每种水泥的用途都不一样，产品附加值自然也会不一样。中国建材集团开发了道路、油井、核电、水工等近70种特种水泥，满足了国防、石油、水电、冶金、化工、建筑、机械、交通等行业工程建设的需要。此外，中国建材集团还推出用清水混凝土做的厂房设施和水泥产品，让水泥成为美观时尚的艺术品。北新建材做石膏板，开发出了净醛石膏板、相变石膏板、万能石膏板等，不仅赢得了市场，还取得了很好的经济效益。

任何企业的资源和能力都是有限的，不可能包打天下，企业要理智地选择细分市场。2023年，当其他手机厂商都在收缩过冬的时候，一家名不见经传的手机厂商却卖出了9400多万部智能手机，年营业收入超过623亿元，净利润超过50亿元，实现了超过100%的净利润增幅。它就是当今全球第五大手机厂商——深圳传音控股股份有限公司。它凭借极致的本地化和极高的性价比，在非洲的市场占有率超过40%。现在，它正在走出非洲，努力开拓南亚、东南亚、拉丁美洲等市场。

最佳实践案例：宁德时代深耕主业发展

许多企业在追求多元化扩张时，往往会忽视深耕主业的重要性。然而，只有专注主业、围绕主业打造企业的核心竞争力，才能在激烈的市场竞争中站稳脚跟，实现高质量的可持续发展。宁德时代新能源科技股份有限公司（简称"宁德时代"）自创立开始就一直深耕电池领域，非常专业化。我曾到宁德时代调研，与公司董事长曾毓群进行过交谈。我对宁德时代的极限制造印象特别深刻，在他的建议下，我后来还带着一些上市公司代表去了宁德时代的宜宾工厂，大家对宁德时代的技术和创新能力十分赞叹。宁德时代的崛起并非偶然，它的成功背后暗含一条铁律，那就是在长周期赛道中，唯有聚焦主业、做到极致，才能穿越周期，成为行业规则制定者。

深耕主业的实践

宁德时代成立于2011年，2018年6月登陆创业板，是全球领先的动力电池系统提供商，是一家新能源创新科技公司，致力于为全球新能源应用提供一流解决方案和服务。在2025年7月发布的《财富》世界500强排行榜中，宁德时代连续第三年上榜，位列第303名。它是创业板首家市值突破万亿元的公司，也是各大机构投资者青睐的优质公司。当前，公司在全球已设立六大研发中心、十三大电池生产制造基地。其中，宁德基地、宜宾基地、溧阳基地被世界经济论坛评选为全球灯塔工厂，这是锂电行业仅有的三座灯塔工厂，而且宜宾基地还是全球首家电池零碳工厂。2025年2月11日，宁德时代向香港联合交易所提交了上市申请，计划向下一个新征程迈进。2025年5月20日，宁德时代在香港联合交易所主板挂牌上市。

聚焦主业而不越界

宁德时代始终将战略重心聚焦于动力电池的研发与制造，避免进入下游整车制造或储能运营领域，以此确立"只做供应商，不做竞争者"的定位，消除客户顾虑并建立广泛的合作关系。这种边界清晰的定位，使宁德时代成为全球汽车品牌在电气化转型中最值得信赖的合作伙伴。

2023年3月,宁德时代董事长曾毓群在业绩交流会上表示:"我们在推进CTC(cell-to-chassis,电池底盘一体化集成技术),会为造车企业做好基础工作,我们不会去造车,同时,我们会不断创新商业模式,围绕电池服务领域进行拓展。"他进一步解释:"新能源电池的应用范围很广阔,包括天上飞的、水里游的、地上跑的和不跑的(储能),市场空间很大,优质的产能一定是稀缺的。"2024年4月,曾毓群在宁德时代2023年股东大会上再次强调,宁德时代专注电池核心技术,不做整车,也不涉足储能电站运营,目标是成为新能源领域的基础设施供应商。

宁德时代将核心业务牢牢锁定在动力电池系统,2024年该业务在国内高端新能源乘用车电池市场占有率高达72%。公司不涉足整车制造领域,从根本上避免了与宝马、大众、特斯拉等核心客户的竞争关系,这也使得车企更愿意与它建立长期而深度的合作。宁德时代与全球主流车企建立了多层次合作模式,从单纯的电池供应到共同研发、合资建厂,合作关系不断深化。这些合作不仅稳定了订单来源,还通过技术协同加速产品迭代,使宁德时代始终处于技术应用的最前沿。

在坚持主业的同时,宁德时代通过纵向整合关键资源,构建了"矿产—电池—回收"的闭环生态系统,强化供应链安全与成本竞争力,但明确不涉足下游应用领域的运营。在上游资源与材料布局方面,宁德时代战略投资锂、镍等关键矿产资源,并推进钠离子电池等新型材料研发,从源头确保供应链安全与材料成本优势。在电池回收方面,据2024年年报披露,宁德时代已建立覆盖全球的回收基地,具备27万吨废旧电池年处理能力,镍钴锰金属回收率可达99.6%,锂金属回收率可达93.8%。通过回收网络,宁德时代实现了电池全生命周期的价值链闭环,进一步巩固了主业成本优势,同时避免进入储能电站运营等下游场景。

为了强化生态协同,宁德时代与车企合作时采用灵活的电池供应模式。这种合作既满足车企的差异化需求,又避免宁德时代直接涉足下游整车品牌运营,维持了专业电池供应商的定位。宁德时代将业务始终聚焦在电池技术本身，通过产业链纵向整合提升主业竞争力，而不跨界竞争。这一模式赢得了全球客户的信任，成为其市场份额持续增长的核心基础。

极致的技术创新

技术出身的曾毓群为宁德时代植入了技术创新的"基因"，始终将技术创新作为公司发展的核心动力。这些年，宁德时代不断加大研发投入，研发费用常年占营业收入的 5% 以上，高于行业平均水平。公司不仅先后设立新能源院士专家工作站、国家工程研究中心、21C 创新实验室等，加强基础研究，还注重与上海交通大学、中国科学院等高校和科研院所建立合作关系。公司拥有一支庞大且专业的研发团队，研发人员超过 2 万人，拥有境内外专利超过 2.4 万件，还在快速增长中。在技术成果上，宁德时代在电池能量密度、安全性和循环寿命等方面取得了显著突破，不断推出凝聚态电池、麒麟电池、神行电池等新产品。此外，宁德时代还参与国家创新体系建设，承担国家级科研项目，积极参与和组织学术交流。

2017 年，三元锂电池价格因钴价而暴涨，各大企业面临着不小的成本压力。当同行普遍转向更便宜的磷酸铁锂技术时，宁德时代却坚持高镍低钴路线，认为高镍化（NCM811）是提升能量密度的唯一路径，而钴的稀缺性必须通过技术突破解决。其研发团队耗时三年终于攻克了高镍材料热失控难题，通过单晶化正极材料和陶瓷涂覆隔膜技术，将 NCM811 电池热失控触发温度从 150 摄氏度提升至 215 摄氏度。宁德时代 NCM811 电池装车量位居全球前列，成功绑定宝马 iX3、蔚来 ET7 等高端车型，成为三元锂电池领域的领先者。特斯拉在中国寻找电池供应商时，要求十分严苛。为此，宁德时代对电池进行了 −30～50 摄氏度的高低温循环测试，并模拟车辆连续两小时以 200 千米/小时高速行驶的放电场景，将电池温差控制在 ±2 摄氏度以内。最终，宁德时代成为特斯拉的供应商，订单金额超千亿元。

为了覆盖不同市场需求、分散技术风险并巩固行业领导地位,宁德时代的技术布局涵盖当前主流电池体系及下一代前沿技术,形成"量产一代、储备一代、研发一代"的梯次技术结构模式。从正极材料看,目前三元锂(高镍化)和磷酸铁锂是技术主流,钠离子是研发热点,从电解质技术看,液态电池是技术主流,凝聚态、半固态和固态电池是未来的发展方向。采用高镍三元锂正极材料的凝聚态和半固态电池满足高端市场,采用高镍三元锂和磷酸铁锂正极材料的液态电池(如麒麟电池、神行电池)满足主流市场,钠离子电池专注低成本市场,宁德时代的这种技术布局不仅巩固了当下优势,还锁定了未来10年的行业话语权。

全球化产能与本地化服务

面对全球新能源汽车市场的快速增长,宁德时代前瞻性地推进全球化产能布局,在欧洲、北美等重点区域建立本地化生产基地,降低地缘政治风险,满足车企"就近配套"需求。公司摒弃单纯出口模式,转而构建"本地生产、本地供应、本地回收"的全球产业闭环,提升供应链韧性与客户响应速度。

欧洲作为全球电动车渗透率最高的区域之一,成为宁德时代出海布局的核心战场。公司采取"多点布局、逐步扩产"策略,已形成德国、匈牙利、西班牙三大制造枢纽。一是德国图林根工厂,2023年年初投产,主要配套宝马、大众等德国车企,该工厂位于德国汽车产业集群核心区,大幅降低电池运输成本与交付周期,同时满足欧盟本地化含量要求。二是匈牙利德布勒森基地,宁德时代2022年宣布在匈牙利德布勒森市投资约500亿元建设新能源电池生产基地,基地将于2025年建成投产。该基地将成为欧洲地区最大的动力电池制造基地之一,主要服务宝马、奔驰等高端客户。三是西班牙合资工厂,专注于满足南欧市场需求,目前正在等待监管部门最终批准,预计2026年启动生产。该工厂采用合资模式,结合Stellantis的整车制造经验与宁德时代的技术优势,形成深度绑定的供应链关系。

宁德时代在出海过程中不仅输出产能,更将先进的电池技术与零碳生产体系导入不同市场,以强化它的技术领导力。比如,宁德时代在德国工厂导入第三代CTP麒麟电池生产线,实现与国内同步技术迭代。它的国内四大生产基地已经获得零碳工厂认证,这一零碳生产体系正被复制应用于欧洲工厂。宁德时代的举措符合欧盟《新电池法》对碳足迹的严格要求,为产品打入欧洲市场扫除政策障碍。

宁德时代在推进产能全球化的同时,通过灵活的合作策略增强本地市场嵌入度。宁德时代与多家欧洲车企探索"合资工厂+长期采购"模式,这种深度绑定模式确保产能释放与市场需求同步,降低投资风险。此外,宁德时代还积极布局新兴领域。比如在eVTOL(电动垂直起降飞行器)领域,宁德时代凭借航空级凝聚态电池获得亿航智能订单,抢占新兴空中交通市场。在人形机器人领域,它开发了专用高能量密度电池,适配特斯拉Optimus等产品,极端充放电性能处于行业领先水平。

实践启示

启示一:聚焦主业而不越界。在产业边界日益模糊的时代,"不做什么"有时比"做什么"更能建立客户的信任,宁德时代坚守电池主业,不涉足整车制造或储能运营领域,从而让自己成为全球车企最信赖的电池技术伙伴。这种清晰的业务边界,成了企业的一道护城河,保护企业在核心领域的发展,避免跨界经营引发的竞争和信任危机。

启示二:量产一代、储备一代、研发一代。企业将资源集中在单一赛道上,能够产生显著的研发复利效应,使技术迭代速度呈现指数级增长,从而领先于多元化的竞争对手。宁德时代在动力电池技术研发上投入大量的研发人员、资金和时间,不断推出领先的技术成果,形成了强大的技术优势。这种持续的研发投入所产生的复利效应,让宁德时代在技术上不断突破,形成梯次技术结构,从而始终保持行业领先地位。

启示三:全球化产能与本地化服务。宁德时代通过制造本地化、技术标准化、合作灵活化的三位一体策略，构建起"本地生产、本地供应、本地回收"的全球产业闭环，提升了供应链韧性与客户响应速度。这一布局不仅巩固了宁德时代的全球市场份额，更使中国电池技术标准深度嵌入全球汽车产业链。

总之，宁德时代通过聚焦主业构建不可替代性，依托深度研发定义技术标准，基于全球产能网络实现本地化服务。这一模式不仅适用于动力电池产业，也为中国制造业从"规模领先"向"技术引领"转型提供了实践路径。

第 3 章
Chapter3

创新领先

———

习近平总书记早在2015年的两会上就明确指出:"创新是引领发展的第一动力。抓创新就是抓发展,谋创新就是谋未来。"这些年来,创新始终都是党和国家关注的大事,党的二十大报告中也明确提出坚持创新在我国现代化建设全局中的核心地位,强调必须坚持科技是第一生产力、人才是第一资源、创新是第一动力。创新不仅是国家的第一动力,也是企业的第一动力。企业是创新的主体,也是创新的出题者,但我们都很清楚创新需要承担风险,想要创新领先,就要在创新方面秉持一定的原则,形成一套行之有效的方式,进行有目的、有效益、有组织的创新,善于把握机遇,并尽可能在自己熟悉的领域进行创新,最大限度地规避和防范风险,而不是甘冒风险。

凡是能写神话故事的民族,一定是很有智慧的民族。《西游记》中的孙悟空有七十二变,不要小看这个设定,凭空想象出来是不容易的,想象力是创新的源泉。企业的兴衰固然会受到外部环境等客观因素的影响，但企业不断创新的思维与文化迸发出的生机和活力，以及由此带来的企业竞争力，能使企业捕捉到快速发展的机遇，进入新的良性发展循环。AI 时代已经来临，从 ChatGPT 到 DeepSeek，AI 极大改变了企业价值创造过程与个人生活。大家最近热议的"杭州六小龙"：云深处科技、宇树科技、深度求索、游戏科学、群核科技和强脑科技，它们都是民营科技初创公司，聚焦于机器人、人工智能、游戏开发、脑机接口等技术领域前沿，具有较强的科技创新实力和影响力。在科技创新方面，我们现在要有很强的民族自信心。

现在大力发展新质生产力，很多企业更愿意去追求高科技创新，认为高科技更能代表时代特性，能给企业带来更高收益，这种观点不能说错，只能说不够全面。其实，新质生产力不仅包括高科技，也包括中科技、低科技，甚至零科技，它们都有不同程度的创新点。对企业而言，只有赚了钱的创新才是好创新。发展新质生产力，更为重要的是科技创新与产业创新的融合。创新一定要多依靠资本市场，这样才能加快创新的进展，减少因创新而带来的资金压力。创新其实并不神秘，是有一定模式可循的，我们在 20 世纪走过了很长一段时间的模仿创新，但现在我们应更加注重自主创新、集成创新、持续性创新、颠覆性创新、商业模式创新，要找到适合企业发展的创新模式或模式组合。从美日欧企业创新发展的经验来看，中国企业将会打造出"创新 + 资本 + 制造 + 市场"的新发展模式。

有效的创新

约瑟夫·熊彼特 1912 年在《经济发展理论》一书中提出，从一辆马车到一万辆马车，实际上说的是"增长"，只有把马车变成蒸汽机车才能叫"发展"。所以，创新的本质就是发展。他进一步指出，企业进行创新就是要对新的生产要素和生产条件进行新组合。其实，企业里的创新是有目的地寻求市场机遇的过程，我们要尽可能灵活运用创新的原则，来减少创新的各种风险，把握好创新的度，进行有效的创新。企业要进行有目的、有效益、有组织的创新，创新并不总是从零开始，企业要善于抓住机遇，还要加大依靠资本市场的力度。

有目的、有效益、有组织的创新

企业在创新上不能做冲动派，也不能做盲从者，而是要有方向，有风险意识，有的放矢，谋定而后动。彼得·德鲁克认为，创新是有目的地寻求机遇的过程，有目的的创新甚至可以减少90%的风险。很多人一听到创新就按捺不住了，还没了解清楚项目就立马干起来，这种盲目创新的例子并不少见。从纳米热、石墨烯热、区块链热、元宇宙热，到现在的AI大模型热。有热度是没问题的，但是光炒概念不行，一定要搞懂了再干，要有一个长期的战略目标。不要为了创新而创新，而是要强调创新的目的性，并尽量减少盲目性。随着科学技术的不断进步，企业要找到适合自己的方向和应用场景，扎实地做那些能与自身实际有效结合的创新。中国建材集团在超薄玻璃、碳纤维、风电叶片、薄膜太阳能电池等领域的成功，都是在认真分析产业形势、市场需求、自身优势的基础上，锁定目标，长期技术攻关的结果，都是有目的的创新。

企业是一个营利组织，受到严格的商业约束，因此做企业就得有效益，就得赚钱，这是每位企业家必须思考的问题，创新也是如此。企业对创新的硬约束就是创造效益和价值，必须做能赚钱的创新，把创新与效益紧密联系起来。加大企业的创新投入固然重要，但产出也很重要，我们要对投入产出比很敏感。当然，有效益的创新也要平衡风险与机遇，避免盲目跟风或过度冒险。对企业来讲，创新是附加了条件的，创新需要试错，允许失败，但也要千方百计地减少创新的风险。如果创新没有效益，企业就很难对创新进行持续的投入，创新烧钱烧到最后，企业都被拖垮了，再好的创新也做不下去。

当年，摩托罗拉通过66颗环绕地球的低轨卫星组成的全球卫星移动通信系统，使铱星电话在全世界任何一个地方都能接收到信号。但是，铱星电话和后来的手机相比更笨重，无法解决信号屏蔽问题，费用也很高，没有产生效益，于是退出了舞台，摩托罗拉因此受到了很大的拖累。不过，特斯拉前几年不赚钱的时候，它的市值就有几千亿美元，资本市场看好它的未来。如果既没效益，资本市场也不看好，那么再好的创新都不能做。在企业里，我们不反对大家探索宇宙奥秘，每个人都有自己的兴趣爱好，有强烈的好奇心、喜欢探索未知事物是好事，但研究黑洞、引力波、人类的起源这样的问题，不是企业创新要聚焦的事情，企业也很难为此提供专门的实验室和经费。不可否认，企业里有些技术人员的科研实力很强，甚至能带来足以推动世界科学进步的重大成果。但总的来看，企业还是要发挥技术创新的专长，盯着新产品、新技术、新工艺，解决这些实际问题，这才是创新的立足点。

以某家网络视频上市公司为例，该公司尽管很注重创新，雄心勃勃地跨界布局七大生态体系，但创新的投入与效益是脱节的，比如它的汽车业务，烧钱太快而始终又没有量产的产品，后来现金流也断了。创新的效益要能被量化评估，如果自己在量化评估中就算不过账来，这样的创新就要慎重。我国创业公司深度求索在有限的资金投入中另辟蹊径，凭借独有的技术架构与算法优化，DeepSeek大幅削减模型研发与运维成本，实现了低成本高回报。可以看到，深度求索的创新是讲究效益的创新，它们的技术也彻底颠覆了AI界的认知。

当然，创新不一定都靠高科技，中科技、低科技、零科技也可以创新。德鲁克1985年在《创新与企业家精神》⊖一书中澄清了一个误解：只

⊖ 中文版已由机械工业出版社出版。

有高科技才能创新。按经济学里的康德拉季耶夫周期理论分析，欧美经济从第二次世界大战后到1965年的20年间经历了繁荣发展；1965—1985年处于经济结构调整期，欧洲经济开始衰退，但美国出现了繁荣，新增就业岗位4000万个。而在这4000万个就业岗位中，高科技只增加了600万个就业岗位。所以，德鲁克认为，创新一定要靠高科技的观念是错误的。他用大量的实例证明，创新不一定必须与技术有关，甚至根本就不需要是一个实物。其实，传统产业中创新的业务也不少。像智能化水泥生产线，用工减少了200多人，吨熟料标准煤耗下降了20多千克，这就是很大的经济效益。所以，企业的创新要紧紧围绕自身的需要和发展，最终要为企业创造良好的效益。创新是发现新的价值创造方式的过程，创新的生命力在于价值创造。企业在创新时，要紧紧围绕价值创造，用不同于以往的方式来达到价值创造和增值的目的。

创新也不是一个人、一家企业的事，而是一个系统的事。创新不能靠单打独斗，任何创新都是在一个系统组织中进行的，进而形成功能互补、良性互动、开放共享的创新格局。2024年《政府工作报告》指出，"强化企业科技创新主体地位，激励企业加大创新投入，深化产学研用结合，支持有实力的企业牵头重大攻关任务"。产学研用的深度融合，将科技、人才、创新的供给方和需求方有机地统一在一起，能够高效统筹企业、高校、科研院所等创新主体，推动创新链、产业链、资金链、人才链深度融合，是科技创新引领高质量发展的重要途径。

由沈阳市政府和中国航空发动机集团有限公司出资成立的中国航发燃气轮机有限公司（简称"中国航发燃机"），发起成立了一个由30多家单位组成的产学研联盟，不仅包括大连理工大学在内的10所高校、中科院金属所等5家科研院所，还包括十几家上下游企业。中国航发燃机依托大连理工大学等建立了燃机实验室，这种产学研组织把各种创新要素结合起来，使中国航发燃机一跃成为国际一流的专业公司。目前，它以航空发动机技术为依托，研发制造拥有自主知识产权的燃气轮机，已完成"三轻一重"系列化产品的设计研发与制造生产，相继投入国内多个能源示范项目，并不断推动产品迭代升级和平台化发展，以提升我国工业制造领域的竞争力。

总的来看，产学研用结合要做得好，一是高校要做好研究，为企业陆续提供一流的技术，同时在培育大量的科技创新人员上发挥作用；二是要发挥企业的主导作用，牵头建设更多高效协同的创新联合体，从资金、人才等方面支持产学研用一体化；三是高校、科研院所、企业要形成长期的制度合作，打通科技创新链上科研、中试、产业化三个环节。此外，不同企业在创新方面也应该有效分工，扮演各自适合的角色。企业家应多思考企业创新的目的是什么，创新中的上下游是谁，它们是否熟悉这些领域，能否得到有力支持，从这些角度认真思考，才能在创新过程中降低风险。大企业和中小企业可以在创新上进行协同，大企业创新不需要所有工作都自己做，可以技术外包给中小企业。

我去北京汽车集团有限公司（简称"北汽集团"）调研过北京新能源汽车股份有限公司（简称"北汽新能源"）的经营和创新情况。北汽集团旗下的北汽新能源成立于2009年，是我国首家独立运营、首个拥有新能源汽车生产资质、首个登陆A股市场的新能源汽车企业。2018年，北汽新能源为了打造新能源技术创新高地，牵头建设了国家新能源汽车技术创新中心，聚集了全球的优质资源。在新能源汽车的核心技术动力电池上，北汽新能源通过与戴姆勒、宁德时代等多家企业建设联合实验室开展协同创新。此外，北汽新能源还与华为、滴滴、百度等企业在大数据应用、智能驾驶以及出行业务产业链上进行了深度合作。

创新并非总是从零开始

什么都是时间的函数，做企业一定是一分付出一分收获。企业创新要务实，要做有质量的创新。相比较而言，企业在熟悉的领域创新更容易成功。做企业，业务选择很重要，但选对了业务只是开头。业务选好后，企业可能需要一二十年或二三十年，甚至更长时间才能做到一流。在创新的过程中，如果企业放着熟悉的领域不做，反而进入一个完全陌生的领域，一切都从零开始，就容易犯错。因而，企业千万不要盲目跨界，应该更多地反思当前已有创新的一些基本情况，看看有哪些经验是可以学习的。在爱迪生发明灯泡之前，前人已针对灯泡做了90%的研究工作，他在此基础上又进行了大约6000次实验，才把灯泡做出来。也就是说，如果没有别人在前面进行90%的研究工作，爱迪生也很难把灯泡做出来。所以，企业在创新时要总结前人所做的基础工作，不要去做过多的重复工作。

中国建材集团是全球最大的建材制造商，也是全球最大的水泥制造商。有些人可能认为水泥只是普通产品，但大家想一下如果没有水泥，我们的城市和生活会是什么样子。尽管水泥只有不到200年的历史，这么多年来却一直在创新。过去，小立窑生产水泥，每条生产线日产规模约几百吨。之后是湿法水泥，每条生产线日产规模约1000吨。现在是新型干法水泥，每条生产线日产规模可达万吨。水泥厂也通过大量创新，成为智能化、洁净化的新型工厂。中国建材集团在蒙古国投资建设的水泥厂就是草原上的工厂，体现了现代工业与自然环境的完美融合。

我在同时担任中国建材集团和国药集团董事长的5年里，学到了不少东西，也发现了不少机遇，但中国建材集团没去做医药项目，为什么？因为建材领域的技术人员不熟悉生物医药领域的东西，在一个不熟悉的领域里是很难做决策的。当然，这并不是说不能进行跨界创新，外部的某些创新可能对行业产生很大乃至颠覆性的影响，必须认真研究。但是，创新通常需要对一个行业有深刻的了解，不是积累多年经验的内行，对于风险点和路径往往无从判断，盲目跨界十有八九会出问题。即使确定要跨界且具备条件，也要有熟门熟路的盈利点作为底部支撑。

当然，创新的成功也离不开有效的管理，人们往往容易忽视管理在创新中的作用。现在，一些科技型上市公司之所以运作得不太成功，原因之一就是科学家与企业家发生了错位。科学家有了创新成果，常有自己开工厂、做管理的倾向，而一旦把工厂做起来了，就会涉及贷款、生产、销售等各种问题，这些未必是科学家擅长的领域。

我曾给创业板的科技型企业老总们做过一场讲座，我问他们：你们搞创业板，上市拿了钱之后做什么？他们说做工厂。我说，做了工厂之后干什么？他们说生产产品。生产了产品之后，怎么办？当然，就要去卖产品。卖了产品之后呢？……其实，生产产品、卖后收款，都不一定是科学家要干的活。作为科技公司，不见得都要做产品，应该是做出一项科技成果后就把它卖掉，卖了之后再创造下一项科技成果。也就是说，科技成果或技术是科技公司的产品。如果科学家也做那些企业家都能做的产品，他们的优势就很难发挥出来。

现在越来越多的科学家成了企业家，企业家也有不少成了科学家。宁德时代的曾毓群原来是中科院的科学家，现在成了全球最大的动力电池公司的董事长；中国建材集团旗下凯盛集团的原董事长彭寿一直是一个企业家，他把一家只有几千万元收入的企业发展成了300亿元收入的大型企业，他本人还因研发信息玻璃技术成了中国工程院院士；还有中复神鹰的原董事长张国良也是化纤机械行业著名的企业家，他带领企业十几年如一日，攻克了高端碳纤维技术，他本人也获得了国家科学技术进步一等奖。在今天这个高科技时代，我们既需要有科学家精神的企业家，也需要有企业家精神的科学家。科学家型的企业家有技术优势，但同时也要加强学习市场管理等方面的商业知识。对于很多传统型企业家，我鼓励大家要学习技术，学习科技知识，要做懂科技的企业家，这是今天我们倡导企业家具备的能力。

创新要善于把握机遇

企业对创新是要有选择的，还得掌握火候。正如任正非所言，早走三步是"烈士"，早走半步是"英雄"。有些创新提前干，就可能成为

"烈士"。创新的时机不恰当，不见得能做得起来，也很难赚到钱。就创新而言，外界环境的发展、各种技术的成熟度都很关键。比如，一些电动汽车企业现在还没赚到钱，像丰田现在还是靠燃油汽车赚钱，它开发的氢燃料电池汽车并未取得成功，原因是现在加氢站太少了。

抓住机遇是创新的巨大推动力。创新的机遇无处不在，但又转瞬即逝。敏锐的创新意识来自长期的实践观察，做企业要用心，才能把握创新机遇。在这里，我总结一下可带来创新机遇的五种情形。

第一，结构调整带来的创新机遇。当前，我国正处在转变发展方式、优化经济结构、转换增长动力的攻关期，既面临着严峻挑战，也蕴藏着大量的创新机遇。结构调整带来的创新机遇主要包括扩大国内需求、双循环市场、技术创新、绿色低碳、"一带一路"倡议、"走出去"等方面，其中的每一个方面都大有可为。每次大的经济结构调整，总有企业因不适应变化而销声匿迹，也总有企业因敏锐捕捉并抓住创新机遇而获得快速发展。

第二，新知识、新技术带来的创新机遇。DeepSeek 的出现为 AI 带来了更多的应用场景。美图公司 2024 年收入与净利润的增长主要得益于将 AI 技术融入影像与设计产品，"AI 换装"功能的爆火让美颜相机新增海外用户超过 2000 万人。截至 2024 年年底，美图全球月活跃用户数为 2.66 亿，其中我国境外的月活跃用户数为 9451 万，同比增长约 22%，占整体月活跃用户数的 35.6%。在美图公司 2024 年 33.4 亿元的总收入里，影像与设计产品业务收入为 20.9 亿元，占总收入的 62.4%。

第三，市场需求带来的创新机遇。中国建材集团所属企业生产出了一款新型折叠电动自行车，工厂可根据个性化需求适当减轻重量。现在，我国很多城市都有地铁，但有的乘客从出发地到地铁口、从地铁口再到目的地，往往都还有一段距离，这种折叠电动自行车可以有效解决上述出行中遇到的"最后一公里"问题。

第四，未来能源结构调整带来的创新机遇。据科学家预测，为了人类的生存,从第一次工业革命到2100年,地球升温不能超过2摄氏度,目前地球升温已经超过1摄氏度。2015年,各国在第21届联合国气候变化大会上签署了相关协定,将加强应对气候变化的威胁,把全球平均气温较工业化前水平升高控制在2摄氏度之内,力争将全球气温上升幅度控制在1.5摄氏度之内。这意味着到2050年人类要取缔50%～70%的化石能源,到2100年要取缔所有的化石能源。这是人类发展史上的重大事件,未来能源结构调整也会产生很多创新机遇。

第五,时尚化带来的创新机遇。上汽通用五菱汽车股份有限公司推出的微型电动汽车——五菱宏光MINIEV,尤其是升级版的马卡龙系列,深受年轻女性消费者的喜爱。这款车以"国民少女车"的形象走红,推出了白桃粉、牛油果绿、柠檬黄等低饱和糖果色,被称为"移动的马卡龙"。车子也是萌系设计,方盒子造型,有着圆润的大灯,配合DIY贴纸文化,用户还自发创造了"迪士尼在逃公主车""草莓熊联名款"。2021年五菱宏光MINIEV销量达42.6万辆,成为全球最畅销电动汽车。2023年推出的敞篷版MINIEV,10秒售罄。泡泡玛特通过打造沉浸式IP主题乐园POPLAND,将潮玩文化与时尚体验相结合,还通过不断推出新的IP形象和产品,满足消费者对时尚潮流的追求。泡泡玛特的时尚化创新使它在潮玩市场中占据了重要地位,它的品牌影响力不断扩大,吸引了大量年轻消费者,推动了企业的快速发展。

创新离不开资本市场

资本在创新中扮演着重要角色,它为企业家提供了实现各种"新组合"的必要条件。创新往往需要大量资金支持,资本市场和风险投资是推动创新的重要力量。美国的发展模式是"创新+资本",资本市场大力支持了它的创新,因而美国的航天航空、半导体材料、生物制药等高科技领域才能走在行业前列。如果没有纳斯达克证券市场,就不可能产生Google和Meta这样的公司,同样,中国的阿里巴巴、百度、腾讯等也都是在资本市场的支持下发展起来的。当然，这些企业快速成长的市值也支持了资本市场的发展，并为投资者创造了巨大财富。创新和资本市场是并驾齐驱的，是相辅相成的。

创新离不开资本市场。再优秀的企业家，假定没有资本的支持，也不太容易做成事，尤其是技术创新，技术创新早期大多需要高投入，若没有风险投资或资本市场的支持，企业一般是难以为继的。比如芯片研发就需要大量的资金，而这个资金通过资本市场会来得比较快，只靠政府资助和原始股东出资，实际上是远远不够的。如果通过银行贷款获得资金，科创企业的研发周期过长，前期利润微薄，又无法承受高额的银行利息。怎么办呢？只有加大直接融资，用好资本这一创新杠杆。我国目前直接融资和间接融资的大体占比是 3∶7，而发达国家一般是 7∶3。企业直接融资大致分为三种：一是通过企业间相互持股参股的方式融资，二是通过私募基金融资，三是通过二级市场上市融资。

企业要充分利用好资本市场上的主板、科创板、创业板、私募股权、风险投资基金等资源，选择适合自己的融资工具。我有次去苏州调研一家做生物材料的科创公司，这是一家专业化的中小企业，起初利润只有 1 亿多元。它刚通过科创板上市，资本市场就给了几百倍的市盈率，现在已有 280 亿元的市值，这就很好。所以，大家要特别重视从资本市场上融资，不要只想着从银行融资。

我国过去面对"缺芯少屏"的局面，而京东方等企业现在通过创新打破了国外企业对屏幕市场的垄断，掌握了主动权，还取得了领先地位。目前，很多手机、台式计算机、iPad 的面板都是中国制造的。我和京东方的陈炎顺董事长做过一场"与董事长面对面"的访谈活动，在交谈中了解到，京东方的创新发展与资本市场的巨大支持是密不可分的，因为建一条液晶显示屏生产线需要近百亿元的投入，这就需要借助资本市场的力量。京东方向项目所在地政府所属企业增发股票，随着公司发展、股价上涨，政府所属企业在市场上就会逐渐退出，外部资本逐渐进入，这个过程非常之巧妙，综合利用了几方面的力量。

钱要变成资本，撬动创新创业。储户把钱存进银行，银行把钱贷给企业家，企业家拿去创新创业。企业赚的钱以利息的形式回到银行，银行再分给储户。转了一遭，钱变成了撬动创新创业的资本。一个创意要转变成创新，然后再从创新发展到创业，这个过程就需要资本的支持。创新创业有了一定的规模，企业可以先引入股权投资，发展到一定程度后上市，再逐步从几十亿级向百亿级、千亿级市值的上市公司跨越，这是资本运营下的企业成长路线。

在我国创新创业发展过程中，什么地方资本比较发达，什么地方创新创业也就比较发达。目前，我国的独角兽企业主要分布在北京、上海、深圳、杭州、广州，这些地方的独角兽企业数占全国总数的82%，因为这些地方是创新与资本的结合地。这些年，我国各类私募基金发展也很快，大概有2万多家企业，掌握的基金规模大约为20万亿元。这些基金主要投向创新型企业，把它们打造成独角兽企业，然后再发展成上市公司。有时，一些地方领导跟我说："我们这里缺两样东西，一是技术，二是资金。"其实，他们缺的是创新文化和资本，有了创新文化，才可能有技术；有了资本，才可能去创新。资金借了毕竟还是要还的，这会增加企业的融资成本、财务成本，所以企业创新要充分利用多层次的资本市场，做好资本和创新要素的有效对接。现在正在大力发展资本市场，科创板的推出、注册制的落地等，资本市场的每一次改革前行，都会让企业创新迈进一大步。

选择适合的创新模式

提到创新，许多人觉得很难，感觉摸不着边际，无从下手。实际上，创新不是天才的专利，也不是靠个别人的"灵光乍现"。企业的创新既有规律可循，也有模式可依。企业常用且行之有效的五种创新模式分别为自主创新、集成创新、持续性创新、颠覆性创新、商业模式创新。企业可以根据自身情况，选择合适的创新模式。

自主创新

习近平总书记指出："重大科技创新成果是国之重器、国之利器，必须牢牢掌握在自己手上，必须依靠自力更生、自主创新。"自主创新是我国科技发展的战略基点，也是企业提高核心竞争力的根本途径。企业要想在激烈的国际竞争中掌握主动权，扭转核心技术受制于人的被动局面，就必须提高自主创新能力。自主创新主要是指用自己的力量开展创新的活动，原始创新和独立创新都属于这个范畴。自主创新不仅可以帮助企业摆脱受制于人的尴尬境遇，还可以在市场竞争中为企业构筑新的护城河。一个国家的自主创新企业越多，这个国家就越强盛。放眼望去，那些世界一流的企业大都以自主创新为主要创新方式，我国不少企业也是依靠自主创新才走上世界前列的。

自主创新的难度比较大，大多是由国家研究机构、大学实验室、大企业的中央研究院和实验室完成的，企业要特别注重建设一流的实验室和研发装备技术。现在有些企业规模很大，生产线很多，但没有一流的实验室，这样就很难具备自主创新能力。像中国建材集团的电子玻璃、药用玻璃、发电玻璃、超薄光伏玻璃的研发，都得益于中建材蚌埠玻璃工业设计研究院有限公司⊖（简称"蚌埠院"）国际一流的玻璃实验室和彭寿院士这样的技术带头人。在装备研发上，中材国际四个水泥院长年进行水泥装备的研发，使中国建材集团的高端化水泥装备为全球同行所认可；中复神鹰能够量产 T1000 碳纤维等产业链上"卡脖子"的关键材料，主要得益于它在干喷湿纺原丝设备和碳化炉装备方面的研发。

⊖ 后来更名为中建材玻璃新材料研究院集团有限公司。

在江南造船（集团）有限责任公司[一]调研时，我参观了它的船舶建造现场和数字化实验室。它的盈利能力位于行业前列，拥有10个创新实验室，能同时开展上百项研究。造船业非常复杂，有许多新技术的应用场景，它将研究与实践紧密结合，解决传统制造业的实际问题。我还去了长城汽车，它结合全球法规、气候、路况、技术趋势，投资数十亿元建设研发硬件设施，包括环境风洞、电磁兼容、智慧交通等国际一流的综合试验室、试验场地。目前，长城汽车研发人员占公司总人数的比例约为30%，达到世界一流水平。

日本企业过去非常重视技术引进，但并不是简单地把引进的技术直接用于生产或制造产品，而是无一例外地对引进的技术进行了消化吸收，使它们成为自己的东西。比如，半导体最早是美国人发明的，而使半导体收音机在全世界普及的却是索尼这家购买美国专利的日本公司。在整个20世纪70年代和80年代，日本企业基本上以引进技术为主，但随着日本企业竞争力的增强，欧美企业提高了警惕，使得日本企业后来不得不转向开发自己的技术。日本大企业现在都建有研发机构，并将相当于营业收入3%的资金用于研发，进行许多前瞻性研究。

党的二十大报告强调："加快实施创新驱动发展战略。坚持面向世界科技前沿、面向经济主战场、面向国家重大需求、面向人民生命健康，加快实现高水平科技自立自强。以国家战略需求为导向，集聚力量进行原创性引领性科技攻关，坚决打赢关键核心技术攻坚战。加快实施一批具有战略性全局性前瞻性的国家重大科技项目，增强自主创新能力。"手机屏幕上有四片玻璃：两片液晶面板玻璃、超薄电子触控玻璃和表面非常坚硬的高铝金刚玻璃。这几片玻璃的生产技术很复杂，过去由发达国家垄断，近些年中国建材集团打破了这种垄断，把这几片玻璃都做了出来。以超薄电子触控玻璃为例，玻璃越薄，透光性能就越好，柔韧性好，

[一] 它创建于1865年，历经江南机器制造总局、江南船坞、江南造船所、江南造船厂等组织形态。

重量也会随之减轻。但是玻璃太薄又非常易碎，怎样让玻璃既薄又有足够的强度和柔韧性，是个世界性难题。蚌埠院开始了长达30多年的探索，凭借完全自主知识产权的成套先进技术及装备，近年来相继拉引出0.2毫米、0.15毫米、0.12毫米的超薄玻璃，实现了从"超薄"到"极薄"的跨越，接连刷新世界纪录，为我国玻璃产业发展提供了有力支撑，也使得超薄玻璃的国际市场价格降低了三分之二。

随着5G、AI等技术的快速进步，人机交互需求越来越多，柔性显示成为引领显示产业新一轮变革的动力引擎。可折叠手机成为未来产品升级的方向之一。中国建材集团旗下的凯盛科技利用自身在柔性触控玻璃上的科研攻关和产业化能力，自主研发并生产出30～70微米厚度的主流规格超薄柔性玻璃，能够实现玻璃连续90万次弯折不破损，弯折半径小于1.5毫米，达到行业领先水平，打破了国外垄断，从源头上保障了中国信息显示产业链的安全。

集成创新

集成创新是把各种要素集合起来的创新。在当今世界，企业创新很少是靠"独门绝活"完成的，虽然我们现在重视知识产权保护，但过分垄断和封锁技术的时代已经终结，就每项技术而言，不同国家、不同企业几乎都在相互追赶，最终的成果也会互相借鉴。集成创新可以把别人的要素和自己的专长结合起来，或者把一些看似不相关的技术移植过来，把做面包的技术运用在做馒头上，这也是集成创新。如果闭门造车，对别人的创新成果和技术路线不闻不问，只会费时费力，吃苦头不说，还很可能得不偿失。

这些年来，中国建材集团在集成创新方面重组海内外高科技企业，积极引入先进技术和高层次人才，牢牢控制行业制高点，真正做到了在相关领域领先一步。例如，在风力发电机叶片领域，中国建材集团2007年收购了德国做风力发电机叶片的NOI公司，后来更名为SINOI公司。

NOI 公司位于德国的北豪森市，鼎盛时期曾是欧洲第二大风力发电机叶片供应商。德国风力发电走入低谷的时候，由于股东方撤资，这家公司当时进入破产保护程序。中国建材集团抓住有利时机，成功收购了这家公司，成立了海外研发中心。这场重组开创了中国本土企业收购国外风力发电设备公司的先河，成为"中国学生"收购"洋师傅"的典型案例。通过重组，中国建材集团一跃成为全球兆瓦级风力发电机叶片领域的领导者。

京东方解决我国大陆地区少屏的问题，就是运用了集成创新。过去，日本、韩国和我国台湾地区几乎垄断了液晶显示屏市场，我国大陆地区产业长期忍受"缺屏之痛"，相关的核心技术相当于零。2002年，受亚洲金融危机的影响，韩国现代集团决定出售自己的液晶显示业务。2003年，京东方看准机会收购韩国现代集团麾下 TFT-LCD 液晶面板生产线，通过收购海外企业的技术、市场及人才，消化、吸收、再创新，高起点地迅速切入液晶显示领域，并于同年9月建设了我国大陆地区首条依靠自主技术的液晶显示生产线——北京第5代 TFT-LCD 生产线，结束了我国大陆地区的"无自主液晶显示屏时代"。

京东方依托这条生产线，经过10多年的探索和研究，打造出的5代线、6代线、8.5代线乃至10.5代线都实现了量产。京东方用了短短10多年的时间，带领我国显示产业在全球实现了从跟跑、并跑到领跑的转变，解决了长期困扰我国电子信息产业"缺芯少屏"中"屏"的问题。现在，京东方的面板出货量和出货面积全球领先，京东方不仅生产 LCD（liquid crystal display，液晶显示器），还生产 OLED（organic light emitting display，有机发光显示器）。以京东方为代表的中国企业柔性 OLED 出货量，已经超过了韩国。实际上，高科技产品的生产不可能只靠一个企业，还需要基础科学、大规模的配套设施和资源、非常复杂的体系，这不是有决心和理想就能解决的问题，而是需要积累。

药明康德的创始人李革从北京大学毕业后赴美深造，后来又在美国创立普林斯顿组合化学公司并成功上市。2000年，李革放弃在美国的成就，回国成立了药明康德。我在国药集团做董事长的时候，就很重视这家企业。药明康德的创新能力很强，它的医药研发采用的是外包模式，在世界各地有不少的合作点，数以万计的科学家都在它的平台上。同时，它还为全球大药厂提供医药创新服务，承接新药研发中某一环节或某一周期的外包，在高起点上接触到大药厂的一些医药创新。

通常，国外有些制药公司的非核心技术采用的是外包方式。很多小公司都是夫妻店，夫妻二人都是化学专家，在平台上承接外包业务，一收到定金就开始做，做到一定程度后才会收到进一步的酬劳。这个模式就是把一个完整链条的创新分成若干个片段，然后分包出去。创新不再是简单地在一个实验室里闷头干，而是结集全球力量，构筑云平台，吸引人才到这个平台，从而集成大家的智慧共同创新，这点也很重要。

持续性创新

企业中的大量创新主要是持续性创新。有关调查显示，多数企业家认为10年之后企业90%的产品会改变；但是，10年之后很多企业90%的销售收入还是依靠已有产品，只不过是更新换代后的产品。企业要立足现有产业，深入挖掘创新潜力。没有不赚钱的行业，只有不赚钱的企业，企业家关键是要在行业和企业中寻求适合的创新点。

中国建材集团是全球水泥大王，我常问一个问题："大家喜欢水泥吗？"很多人都笑了。可能大家不喜欢，其实我们每天生活在钢筋水泥的大楼里，但往往忽视了水泥的存在。人类炼铜、炼铁都已有几千年的历史，生产水泥却只有不到200年的历史。水泥是个好东西，如果没有水泥，城市建设和日常生活都是无法想象的。水泥虽传统但不落后，我多年前曾去拜访法国拉法基集团总裁乐峰，他当时问我："你觉得未来50年有没有一种材料能代替水泥？"我想了想说："没有。"他说："我也认为没有。"也就是说，水泥这个产品在短期内不会被颠覆。

中国的铁矿砂主要依靠进口，木材也大多依靠进口，而水泥的原料石灰石在中国的储藏量有9万亿吨，我们是富煤国家，所以用水泥做建筑材料是我们的优势。同时，水泥有很多钢材、木材所不具备的功能，比如流动性，并可在流动以后再固化。其实，建筑用的水泥只有35%，65%的水泥被用于基础建设，修筑道路、机场、桥梁、隧道、水坝等。嘉华特种水泥股份有限公司（简称"嘉华水泥"）、中国建筑材料科学研究总院有限公司（简称"中国建材总院"）携手中国长江三峡集团有限公司（简称"三峡集团"）等合作研制出了一种低热硅酸盐水泥（简称"低热水泥"），这种水泥让"无缝大坝"得以真正实现，三峡大坝、白鹤滩水电站、乌东德水电站等建设都用到了中国建材集团生产的这种特种水泥。

这些年水泥行业一直在进行创新，从小立窑生产水泥到湿法水泥，再到现在的新型干法水泥，技术水平一直在进步。今天，水泥行业正通过技术创新加快转型，推进智能化、节能减排、技术提升，提高附加值，同时也在大力推广"水泥+"模式。这一模式的实质是互联网思维，通过开展"水泥+骨料+商混+机制砂+干拌砂浆+固废处理"的全产业链运营，提高产品的附加值和竞争力。

在中国建材集团创新的过程中，我提出赚"两头"的钱，一方面要善用资源，做好自然资源的保护和合理的开发利用，另一方面要做高科技新材料的研发。资源类材料有哪些呢？石灰石、骨料、砂石等材料都属于这一类，也可以称它们为"自然的科技"。在西方国家，大的水泥公司基本上都是水泥、商混、骨料一体化经营的，约30%的水泥供应自有商混企业，骨料则是水泥产量的2～3倍。中国建材集团是全球最大的水泥和商混制造商，在开发和利用自然资源的同时，我们要把"自然科技"与人类科技结合好，通过资源利用产生的丰厚收益反哺和支持高科技、新材料等产业的发展。

理想汽车是一家非常注重持续性创新的企业，我曾去调研过，并与董事长李想进行过交流。李想是一个非常有想法的年轻人，他读过吉姆·柯林斯的《从优秀到卓越》，确信壁垒是企业日积月累的基本功。理想汽车非常重视研发，2024年研发投入达111亿元，约占营业收入的7.7%，重点投向智能驾驶、AI大模型、纯电平台及海外研发中心建设。它在增程技术上的突破，不仅解决了纯电续航焦虑问题，还通过定制化开发和优化提升了车辆的NVH（noise, vibration, and harshness，噪声、振动与声振粗糙度）性能、热效率等关键指标。理想汽车在智能驾驶领域的创新也尤为突出，它的第三代智能驾驶技术采用端到端与VLM（visual language model，视觉语言模型）双系统架构，标志着它正式迈入AI大模型时代，为行业树立了新的标杆。另外，它的设计也是一流的，比如同样一箱油，仅后边车顶设计的风刃就可以让理想汽车比其他汽车多行驶50公里。这个风刃设计受到了流体力学原理的启发，风刃实际上起到了扰流板的作用，让空气可以更快速地离开车身，减少空气摩擦阻力。这种结构的节能效果在高速（大于90公里/小时）行驶的时候更加明显。理想汽车的L系列车型设计也极具未来感，它的无瑕星环灯带和多屏交互设计，不仅提升了车辆的辨识度，还为用户带来了全新的情感连接和使用体验。

颠覆性创新

能让企业赚钱的是创新，而埋葬或颠覆企业的还是创新。颠覆性创新往往是小企业在大中型企业意想不到的地方或不愿意涉足的领域有了新的突破，最后颠覆了整个行业。在一个行业中，大约每隔15年就会发生一次颠覆性创新。当然，并不是所有企业都可以进行颠覆性创新，这要取决于企业的战略以及资金、人才、技术等资源条件。对企业而言，既要抓持续性创新，也要抓颠覆性创新。

颠覆性创新是用新技术颠覆传统技术所实现的创新，但并不是所有行业都会被颠覆，一般而言，越是传统的行业越不容易被颠覆，而越是科技含量高的行业越容易被颠覆。哈佛商学院克莱顿·克里斯坦森教授认为，颠覆性创新是指企业利用技术进步效应，从产业的薄弱环节进入，颠覆市场结构。截至 2024 年年底，我国燃油汽车的保有量是 3.53 亿辆，而新能源汽车不到 3200 万辆。那么，燃油汽车到底会不会被颠覆呢？我原本以为燃油汽车被颠覆的时间还很长，但到比亚迪、北汽、一汽等公司参观并试驾了它们的新能源汽车后，我发现这个颠覆速度正在加快中。今天，我看到汽车公司都开始做电动汽车了。

医药、IT 同属高科技领域，医药领域的阿司匹林是 1897 年发明的，但到现在还在用；而 IT 领域则有个摩尔定律，即每 18 个月晶体硬件等产品技术就会更新换代一次。不少行业都已进入"摩尔时代"，随着创新的速度加快，甚至有人称摩尔定律已经失效。企业在做好持续性创新的同时，也应积极尝试颠覆性创新。事实上，很多大企业之所以会失败，就是因为它对持续性创新比较坚持，而对颠覆性创新不够敏感，同时企业内部的制度也往往不能满足新产业的要求。当年，柯达员工发明了数码成像技术，但是管理层压制了这个技术，因为害怕新的技术会对现有胶卷的丰厚收入和利润造成冲击，从而错失了良机，日本把这个技术拿去利用，最终将柯达逼到了破产。当时数码技术还不发达，数码相机只有 200 万像素，一些专家认为这个新的技术不可能颠覆传统的胶卷。结果，数码相机迅速地从 200 万像素发展到了 2000 万像素，到现在可能都有几亿像素了，胶卷就这样被颠覆了。

大量的实践案例证明，良好的管理可能导致部分企业衰败。管理层所做出的合乎逻辑的、强有力的决策，可能会使企业失去领先地位。大家知道，在诺基亚手机被市场淘汰的时候，诺基亚总裁感慨地讲了一句话："我们什么也没做错，但我们失败了。"诺基亚的管理没有问题，但在手机从按键式转向智能化的时候，它仍把手机作为一个接听工具来看待，面对外界的变化，诺基亚的领导者没有做出正确的选择，所以，诺基亚的按键式手机一败涂地。究其原因，就是领先企业太注重现有客户和市场，对原有技术路径过于依赖，从而与颠覆性技术失之交臂。在不确定的市场环境下，企业如果还只是用过去熟悉的质量、价格、服务三要素来降低成本，不重视创新，就可能会衰败。

对大企业来说，应克服惯性思维和阻碍创新的内部制度，把持续性创新和颠覆性创新结合起来，在创新的两难中平衡发展。持续性创新是企业的看家本领，必须做好，同时也要投入一部分人力、财力研究颠覆性创新。企业不注重持续性创新，今天就没饭吃；企业不注重颠覆性创新，明天可能就没饭吃。那么，如何既造"矛"又造"盾"呢？最好的办法是把进行颠覆性创新的部分独立出来，建立新部门，同原有业务分开，依靠原有业务部门搞颠覆性创新是很难的。比如，让研究燃油汽车的人去搞电动汽车是不太容易的，应专门组织一帮技术人员，甚至地点也不必放在一起，因为技术逻辑完全不同。

电动汽车和燃油汽车都有四个轮子，但燃油汽车是机械产品，电动汽车是电子产品，或是移动智能终端。汽车已从机械产品变成了电子产品或移动智能终端，过去燃油汽车里的发动机、变速箱等都是很有技术含量的，没有几十年的积累是造不好的；但是电动汽车的核心技术"电池、电机、电控"与燃油汽车的逻辑完全不同，技术上简化了三分之二，甚至更多。小米这样的企业是有优势的，它多年的生态圈建设以及对自动驾驶技术的积极拥抱，将有望成为它另辟蹊径的制胜法宝。小米完成了"人车家生态"布局，全面打通了人、车、家场景，实现了硬件设备无缝连接、实时协同，带动了产业链合作伙伴共创以人为中心、主动服务于人的超级智能生态。

商业模式创新

虽然创新和技术进步有关，但两者并不能画等号，因为创新不完全依赖技术。在芯片、生物医药、航天、新材料等高科技领域，任何一项创新都不容易被突破，而商业模式创新比高科技创新的安全系数要高，难度也要小。在企业里，高科技固然重要，但也要重视中科技、低科技、零科技的开发应用。其实，零科技主要涉及商业模式创新，虽然不算技术创新，但它同样能够创造巨大的价值，也是重要的创新方式。商业模式是一个组织创造、传递以及获得价值的基本原理，商业模式创新就是发现新的价值创造方式，为企业、客户、社会创造价值，从而淘汰旧的商业模式。环顾一下跨国企业，商业模式创新成就了不少企业，诸如麦当劳、肯德基、星巴克、沃尔玛等知名企业，通过探索新的商业模式、商业组织等，创造了惊人的业绩。我们身边也有很多商业模式创新的例子，淘宝、京东、滴滴等都是依靠商业模式创新而取得成功的。

企业不是为创新而创新，而是为解决客户问题和为客户创造价值而创新，这是创新的根本理念。做企业要在商业模式上动脑筋，学会在价值链、价值网甚至价值圈层中思考问题，通过改变商业模式的构成要素或组合方式，用不同于以往的方式提供全新的产品和服务，不断提高价值创造能力和盈利水平。例如电商，在过去很长一段时间里，很多人习惯了"阿里第一，京东第二"的说法。近几年，拼多多却以迅猛的发展势头搅动市场格局，一跃而起。拼多多刚出来的时候，给人的印象就是"砍一刀"，但它依靠平台拉新等模式仅用两年时间就拥有了3亿用户，与发展十几年的京东在用户规模上几乎持平。拼多多坚持走低价路线，追求性价比，席卷三四线城市和农村市场。除此之外，拼多多的海外电商也在发力，它的跨境电商平台Temu的用户数增长迅猛。有人认为全球基本上都沉浸在消费降级的风潮里，而拼多多正好赶上了这波风潮。

"+"模式的实质是跨界、融合、开放，也就是依托一个优势业务或创新要素，开展跨界经营，把过去的孤岛式创新连接起来，推动企业生产模式和组织方式变革，增强企业创新能力和创造活力。这对商业模式创新而言很有启发意义。企业如果真正理解了"+"模式，可能生意就做活了。做企业的人都希望实现盈利，有了一个业务，就想着再做第二个、第三个等。其实，企业不妨看看已有业务能不能"+"一下。以"玻璃+"为例，5G信号传输穿过混凝土会受到一定的影响，这可以通过房屋的玻璃发射 Wi-Fi 信号加以解决，这种方式也不会影响玻璃的透明度。另外，将来道路上行驶的智能汽车、无人驾驶汽车的玻璃上将全是电子元件，而且是透明的，可以作为显示屏使用，标示车辆行驶的速度，回答各种问题，车内不必再安装显示屏。这些都属于"玻璃+"，只着眼于这块玻璃，肯定赚不到多少钱，但是把它的功能无限扩大之后，它的价值就提升了。

作为"杭州六小龙"之一，深度求索公司的 DeepSeek-R1 模型实现性能优异的同时大大降低了，训练成本成为全球 AI 领域的现象级事件。深圳市优必选科技股份有限公司（简称"优必选"）是一家全球顶尖的集人工智能和人形机器人研发、制造、销售于一体的高科技创新企业，2012 年成立，2023 年在香港上市。作为中国最早布局人形机器人的企业，优必选于 2024 年发布新一代工业人形机器人 Walker S1，重点突破工业场景应用，实现全球首例多场景人形机器人协同实训。

有人说 AI 不是"+"的问题，而是 AI 幂指数的问题。《黑神话：悟空》和《哪吒 2》在创作过程中，通过将 AI 技术与艺术生产深度结合，显著提升了效率并拓展了创意边界。比如，《黑神话：悟空》团队通过采集 2000 小时的武术动作、传统建筑结构数据训练 AI 模型，生成了"中式美学"。《哪吒 2》团队则通过分析 100 部经典动画电影的情绪曲线，训练 AI 预测观众泪点、笑点分布，优化了剧情节奏，在哪吒大战深海巨兽场景中，通过输入"漩涡""雷电""生物触手"等参数，AI 自动生成了符合流体动力学的海水与触手互动效果，节省了 80% 的特效师手动模拟时间。这两个团队利用"AI+"极大提升了游戏与电影的质量，还对外输出了一波中国文化。

除了"+"思维外，通过"−"思维也可以创造出一种新的商业模式，从而使企业在行业中获得一席之地。比如，很多航空公司通过提供多种增值服务来提升竞争力，而西南航空公司却背道而驰，推出无固定飞机座位、无行李、无餐食等无服务形式，主打短途飞行，但票价非常具有竞争力。宜家家居也是如此，别的家居公司都是送货到家，还提供上门安装服务，而宜家家居却另辟蹊径，让客户自己到店提货，自己动手组装。当然，宜家家居这种模式下的价格很有竞争力，这种模式在市场上也很受客户青睐。

大力发展新质生产力

自 2023 年 9 月习近平总书记首次提出"新质生产力"概念之后，他围绕这个新概念又发表了一系列重要论述。顾名思义，新质生产力的特点是创新，关键在于质优，本质是先进生产力。所以，它被概括为高科技、高效能、高质量的生产力，相较于我们以前的生产力有了一个质的提升，实际上也是创新。上市公司发展新质生产力，不仅可以对传统产业进行改造提升，还能培育壮大战略性新兴产业，布局未来产业。科技创新是新质生产力的核心内容之一，只有当科技创新与产业创新融合在一起时，才会产生新质生产力。深圳是一片创新的高地，我们可以从深圳的创新经验中看到企业家精神、创新的文化是发展新质生产力的底蕴，我国企业要打造"创新+资本+制造+市场"的新发展模式。

新质生产力的三大发展方向

新质生产力由技术革命性突破、生产要素创新性配置、产业深度转型升级催生，以劳动者、劳动资料、劳动对象及其优化组合的跃升为基本内涵，以全要素生产率大幅提升为核心标志。发展新质生产力是推动高质量发展的内在要求和重要着力点，也是推进中国式现代化建设的重大战略举措，对我国经济社会发展将产生深远影响。上市公司可以用新质生产力来改造提升传统产业，大力发展新兴产业和布局未来产业。

第一，改造提升传统产业，就是通过引入新技术、新工艺、新管理模式等，对传统产业进行改造升级，提高生产效率、产品质量和附加值。传统产业在我国制造业中的占比超过80%，用新质生产力提高传统产业的竞争力，并进行转型升级，这很重要。嘉华水泥是中国建材集团旗下的一家水泥企业，也是我国最大的特种水泥生产企业。它依托集团内的科研院所与合作高校的科研成果，研制了六大体系、七大类共60余种的特种水泥，满足了我国在国防、石油、水电、交通等众多行业工程建设的需要。很多大坝都要做成无缝的水泥大坝，一旦大坝有缝就很危险，白鹤滩、三峡等知名大坝都用了中国建材集团研制并生产的特种水泥。中国建材集团投资建设了一个规模最大的水泥实验室，现在也在积极打造水泥领域的原创技术策源地。汽车也是一个传统产业，新能源汽车赋予了它新的生产力，所以它发展得很好，代表了新质生产力。

我做中国上市公司协会会长这几年，走访了500多家上市公司和100多家非上市公司，在调研过程中印象最深的就是多数企业都加快了智能化进程。富士康工业互联网股份有限公司（简称"工业富联"）是一家以"智造+工业互联"模式打造新质生产力的企业，2023年建成6座达沃斯认证"灯塔工厂"，应用自研的Fii Cloud平台为特斯拉打造了数字孪生产线，使单线效率提升34%。它的研发端投入占公司营业收入的2.2%，公司5G+AI的专利超过800件，为英伟达代工全球70%的AI服务器基板，推动AI服务器的营业收入增长89%。在生产模式方面，富士康科技集团（郑州）工业园部署的工业机器人超过10万台，手机高精密机构件良率高达99.5%，而行业均值是95%，单位产值能耗下降19%。它还联合微软开发工业元宇宙解决方案，落地三一重工等30多家企业，设备联网率提升至98%。2023年工业富联的智能制造营业收入突破5000亿元，全球电子代工市场份额达45%。

第二，培育壮大新兴产业，加大对新兴产业的投入，积极布局人工智能、新能源、生物医药等战略性新兴产业，培育新的增长点。2025年

《政府工作报告》提出，开展新技术新产品新场景大规模应用示范行动，推动商业航天、低空经济、深海科技等新兴产业安全健康发展。新兴产业是企业竞争的新赛道，也是发展新质生产力的主阵地。有专家认为，新质生产力聚焦的五大产业板块分别是新能源、新材料、数字智能技术、生物医药和高端装备制造。其中，新能源主要包括太阳能、核能、氢能等清洁能源，不仅推动了能源行业的变革，还为其他产业提供了更高效、更环保的动力支持。新材料涵盖了高性能复合材料、先进金属材料、半导体材料等多个领域，应用广泛。数字智能技术包括人工智能、大数据、云计算、物联网等，正在重塑传统行业和商业，提高了生产效率和生活质量。生物医药是现代科技的重要组成部分，涵盖了基因技术、生物制药、医疗器械等领域。高端装备制造涵盖了航空航天、智能制造、新能源装备等多个细分领域，它的发展不仅提升了国家的综合实力，还推动了相关产业链的升级和创新。

中国建材集团新产业收入突破千亿元，利润突破百亿元。除了玻璃纤维、碳纤维等外，它还有很多其他新兴产品。其中有一个产品叫微光夜视仪，晚上有一点点光，肉眼是看不到的，但微光夜视仪可以把光放大。这种功能现在可以用于手机识别指纹、DNA测试等，在商业中还有很多其他方面的应用。发展新兴产业要重视产学研用结合，微光夜视仪由中国建材总院负责，中国建材总院本身就是一家科研院所；手机玻璃由凯盛科技负责；碳纤维由中复神鹰负责，它们的产学研用都是做得比较好的。

第三，布局建设未来产业，关注未来产业的发展趋势，提前布局量子计算、基因编辑、空天信息、具身智能、6G等前沿领域，抢占未来发展制高点。未来产业的任何一个难题都不容易被突破，布局未来产业要重视打造原始创新策源地。近些年，我们不少企业也主动作为，积极融入国家基础研究、应用研究的创新体系，争做原创技术的策源地。基础研究是科技创新的源头，我们要解决"卡脖子"技术问题，从根本上就是要加大基础研究的力度，把源头原理和底层逻辑搞清楚。做好基础研究不仅是高校、科研院所的责任，有能力的科技型企业、大企业也应参与其中。

其实，新质生产力并不抽象，而是很具体的，关键是要可以落地。党的二十届三中全会审议通过的《中共中央关于进一步全面深化改革 推进中国式现代化的决定》提出"健全因地制宜发展新质生产力体制机制"，也就是说，要结合每一个地区、每一个行业和每一个企业的实际来发展新质生产力，最重要的就是要深刻理解新质生产力的内涵，将新质生产力的内涵有机地与企业实际结合起来，这样才能快速有效地发展新质生产力。当然，我们不能简单地将新质生产力看作一个概念，它有特定的含义，因而也不能泛化，它还要与客观现实结合起来，不能束之高阁。企业要用新质生产力获取新的战略优势，各行各业都要用好这个着力点。

科技创新与产业创新的融合

如今，发展新质生产力已经成为推动经济高质量发展的关键所在，核心在于科技创新与产业创新的深度融合。科技创新作为新质生产力的核心内容之一，犹如一颗璀璨的明珠，蕴含着巨大的潜力与能量。然而，若科技创新仅仅停留在理论与实验室阶段，就难以真正发挥它的价值。只有当科技创新的成果与产业创新紧密相连、相互融合时，才能激发出新质生产力的强大动力。因此，我们一方面要强调科技创新的重要性，鼓励科研人员勇于探索、敢于创新，不断突破技术瓶颈，为新质生产力的培育提供源源不断的动力源泉；另一方面，也必须积极提倡产业创新，引导企业和社会各界将科技创新的成果应用到实际生产过程中，优化生产流程、改进产品设计、提升管理效率等，实现产业升级和经济转型。

科技创新与产业创新的融合不是简单的相加，而是一种有机的结合、深度的融合。在这一过程中，企业作为科技创新与产业创新的主体，扮演着至关重要的角色。企业需要敏锐地捕捉科技创新的最新动态，积极与科研院所、高校等开展合作,将科技创新的成果引入自身的生产实践,通过与产业创新的深度融合,提升企业的核心竞争力。这不仅是企业自身发展的需要,更是推动整个社会全要素生产力提高的必然要求。只有当科技创新与产业创新在企业层面实现深度融合时,才能真正推动新质生产力的蓬勃发展,为我国经济的高质量发展注入新的活力和动力。

科技创新是企业创新的核心,主要包括三个层面:科学、技术和创新。一是科学,科学的任务是发现,发现未知是科学家的任务。二是技术,技术的任务是发明,即运用科学知识、科学技术,首创出先进、新颖、独特的具有社会意义的新事物、新方法,能够有效地满足某种需要。工艺、装备等都要依靠发明,而发明主要是工程师的任务。三是创新,企业创新重在产品,企业家的任务是如何把产品做得更好,使产品成本更低、功能更好、质量更高,最后取得效益。这三个层面彼此有联系,但又各有特点。

科学发现是技术发明的基础,技术发明是企业创新的基础,没有科技创新很难进行企业创新。一方面,一项重大发现会带来许多发明,这些发明本身又会带动企业创新,它们之间是相互联系的。比如气体方程中的节流原理,它在实践中的应用是空调和冰箱。另一方面,企业创新也促进了技术发明和科学发现。比如,企业在17世纪末18世纪初就开始造蒸汽机,那时还没有热力学定律,花费了几十年时间才把蒸汽机造了出来,而后才催生了热力学定律。

常常有人认为,科技创新是一项纯粹的市场化活动,但是它实际上从来都离不开政府的支持和引导。科技创新既需要有为政府的支持,又需要有效市场的培育。尤其是党的十八大以来,我国加快实施创新驱动发展战略,进一步加强了对科技创新的支持。像"神舟"飞天、"天问"探火、中国空间站全面建成、"奋斗者"号万米深潜等重大的科技创新都是在政府的支持下实现的。如今,无论是国家层面还是地方层面,我国政府都对科技创新倾注了很大热情,并予以大力支持。

当然，不单是中国政府这样做，纵观全世界发达国家，它们的政府在创新中都起到了重要的指导作用。我之前去日本出差时了解到，日本政府有个部门叫经济产业省（过去叫通商产业省），在科技创新的布局、统筹、指导等方面都做了大量的工作。德国政府也是如此，它补贴科技公司创新研发费用的比例最高可达100%，公司通过银行渠道，只要把用于科技研发的费用单填好，银行就会依据有关规定把这部分费用补贴给公司。我当年任职于中国建材集团的时候，集团旗下企业收购了一家德国高科技公司后，德国的银行并没给我们补贴。后来在一次两国总理共同出席的会议上，我向时任德国总理默克尔提出建议，应该把中资企业视同己出，给予相同的补贴。结果，默克尔总理在当天下午的大会上就承诺给中资企业同样的补贴。于是，中国建材集团所属的这家技术公司得到了相应的研发费用补贴。

科技创新与产业创新在融合过程中，有四类工作者要紧密协作，即科学家、企业家、工程师、工匠，他们之间要相互配合，要把各自做的事情很好地协同起来。企业里有大量的工程师，主要是解决整个生产线上的各种技术问题。企业里的科学家就是工程师，这些工程师的动手能力往往很强，能够解决现实中的问题，不断提升企业的技术水平和装备水平，工程师是非常重要的。我去过坐落在德国斯图加特的奔驰总部，那里有个小城镇被称为"工程师小镇"，因为镇上的人95%都是工程师，形成了一种工程师文化。当然，只有工程师是不够的，还需要工匠，也叫大国工匠，这些人的技术也要很过硬。我们做企业，有时比较崇拜智能化、自动化的装备，但仅仅靠这些是不够的，还得有一流的工程师和一流的工匠，要结合起来才能最终把东西造好。就科学家而言，我们需要一批院士、科学家在自主创新、颠覆性创新方面做出突破。对企业家来讲，应该进行产学研用结合，把科学家的创新尽量产业化。企业里的工程师和工匠保证把东西造好，这样才能落地。什么事情都是最后要落地的，真正落了地的事情才算成功。

企业家精神和创新文化

深圳是一座创新的城市，华为、腾讯、比亚迪等代表着新质生产力的知名企业都生根在深圳，那里还有众多专精特新"小巨人"企业在不断释放活力。从深圳的创新经验中我们可以看到，大力发展新质生产力的奥秘就在于企业家精神和浓厚的创新文化，当然还有有为政府的助力。深圳的崛起可以说是个奇迹，经过40多年的改革开放，它从一个小渔村发展成了一座现代化大都市，也成了全球瞩目的创新高地。记得有位深圳市领导讲过："我们深圳的荔枝不如东莞的好，我们深圳的海鲜不及香港，我们深圳的土特产是企业家，是企业家精神。"这句朴实无华的话一语中的。深圳是一座企业家的城市，也是一片企业家成长的沃土。在这里，企业家精神、创新文化、市场竞争意识、学习能力等要素浑然一体，形成了深圳这块创新高地的真正动力。

我曾特地到粤海街道办事处调研，它的辖区里当时有107家上市公司。在和一些上市公司的企业家交流中，我了解到深圳不少居民原本来自相对贫困的农村地区。他们之所以选择来到深圳，是出于改变命运的强烈愿望。正如熊彼特所言，企业家就是那种对成功充满渴望的人。深圳是一座"移民"城市，这些"移民"并不是简单的迁移，而是都怀揣着对成功的渴望、热情和梦想，带着拼搏精神来到了深圳。这种精神正在深圳的创新实践中代代相传。

我还走访了一个创业之家，家中三兄弟都投身于创业。其中，长兄最初从潮汕地区来到深圳，做过荔枝销售、养猪等业务。后来，他的企业逐步发展成为一家颇具规模的企业。在长兄的鼓励下，二弟和三弟也走上了创业之路。长兄告诉他们，即便创业失败，家中仍有他们的一席之地。结果，二弟和三弟的创业都取得了成功。他儿子从美国学成归来后，并未完全继承父亲的产业，而是选择了另辟蹊径进行创业。这让我深刻感受到了深圳人的创新精神和创业热情。过去，我对深圳了解得还不够。现在，我更深刻地理解了深圳创新的底层逻辑，也从不同角度审视了这座城市，看到了深圳民间的创新精神。这些企业英雄并非出身显赫或拥有超凡能力，他们只是拥有创新意识的普通人。

在调研过程中，我还强烈地感受到，深圳的政府部门更多时候扮演的是服务者的角色，企业通常感觉不到它们的存在，但是当企业需要它们的时候，它们会马上出现，即"无事不扰，有事服务"。这就是深圳的环境，也是深圳创新活力的源泉。我们有时觉得创新是一种市场行为，但全世界的创新实际上都依赖于有为政府，尤其是像中国这样一个国家，政府的作为对创新来说更加重要。有效市场与有为政府的结合就是中国特色创新的特点，深圳在这点上表现得特别明显。

我从头到尾认真读了诺贝尔经济学奖获得者埃德蒙·费尔普斯的《大繁荣：大众创新如何带来国家繁荣》，书中的两个观点给我留下了深刻的印象。第一，创新并不完全取决于制度，价值观对创新起着非常重要的作用。因为大规模的创新有赖于普通民众的创新欲望、必要的知识能力和公众对创新的广泛接受程度，这就需要一种特殊的文化——价值观。费尔普斯认为，国家经济繁荣兴盛的源泉是现代价值观，如参与创造、探索和迎接挑战的愿望。这样的价值观点燃了实现广泛的自主创新所必需的草根经济活力，让越来越多的人获得了有意义的职业、自我实现和个人成长。在企业里，要弘扬创新的文化，建立创新的文化，让企业成为创新的沃土。第二，很多创新不是大企业创造出来的，而是由千百万普通人共同推动的，正是这种大众参与的创新带来了经济的繁荣兴盛——物质条件的改善和广义的"美好生活"。基层技术人员和员工的创新热情，也是企业在创新时应该认真考虑的。

我认同他的第一个观点，部分认同第二个观点。德鲁克在《创新与企业家精神》一书中提到，中小企业在创新方面的确更为突出，大企业往往滞后。比如在汽车时代，美国的铁路公司都去造汽车，但最终造出汽车来的并不是铁路公司，而是像福特这样的公司。后来，汽车公司一股脑儿都去造飞机，但真正做出飞机的都不是汽车公司，而是像波音这样的公司。不过，大企业在创新上仍大有作为，比如美国强生、3M等大公司靠不断创新得以持续发展。我比较赞同德鲁克的见解。

上市公司数量较多也是深圳的一大特点，有力地推动了深圳经济的发展。就像鱼和水的关系一样，深圳的企业和企业家只有在资本市场这片活水中才能活得更好、长得更快，同时游向更大的一片水域。在资本市场的助力下，上市公司积极整合创新资源，大力布局战略性新兴产业和未来产业，在推动形成新质生产力方面已经走在了全国企业的前列。我做中国上市公司协会会长以来，先后同不少上市公司的董事长进行过长谈，对上海、广东、福建、四川、山东等多地的企业进行过实地调研，许多公司在规范治理、合规经营和企业责任等方面都做得很好。其中，宁德时代、比亚迪、福耀玻璃、五粮液、格力电器、潍柴动力等上市公司的表现，都给我留下了深刻的印象。

上市公司是推动形成新质生产力的主力军，企业家精神和创新文化发挥着重要作用。上市公司的企业家更应该积极投身到当前推动形成新质生产力的浪潮中，大力弘扬新时代企业家精神，持续创新，带领企业进入新航向。长期以来，许多上市公司都在积极布局未来产业，着力抢抓新赛道、培育新动能。截至2024年年底，我国A股上市公司数量为5383家，总市值约为93.95万亿元，A股总市值占我国GDP（国内生产总值）的比重约为69.64%。其中，属于战略性新兴产业的上市公司的合计市值占全部上市公司总市值的比重已超过40%。新质生产力为我国经济高质量发展提供了新引擎，将推动我国经济朝着更绿色、更智能、更繁荣的方向加速前进。

创新＋资本＋制造＋市场

特斯拉创立于2003年，它的发展是典型的"创新＋资本"模式。

2020年，特斯拉的净利润超过7亿美元，2021年净利润超过50亿美元，市值最高时超过1万亿美元。而日本丰田汽车注重"制造"，2021年的利润是200多亿美元，市值却只有2500多亿美元。这是两种不同的发展模式，对当下企业发展来说都有很好的借鉴意义。德国、日本走的主要是"制造"的道路，它们主要是靠银行贷款发展起来的。日本企业追求精益求精的制造，积淀了大量的工法，德国企业追求做成"隐形冠军"，精细化制造都做得很好。

过去，我国一些企业是"制造+市场"模式，现在我国制造业增加值占全球制造业增加值的比重约为30%。接下来，我国要想提高自身的全球竞争力，就应该把企业的各种长处结合起来，形成"创新+资本+制造+市场"的发展模式。我去宁德时代调研时发现，这家公司把不同模式结合得就很好，既突出了"创新+资本"的特点，又体现了"制造+市场"的特征。宁德时代主要是做动力电池的，1.7秒就能制造出一个电芯，2.5分钟就能制造出一个汽车用的电池包。宁德时代因为注重"创新+资本"，市值曾超过1.5万亿元。同时，它也非常重视"制造"，推出了极限制造，六西格玛标准是将缺陷率控制在百万分之3.4，而宁德时代的极限制造将缺陷率控制在10亿分之一，保证了电池不出故障。它在市场方面也有很大的布局，在全球设立了6个研发中心、13个电池生产制造基地，在德国、匈牙利等国家都有工厂项目。

目前，我国已经涌现出一大批像宁德时代这样的公司，如迈瑞医疗、福耀玻璃、蓝思科技、海康威视、万华化学等。它们都充分利用了资本市场，注重创新，技术领先，产品制造非常好，管理又精细，成本控制也很好，还根植于中国这个大市场，有的海外市场做得也特别好。这些公司在资本市场有很高的价值，同时在产品市场也有很好的利润，把价值与利润有机地结合在了一起。资本市场是我国培育发展新质生产力的优质土壤，上市公司在推动形成新质生产力方面走在前列。同时，新质生产力的发展也能提升上市公司的质量，增强上市公司在资本市场的竞争力。在推动上市公司高质量发展的新阶段,开辟新发展领域、塑造新发展动能,都需要拥抱新质生产力,抢抓产业变革的机遇。

2025年《政府工作报告》指出,促进专精特新中小企业发展壮大,支持独角兽企业、瞪羚企业发展,让更多企业在新领域新赛道跑出加速度。瞪羚企业是指跨过创业初期"死亡谷"后,在较短时间内以超常规速度发展,在技术、商业模式和产业组织形式上都展现出强大创新能力的企业。它们犹如非洲草原上的瞪羚,个头虽小,但跑得快、跳得高,企业规模每年增长20%,至少持续4年,具有发展成独角兽企业的潜质。而我国独角兽企业(成立10年以内,估值超过10亿美元的非上市公司)主要分布在北京、上海、深圳、杭州几个城市。"杭州六小龙"的出现,让我们开始不断思考出现这些企业的地方为什么是杭州呢?我认为,杭州有六大创新优势:一是政策支持与创新生态,二是人才集聚,三是高校与科研院所的支持,四是资本助力,五是产业基础与创新文化,六是良好的营商环境。其中,资本助力非常关键,杭州虽没有证券交易所,但民间投资发达。

现在,资本市场正在不断提升多层次市场的服务覆盖面和精准度,壮大耐心资本,确保新质生产力获得长期稳定的资金支持。中国证监会也在积极研究制定更好支持新质生产力发展的政策,深化科创板、创业板、北交所改革,增强制度的包容性和适应性。现在,单一地依靠制造或市场能力都不足以赢得竞争。发展新质生产力,一定要做好创新、资本运营等,提升企业的制造能力和市场竞争力,进而形成新时期企业的综合竞争力。中国证监会主席吴清指出,资本市场要积极主动拥抱新质生产力发展,要壮大耐心资本,吸引更多中长期资金进入资本市场,引导更好投早、投小、投硬科技。目前,中国资本市场上市值排名前10的多是银行、石油企业,科技企业只有宁德时代,未来科技企业还有很大的提升空间。我国资本市场过去支持了工业发展,培育了强大的制造业,现在要支持创新,培育新质生产力。

最佳实践案例：联影医疗的创新突破

上海联影医疗科技股份有限公司（简称"联影医疗"）是中国医学影像设备行业的领军企业，它以独特的创新实践成功打破了外国品牌的垄断，实现了从追赶者到引领者的转变。我曾到联影医疗技术集团有限公司（简称"联影集团"）调研，与集团董事长薛敏谈过价格竞争的问题，联影集团坚持不低价卖产品，不和国外同行打价格战，比拼的就是技术和质量。在医疗设备行业，创新是推动行业发展的核心动力，创新领先是联影医疗实现突破、打破国外垄断的锐器，但创新是有方法的，其他企业要结合自身实际情况，做好创新定位，采取有效的创新措施，加快实现高质量发展。

独特的创新实践

联影集团成立于2011年，集团拥有24家控股子公司、10家境内公司和14家境外公司，主要包括联影医疗、联影智融、联影智能、联影智元、联影微电子、联影智慧、联影研究院等。联影医疗是联影集团的核心子公司，致力于为全球客户提供全线自主研发的高性能医学影像诊断与治疗设备、生命科学仪器，以及覆盖基础研究、临床科研、医学转化等全链条的创新解决方案。它也是集团旗下现在唯一的上市公司，集团现在的大部分资产与利润均来自联影医疗。联影医疗也成立于2011年，2022年在科创板上市，短短10余年间，就已成长为行业龙头，被誉为国产医学影像设备领域的"天花板"。2020—2024年，联影医疗的业绩翻倍，营业收入从57.61亿元增长至114.69亿元，净利润从9.03亿元增长至19.02亿元，2023年研发总投入超过19亿元，成为科创板中少有的实现高增长、高盈利、高研发投入的公司。

创新领先的多元化保障

在创立之初，联影医疗就拒绝走"先做低端产品"或"专攻一条产线"的常规路线，而是坚持"必须全线覆盖自主研发，必须掌握全部核心技术，必须对标国际顶尖水准"的战略，致力于打破国外企业在高端医疗设备领域的垄断局面。公司的这一创立初心吸引了众多具有全球视野和丰富经验的科学家、工程师的加入，联影医疗由此组建起一支强大的研发团队，立志要做出世界一流产品。2014年5月，习近平总书记考察了联影医疗，提出要让民族品牌大放光彩，公司随后积极向世界推出"联影医疗"品牌。

联影医疗持续加大研发投入，构建强大的研发团队和完善的研发体系，推动技术创新和产品迭代。公司立志于打造全球高端医疗装备人才高地，不拘一格地引进人才。比如，在全球范围内招聘具有国际视野、经验丰富的科学家、工程师和技术人才；公司积极参与国家和地方的高端人才引进计划，吸引海外留学人员和国内优秀人才加盟；与复旦大学、上海交通大学等高校合作，建立联合实验室和人才培养基地，共同培养学生。截至2023年年底，研发人员约占公司员工总数的40%。目前，公司研发体系采用的是"基础研究–应用开发–产品迭代"三级结构。2019—2023年，公司的研发费用从5.79亿元增长至19亿元，2023年研发费用投入占营业收入的比例达16.81%，远高于GE医疗、西门子医疗等国际巨头8%～9%的研发费用率。持续高额的研发费用投入使得公司在核心技术、新产品等方面不断取得突破。当然，公司也十分注重成本控制，通过构建垂直创新体系，实现了从整机系统到核心部件、关键元器件的自主研发和生产，提高了供应链自给率，从而降低了生产成本，提高了产品的利润率。同时，公司还建立了完善的知识产权管理体系，截至2023年年底，各项知识产权申请数量超过9900项，发明专利申请占比超过80%，累计获得5100多项知识产权授权，为创新领先提供了坚实的保障。

全产品线自主可控

公司的研发是从零开始的，始终坚持全线自主研发，进行长周期研发。公司布局四大高端医疗设备产品线，具体包括MR、CT、PET-CT、

PET/MR。公司在研发过程中面临着诸多难题，始终围绕"所有性能指标必须达到甚至部分超越世界最先进水平，且必须具备人无我有的亮点"这一目标开展工作。从最基础的部件研究入手，公司对每一个细节进行严格把控，现在有140多件产品获证推向市场。2014年，联影医疗推出中国首台自主研发的PET-CT，标志着它在分子影像领域取得重要突破。后来，它还陆续推出多款填补国内外空白的高端医疗影像设备，如3.0T磁共振、640层CT等，整体性能指标达到国际一流水平。联影医疗在磁共振领域取得了重大突破，推出了世界首款5.0T人体全身磁共振系统uMR Jupiter。这款设备不仅实现了全身各个部位在超高场强下的成像，信噪比提高了67%左右，成像的加速倍数可达10倍，还能将神经系统、头部、心脏及腹部等部位的图像分辨率提高一倍甚至更高，大幅提升了微小病灶的检出率。联影医疗在研发过程中攻克了世界上最大功率放大器、最高射频发射通道数、最强梯度编码系统等数十项技术难题，实现了从跟随到世界领先的重大跨越。

2024年上半年，联影医疗的超清光导数字化PET/CT设备成功安装于法国知名核医学中心，实现了大型国产高端医疗设备在法国市场的首次突破。这一成果的背后，是联影医疗在PET/CT领域多年的技术积累和持续创新。研发团队通过不断改进探测器技术和成像算法，使设备的图像质量和检测精度达到了国际领先水平。在海外市场推广过程中，联影医疗凭借自身卓越的产品性能和优质的服务，赢得了国际客户的认可。此外，联影医疗精准识别产业链中的芯片、传感器等"卡脖子"环节，通过自研或战略合作实现了自主可控，比如自研的PET探测器芯片，不仅成本降低了40%，还从此摆脱了对日本滨松光电的依赖。

公司与北京协和医院、四川大学华西医院等国内顶尖医院，清华大学、复旦大学等高校，以及哈萨克斯坦阿斯塔纳医科大学、印度尼西亚大学等国际院校开展合作，建立创新联合体，实现资源共享和优势互补，以临床需求为导向，开发更符合实际应用的产品，提高设备的实用性和临床价值。其中,公司与复旦大学附属中山医院等机构合作开展了"高场磁共振医学影像设备自主研制与产业化"项目,在临床使用过程中,双方无缝对接,不断调整优化设备性能。该项目荣获2020年度国家科学技术进步奖一等奖,推动了国产高端医疗影像设备的技术进步。联影医疗与中科院上海临床研究中心联合成立生物医学影像技术联合实验室,开辟出一条"产学研医用"紧密结合的创新之路。联影医疗美国子公司与耶鲁大学等共同研发的全球首款数字化脑专用PET/CT NeuroExplorer(NX),在美国核医学与分子影像学会(Society of Nuclear Medicine and Molecular Imaging,SNMMI)年会上荣膺"2024年度最佳影像"。

在磁共振研发早期,国内产业链还不够成熟,部分供应商的产品无法满足高端医疗设备的需求。联影医疗的工程师就长时间待在供应商那里,与供应商的工程师一起反复研讨、实验,共同打磨出一系列高精尖零部件和元器件。在这一过程中,联影医疗不仅推动了自身产品的技术进步,还带动200余家企业共同打造出了一个本土高端医疗设备产业链。另外,它还成立了上海联影智能医疗科技有限公司,主要将AI技术深度应用于医疗影像设备。通过ACS(AI-assisted compressed sensing,智能光梭成像)技术,磁共振扫描时间大幅缩短,同时图像分辨率及对比度完全满足临床诊断需求。这一创新不仅提高了扫描效率,还有效减少了因运动、呼吸造成的伪影,改进了患者的检查体验。

多元化的创新机制设计

做企业就要建立机制,有机制的企业一般都做得不错。联影医疗创造性地设计了多元化的激励机制,包括薪酬激励、股权激励、项目奖金等。在薪酬方面,联影医疗的基本薪资高于行业平均水平,研发岗博士应届生起薪50万~80万元/年。绩效奖金按季度、年度考核,研发人员奖金依据专利数、产品上市进度等项目里程碑发放,销售人员按回款额及客户满意度分级奖励。在股权方面,联影医疗2023年向核心员工授予价值5.3亿元的股票,分4年解锁,绑定人才长期发展。通过资管计划覆盖

2000余名员工，2022年人均持股价值约为50万元。通过股权激励，联影医疗将员工的利益与公司的发展紧密绑定，激发员工的积极性和创造力。在项目方面，产品商业化后，公司将利润的1%～3%作为奖金，奖励给研发团队。比如，公司的Total-body PET-CT团队累计获得项目奖金超过2000万元。在专项奖励方面，国际发明专利授权奖励5万元/件，核心专利额外追加10万元，公司2023年发放专利奖金超过800万元。在学术奖励方面，如果在 Nature 或 Science 上发表论文，奖励作者100万元；在 Radiology 等权威期刊上发表论文，奖励作者20万元。公司每年都会评选联影学者，每年评选10人，连续三年提供每年500万元的研究资金，以及独立团队组建权。若有人主导制定国际标准，则奖励50万元。

除了物质激励外，公司还在职业发展方面设有管理序列、技术序列的双晋升路径。如果走管理序列，从基层到高管共有6级，每级晋升需要通过360度评估及业绩达标，平均晋升周期为3～5年。如果走技术序列，公司设立了"首席科学家"岗位，最高可享副总裁待遇，2023年已有15人获此待遇。对科学家和技术骨干来说，公司还会提供一些资源支持。比如灯塔项目基金，青年科学家可申请500万～2000万元的经费用于前沿研究，无须层层审批。另外，工作可以全球轮岗，公司每年会选派50名骨干赴欧美研发中心或合作医院（如梅奥诊所等）进行交流，提升他们的跨界能力。在创新方面，公司有一个"三允许"政策，即允许失败、允许试错、允许跨界。前瞻性项目（如量子成像）不计入KPI（key performance indicator，关键绩效指标）考核，2023年累计容忍了10个高风险项目中止。公司年度研发预算的10%用于探索性课题，比如AI辅助放疗系统初期获得了3000万元的试错资金。公司成立了跨部门"创新小组"，比如临床团队与AI算法组联合开发了智能诊断平台。

不打价格战

医疗影像设备行业具有较高的技术门槛和市场集中度，联影医疗在国内市场与 GE 医疗、西门子医疗、飞利浦医疗等国际巨头竞争，近年来凭借技术创新和性价比优势，市场份额不断提升，历史性重塑了中国高端医疗设备市场格局。在国内，它的客户覆盖了中国百强医院中的 94 家。在国际上，联影医疗坚持自己的产品要造得与美国、德国一样好，但不和国际同行打价格战，因而也深受国际同行的尊重。它的产品已出口到全球 80 多个国家和地区，进驻到 14 000 多家机构，销售网络覆盖全球主要发达市场及新兴市场。放射医学先驱居里夫人在故乡波兰创立了玛丽·居里国家肿瘤中心，也装有联影医疗的核医学设备。2019—2023 年，联影医疗的境外收入占比由 3.32% 提升至 14.70%，高端设备增长迅猛，进一步提升了公司的国际影响力。

实践启示

启示一：对创新的执着追求与精准把握。联影医疗的成功主要源于它对创新的执着追求与精准把握，不盲目跟风，而是立足公司创立的初心。公司自成立之初就立志做世界一流产品，这就要有世界一流人才的加入。这一高远目标有助于吸引一批批志同道合者，也有助于公司面向全球招聘世界顶尖的科学家、工程师、技术人才等。

启示二：多元化的创新机制设计。做企业除了要有高远的目标，要吸引人才的加入外，还要有很好的激励机制，只有这样才能留住顶尖人才。大家拿得多，企业才能挣得更多，形成正向循环。正是因为公司的创新机制设计，联影医疗在研发效率、人才留存、市场表现等方面都取得了很好的成绩。联影医疗 2023 年人均专利申请 2.1 件，产品上市周期缩短至 18 个月，核心研发团队成员流失率小于 5%。

启示三：坚决不打价格战。行业利益高于企业利益，企业利益孕育于行业利益之中。联影医疗始终重视技术与质量，尊重技术与质量的成本，在价格上绝不进行低价竞争，十分注重维护行业生态建设。

第 4 章
Chapter 4

产 品 卓 越

习近平总书记在参加十四届全国人大一次会议江苏代表团审议时强调，必须更好统筹质的有效提升和量的合理增长，始终坚持质量第一、效益优先，大力增强质量意识，视质量为生命，以高质量为追求。2022年2月28日，中央全面深化改革委员会第二十四次会议审议通过的《关于加快建设世界一流企业的指导意见》提出，企业要在产品质量、性能、可靠性等方面达到国际领先水平，以卓越的产品质量提升企业的核心竞争力。上市公司可以通过提升经营管理水平、加强创新、优化资源配置等方式，打造出具有国际竞争力的产品。

在商业世界中，所有划时代产品的诞生，本质上都是对"卓越"的重新诠释。从科大讯飞的智能语音到宁德时代的新能源动力电池，从华大基因的基因编辑到美的的智能生活产品，从腾讯的社交平台到字节跳动的短视频，都在证明一个道理：真正的产品卓越要以精细管理为基石，朝着高端化、绿色化、智能化、服务化的方向前进，构建起促进企业螺旋上升发展的飞轮。正如中国建材集团的"五优飞轮"，它不仅是实现产品卓越的重要方式，也是实现企业高质量发展的重要方式。

精细管理

精细管理是从降低成本、提高质量实践中提炼出来的一套管理理念。"精"者深耕质量，"细"者严控成本，管理要精细到每一个过程和工作岗位，这是精细管理的核心内容。那么，怎样实现精细管理？我认为，一要用好工法，二要长期坚守，两者缺一不可。强化精细管理不是应急之策，而是持久之功，因此要常抓不懈。尤其是在企业快速发展的时候，管理上的问题和差距容易被掩盖，"萝卜快了不洗泥"。这时，企业更要增强警惕意识和忧患意识，通过对标检查管理的差距，夯实基本功，力求把各项管理工作持之以恒做好，争取像丰田那样几十年如一日地进行现场的精细管理。

树立正确的质量观

质量水平能反映一个国家的发展水平。过去德国、日本的崛起，很大程度上是因为它们重视了质量。改革开放以来，我们始终秉持质量立国、质量强国理念，将质量作为国家发展的根基。如今，我们正在经历由中国制造向中国创造发展的阶段，从制造大国向制造强国转变；我们也正在从"有没有"向"好不好"、从高速增长向高质量发展转变。我们知道，宏观的转变需要微观的支撑，这就要求每个企业都能做好，只有每个企业做好了，宏观的转变才能实现。

质量是企业的生命，企业一定要把质量放在第一位，扎扎实实地做好每个细节。做企业、做产品、做服务，从根本上讲，做的就是质量。

要保证产品质量，企业需要做长期而细致的工作，不仅要有责任心，还要全员参与。我做企业的年份长了，只要到企业里转一转，大体上就知道这家企业的管理水平如何，几乎用不着听汇报。企业员工的表情就是一面镜子，管理好的企业，员工表情一般是幸福和友好的，而管理差的企业，员工表情往往比较木然。质量管理的核心要义不是最终检查出多少不合格品，而是在生产前端和全流程中采用先进的管理方法，以尽可能减少最终的不合格品。

产品质量是企业活动的所有环节、所有人员的全部工作的综合反映，任何一个环节、任何一个人的工作质量都会不同程度地直接或间接影响产品质量。因此，企业必须充分调动所有人员的积极性和创造性，不断提高他们的素质，上至厂长下至工人都关心质量问题，人人做好本职工作，才能生产出客户满意的产品。全员参与不是让员工不分主次或不讲程序地参与企业活动，而是让承担不同职责的员工参与不同企业活动，而且他们参与的内容和方式也有所不同。有效的沟通渠道是全员参与的重要保障，企业既要保证员工能够及时地反映自己的意见或建议，也要及时传达处理结果。质量工作无处不在，企业全员要时刻保持清晰的质量意识，牢固树立"下一道工序就是客户"的观念，不接收上一道工序的不合格品。

质量是企业家基本的人生态度的体现。企业领导者怎么看待质量问题，关系到企业的生存和发展。从短期来看，新产品、新广告、新促销手段或许能够赢得一时的市场，但从长期来看，质量才是企业生存与发展的根基。企业应做到质量一贯地好，服务一贯地好。我在北新建材做了这么多年，长期坚持"质量上上，价格中上，服务至上"的经营理念。其中，"质量上上"就是我们要有"过剩"的质量，不是达到要求就可以，而是一定要比别人的好，一定要好上加好，愿意多花一些成本来确保质量。当年，北新建材之所以能够在竞争中战胜跨国公司，就是因为"质量上上"。质量是有成本的，企业不能追求廉价、低价的恶性竞争，否则，企业是做不下去的，最后也无法保证质量。现在，企业要占领全球市场，靠什么才能做到？还得靠质量，把质量做到最好，自然就能赢得市场。

北新建材的产品能够做到全球第一，是从"一个脚印"开始的。1993年，我做厂长后没多久就罚了自己一个月的工资。为什么呢？因为北新建材生产的一种岩棉板出口到韩国，对方收货时发现其中一片岩棉板上有一个脚印，提出要退货。那时，北新建材的干部觉得对方在小题大做，一个集装箱的产品中只有一片岩棉板上有一个脚印，不至于退货。但是，我认为这是一次给大家做质量教育的机会。我就在会上提出，这是一件大事，这一个脚印不仅踩在产品上，还踩在北新建材的金字招牌上，踩在了经营者的心上。于是，我提议从我本人开始罚款，往下逐级处罚。当时，我的工资是一个月500元，全部都被罚掉了。我回家告诉爱人："我这个月的工资没有了。"爱人问："为什么没有了呢？"我说："因为一个脚印。"正是本着"小题大做"抓质量的严谨态度，北新建材硬是把产品合格率提升到近乎百分之百。如果我们今天认为质量问题只涉及一笔小买卖就小事化了，那么明天就会出现更大的纰漏。

质量是一个系统工程，企业要贯彻系统的质量标准，不仅要做好TQC（全面质量控制）和TQM（全面质量管理），还要做好ISO 9000和PEM（卓越绩效模式）的认证、贯标。正是因为"一个脚印"，北新建材全面开展了TQC管理活动，车间班组都成立了TQC小组。这些管理活动对于北新建材员工增强质量意识和提升质量管理水平起到了非常积极的作用。北新建材如同它的名字一样，是"常为新"的，不是简单的拿来主义，而是将ISO 9000等质量管理体系的要求与TQC、全面风险管理等有机融合起来，形成一套高度整合的卓越绩效管理体系。更为重要的是，当我们做到一定程度，处于行业领先地位的时候，我们就要输出管理、输出标准。北新建材自创了九宫格管理法，以价值经营为导向推进企业高质量发展。正是因为这些年对质量管理工作的持续关注与不懈努力，北新建材荣获了 2021 年"亚洲质量卓越奖"。

做好质量，还需要工匠精神，几十年如一日地把产品做到极致。如今，大家都喜欢讲颠覆性创新，我也喜欢讲。尽管害怕被颠覆，但持续性创新、管理、质量控制是我们做好制造业、做好实体经济的根本。做企业需要把创新精神、工匠精神、企业家精神结合起来，三者缺一不可，这样，企业就会无往而不胜。亚洲质量网组织认为，我从 1993 年经营北新建材开始，先后推行 TQC、ISO 9000 质量认证体系建设，并在担任中国建材集团董事长期间，一贯重视质量和品牌建设，质量管理工作成绩突出，给我颁发了"石川馨 – 狩野奖"。石川馨是日本质量管理领域的先驱，从事质量管理的研究、教育和推广工作长达 40 余年，为日本的质量管理事业做出了重大贡献。因此，亚洲质量网组织设立了"石川馨 – 狩野奖"，奖励为质量管理做出杰出贡献的亚洲企业家或专家。

降本增效的两大利器

精细管理要对成本与资源进行精细控制，对人力、物料、时间等资源进行量化管理，消除冗余环节，降低成本。作为企业经营者，既要消灭企业中的不合理现象，又要提高质量，要实现降低成本、增加效益。降本增效的一个简单可行的方法就是对标优化。另外，中国建材集团还有一个增节降工作法，也是专门用来降本增效的。

对标优化

对标管理由美国施乐公司于 20 世纪 70 年代末首创，是现代西方发达国家企业管理活动中支持企业不断改进和获得竞争优势的重要管理方法之一。顾名思义，对标管理就是以行业内外的一流企业作为标杆，从各个方面与标杆企业进行比较、分析，通过学习他人的先进经验来改善自身的不足，从而赶超标杆企业，不断追求优秀业绩的良性循环过程。中国建材集团结合自身实践，把对标管理提炼为"对标优化"这一工法，它的核心思想是以行业和内部优秀企业为标杆，以 KPI 为核心，定期与主要经济技术指标做对比，进而找到差距，不断改进和提升。具体来说，它就是对外对标、对内优化。

第一，对外对标。它是指企业在日常生产经营活动中选择相关的国内外一流企业进行主要经济技术指标、精细化管理等方面的对比和学习。例如，在水泥行业，中国建材集团坚持与安徽海螺水泥股份有限公司、瑞士豪瑞公司等优秀企业进行对标。刚重组徐州海螺时，我不知道该怎么管理水泥厂，当时的海螺集团董事长告诉我，水泥厂不难管理，关键是做好两件事：一是管理好中控室的操作员，每个月把各个工厂操作员的指标进行对标，实行末位淘汰制；二是工厂之间开展对标工作，吨煤耗、吨电耗、吨油耗、吨球耗、吨耐火砖耗、吨修理费等各项成本指标要持续对标。中国建材集团借鉴这些优秀企业的做法，成本、消耗、管理费用、销售费用等不断下降，各项经营指标持续优化。

第二，对内优化。它是指集团公司在内部成员企业之间开展对标工作，逐步优化业务指标。就像袁隆平院士从大量稻子中选一粒好稻种一样，集团公司应该从众多优秀企业中选优，不断发现并推广优秀企业的管理经验与方法，并将其迅速在同类企业内推广，从而实现整个集团业务的不断改善和优化。当众多管理方法放在一起的时候，你自然会发现谁更优秀，这就是集团公司的优势。

在对标优化机制的带动下，伯乐相马变成了赛场赛马。在集团外部，哪家企业有好的经营管理方法，中国建材集团就主动上门学习。在集团内部，哪家企业有节支降耗的好做法，其他成员企业就会快速借鉴并复制；哪家企业做得不好，就会成为"受帮扶对象"。这种互相参照的模式既是一种激励，又是一种鞭策，大家你追我赶，互相学习借鉴，形成比学赶帮超、先进带后进的良好氛围。

对标优化是一种定量对比的管理方法，实践中很有效。它能使企业的各项指标该升的升上去，该降的降下来，稳步提高企业效益，降低企业发展风险。南方水泥有限公司（简称"南方水泥"）就实行对标优化的管理机制，它积极与区域外先进企业进行对比和学习，并在区域内开展全区域和小片区的精准对标，找差距、定措施、抓落实。企业将各项 KPI 放到会上进行直观对比，好不好一目了然。精准对标对的不仅仅是 KPI 涵盖的几个数字，还是企业管理人员的专业技术和管理水平。通过对标先进企业的优秀做法，其他兄弟企业可以借鉴可行的部分，对于不能直接借鉴的，可以找到改进的突破点。这既催生了外部竞争的压力，又激发了内在进步的动力。

增节降工作法

中国巨石的管理很有特色，企业在长期实践中摸索出了一套行之有效的增节降工作法。"增节降"，顾名思义就是增收、节支、降耗，运用目标管理、项目管理、品质管理、持续改进等基本管理方法，通过年初立项、逐月监测、激励推广、环比推进等工作实施闭环管理，向科技创新和管理优化要效益。这套方法始于1998年的亚洲金融危机时期，经过不断的积累沉淀、提炼优化，形成了"工人提出设想—技术人员转化成可行技术方案—制作成品进行小范围试验—展示成果并全面推广"的全员创新模式，中国巨石因此焕发出无穷的创新活力。

增节降工作法屡次让中国巨石化险为夷，并助力它发展成为全球一流的玻纤企业。2008年，全球金融危机席卷而来，市场行情风云突变，中国巨石60%的出口订单突然没有了，可是停一个窑就会造成一两亿元的损失。抉择常常是艰难的，看着满满一仓库的积压产品，我与中国建材集团的几位高管心情非常沉重。最终，我们顶住压力，咬牙坚持不停窑。走出困境只能靠自己，中国巨石在"增节降"方面狠下功夫，强化创新、夯实基础、增加效益，硬是挺过了那场危机，成为少有的持续赢利的玻纤企业，进一步巩固了它在全球玻纤行业的领军地位。

作为行业领军企业，既要干出一流的工作质量，也要实现一流的成本控制，确保降成本不影响企业水平，即水平不能低，成本必须低。因此，要重视投资环节的精打细算，要抓住初始投资的"三桶水"，同时，也要控制直接生产成本，正所谓"干毛巾也要拧出三滴水"。中国巨石各个生产基地的投资都不小，企业应从项目建设初始阶段就精打细算，在生产经营过程中，更应克勤克俭，为市场竞争赢得主动权。

通过持续不断地推行增节降工作法，中国巨石的产业规模在过去十几年里从几十万吨增长到三百多万吨。与之形成鲜明对比的是，中国巨石在 500 多个工作节点上开展成本控制和技术创新，生产成本降低超 30%。如今，成本管理理念在企业内已深入人心，上至企业高管下至一线员工，每个人都自觉成为节支降耗的主体。同时，中国巨石运用新技术、新工艺、新配方等，进一步放大自身的成本管理潜力，为新发展打造持续优化的核心竞争力。

近几年，尽管面临能源价格、劳动力成本上升以及反倾销政策等压力，中国巨石的经营业绩仍逆势增长，每年节约成本超过 2 亿元。中国巨石的高端产品比重超过 50%，国内市场占有率将近 40%，全球市场占有率超过 20%。公司自主研发的高性能玻璃纤维配方 E6、E7 和 ViPro 系列产品，均属于全球玻纤领域的重大技术突破。目前，增节降工作法已在中国建材集团全面推广。作为精细管理的特色工具和市场竞争的撒手锏，增节降工作法不仅是一种优秀的管理方法，更凝聚了持之以恒、锲而不舍的创新精神，两者结合起来，才是增节降工作法的实质。

好学易用的管理工法

我是做工厂管理者出身的，从北新建材到中国建材集团，我一直很看重管理工法。我认为，企业要想出质量、出效益、出效率，必须在管理上有所作为，其中最重要的就是要有先进的工法。"工法"一词源于日本，《日本国语大辞典》把"工法"解释为工艺方法和工程方法。日本管理界拓展了它的内涵,将很多管理理论和管理方法都归纳为管理工法,如5S(整理、整顿、清扫、清洁、素养)现场管理等。产品的质量管理靠人,要想真正做好质量管理及其他管理工作,就得让广大员工对管理产生浓厚的兴趣,企业可以把优秀的管理经验提炼成简单易行、耳熟能详的工法,让员工从管理工法的复制中取得成效,这样才能持之以恒地推进管理工作。比如,企业可以通过PDCA循环(计划—执行—检查—处理)不断优化管理流程,形成良性循环,大家熟悉的工法还有六西格玛管理、Kaizen(持续改善)等。

我在北新建材工作的时候,基本每年会去日本出差两次,学习日本企业的先进管理工法,如5S现场管理、TQC、定置管理、看板管理、零库存等,我们那时称之为"管理十八法"。我接手北新建材时,厂里的环境可谓脏乱差,工厂和生活区的垃圾大部分都堆放在厂区,厂区道路被一层厚厚的石膏覆盖着,办公楼和厂房外墙斑斑驳驳,厂房的窗户玻璃也碎了许多块。于是,我就带着大家推行5S现场管理,以整理整顿为核心开展工作,终于使一个脏乱差的工厂变成了一个非常整洁而漂亮的现代化工厂,也打造成了花园式的工厂和学校式的工厂。

我当时的管理理念是把现场和市场连起来,倡导像办学校一样办工厂,像办商场一样办工厂。记得日本三泽住宅的社长参观了北新建材之后表示,北新建材的管理让他大吃一惊,因为北新建材把每一个细微处都管理得特别好。当时,北新建材占地100万米^2,建有14万米^{2}的厂房,每个厂房都安装了很多窗户,共有上万块玻璃,每块玻璃都洁净如新,整个厂区窗明几净。万科集团的王石也曾来过北新建材,他对我说,北新建材实际上是用一项普通的技术,创造出了一家优秀的企业。我想,这就是管理的魅力吧。

中国建材集团是一个以实业为主体的集团,管理着上千家工厂,管理水平参差不齐,要想出效益,就必须认真开展管理学习和管理实践活动。当时,我们整理出不少企业内部管理与市场营销相结合的行之有效的管理经验，经过认真地归纳和总结这些经验，形成了很多工法，如KPI管理、五集中、零库存、辅导员制、对标优化、"价本利"模式、核心利润区、市场竞合、"三五"管理整合、六星企业、三精管理、增节降工作法等。这些管理工法是中国建材集团的"武功秘籍"，具有较强的实用性、可操作性与可复制性。

这里，我以KPI管理为例进行说明。KPI管理指的是聚焦影响企业绩效的关键指标，围绕这些指标不断进行管理改进与提升。企业绩效是用数字呈现的，要了解企业现状必须首先了解关键指标的数字，要改进企业管理也要紧盯这些数字，而衡量企业绩效还是要用这些数字说话。中国建材集团的管理非常有特点，即"从原理出发，用数字说话"，把事情想清楚，发现并遵循规律，之后把规律变成可以量化的逻辑，再把逻辑变成可以讲述的故事。那么，谁来衡量故事的精彩程度呢？一个重要的指标就是绩效数字。

中国建材集团的各种会议都讲求用数字说话，每月都要进行KPI对标，各业务板块负责人逐一报告完成情况，主要汇报"5+10"个KPI：价格、成本、销量、单位销售费用、单位管理费用，以及应收账款、其他应收款、预付账款、存货、货币资金、有息负债、资本开支、资本负债率、压减法人个数、员工人数。有的KPI是企业经营情况，有的是财务指标，有的是当期管理任务，基本覆盖了企业日常生产经营活动的关键点位，成为全年工作的核心指标。KPI管理树立绩效文化，让管理者习惯用数字思考问题和用数字说话，各个层级的管理者都对自己企业的指标情况了然于胸，产生压力和动力，大家你追我赶，唯恐落后，一起努力提高企业的总体经营绩效。甚至有民企负责人感慨道，在中国建材集团工作，"脸"比"钱"更重要。

在具体做法上，KPI管理分为三个阶段。第一，制定指引。年初，在综合参考同业公司数据、本公司历史情况和内外部期望值三个方面的基础上，结合形势分析预测，经过自下而上和自上而下的反复研究论证，形成本年度的 KPI 指引，各子公司按照 KPI 指引对各项指标进行层层分解和落实。第二，动态调整。每月对 KPI 进行分析，找出同比有哪些进步和不足，分析不足之处是源于外部原因（如宏观经济政策变化、市场环境变化、竞争对手策略变化等）还是内部原因（如经营管理不当、市场营销不力、历史遗留问题未解决等），并以此为依据调整 KPI 指引。第三，目标倒逼。定期公布 KPI 完成进度，用目标倒逼生产经营管理活动，鞭策企业努力完成年度指标，确保从年初开始就不断滚动更新的 KPI 指引真正落到实处。当然，在企业的不同发展阶段，KPI 的设定是不同的。对集团公司来说，旗下不同业务板块公司的情况不一样，对它们的 KPI 设定也应有所区别；只有同一业务领域才适用同一考核指标。

三精十二化

三精管理最初是我为中国建材集团干部员工归纳出来的一种管理工法，后来结合"三五"管理整合、八大工法、格子化管控等行之有效的管理方法，并通过不同企业的反复验证和完善，最终总结出三精管理的方法论，即组织精健化、管理精细化、经营精益化，每一"精"分为四化，每一"化"下又包含四"法"，这样就形成了"三精十二化四十八法"。这些在我的《三精管理》一书中都有详细的介绍。

企业管理有依循、有边界，企业就会稳健发展。三精管理解决的是企业要么长不大、要么长大了却倒掉的问题，可以使企业各项经营指标健康发展，让企业从竞争的红海驶入竞合的蓝海，从而实现共生、共赢、共享。这几年，中国建材集团深度开展三精管理，取得了良好效益，越来越多的企业也开始学习和引入三精管理，并开始取得成效。三精管理获得了 2019 年全国企业管理现代化创新成果一等奖。

企业的逻辑是成长的逻辑：一方面，必须让企业长大；另一方面，企业在成长过程中往往存在一定的盲目性，要对企业进行"剪枝"。给果树剪掉一些疯长的树枝，可以让果树多结果实，这是我以前插队时学到的一项技术。万物的原理是相通的，企业也需要"剪枝"。通过"剪枝"，企业可以有效预防大企业病，实现稳健成长。因此，组织精健化至关重要，它旨在提升企业的组织竞争力，包括治理规范化、职能层级化、平台专业化、机构精干化。

一是治理规范化。我们不仅要明晰治理结构，分清股东会、董事会、经理层的职责，按《公司法》等法律法规治理企业，还要明确企业的目的，在企业中建立起好的机制，从激励机制发展到共享机制，实现利益相关者的共赢和共享。

二是职能层级化。企业做大以后，每一个层级要有不同的职能。一般来说，企业都是按照决策中心、利润中心、成本中心来划分层级的。比如，中国建材集团是决策中心，本身并不进行产品经营，主要负责战略制定、资源整合、投资决策；南方水泥是利润中心，主要围绕开拓产品市场进行经营优化，它要制定市场竞争策略，进行集中采购和销售等；而南方水泥下属的每个工厂是成本中心，主要负责组织生产、保证产品质量、成本控制和安全环保方面的工作。

三是平台专业化。每一个业务平台都要专业化，而非多元化。就如同打乒乓球的不要去踢足球，踢足球的不要去打篮球，让集团不同业务平台各自专业地做好一项业务，长此以往，就能打造出隐形冠军或细分领域的头部企业。这些年，中国建材集团旗下的北新建材、中国巨石、凯盛科技等都做成了各自领域的头部企业。

四是机构精干化。规模是一把双刃剑，企业规模适度才最好。企业要不停地"剪枝"，控制管理层级、机构数量、企业家数、人员规模。企业的管理层级应控制在四五级，不能再多，再多就容易引起效率降低。

管理精细化旨在提高企业的成本竞争力。在精细化管理中，企业要始终围绕成本和质量这两个基本点。即使是今天，不管有多么高端的技术，如果忘记了这两个基本点，企业都可能会失败。实现管理精细化，一要用好工法，二要长期坚守，两者缺一不可。管理精细化主要包括管理工法化、成本对标化、质量贯标化、财务稳健化。

一是管理工法化。我们这些年学习德鲁克、明茨伯格的思想，学到了不少优秀管理理论，日本人比较重视管理工法的运用，他们总结了很多简单明了的工法，如看板管理、5S现场管理等。各班组长很容易按照工法去执行工作。此外，德国创造的管理工法（或方法）也很有借鉴意义，运用这些工法，制造的产品质量过硬。

二是成本对标化。其实，降低成本的根本方法就是对标。在成本控制上，谁做得好，就和谁对标，以清楚地看到自己的不足。通过反复对标，就能提高自己的水平。

三是质量贯标化。做企业、做产品、做服务，从根本上讲，做的就是质量。质量控制不能靠检验员把废品检验出来，如果真到了这个阶段，其实已经造成巨大浪费了。企业要进行全员参与的全过程控制，这就是TQC。质量管理不是严和宽的问题，而是要按照国际标准、国家标准，建立一套管理标准体系的问题。

四是财务稳健化。做企业要稳健，企业稳健的基础是财务稳健，而财务稳健的核心是现金流充沛。现金是企业的血液，现金的正常流动确保了企业的可持续经营，支撑了企业的健康发展。在经营方面，企业的资产负债表、利润表和现金流量表至关重要，而现金流量表又是重中之重。要维持良性的现金流，除了产品价格和市场外，控制好"两金"（存货占用资金和应收账款）占用也很重要。

组织精健了，管理也精细了，然而，即使成本为零，企业也不必然能在竞争中成功。因为今天的环境充满了不确定性，企业领导者尤其要学会在不确定性中做出正确的选择。因此，经营精益化很重要，它旨在提高企业的持续盈利能力，包含业务归核化、创新有效化、市场细分化、价值最优化。

一是业务归核化。企业要有主业，要围绕主业形成核心业务，非核心业务原则上应该舍弃。毕竟，任何企业都不是无所不能的，只能有限发展。中小企业应采用"窄而深"的业务模式，打造技术专业、市场占有率高的隐形冠军；大型企业的业务应尽量不超过三项，力争每个业务都能跻身行业前三名。业务归核化至关重要，企业必须明白自己是做什么的，种好自己的一亩三分地。

二是创新有效化。创新是企业经营的核心之一，可以增强企业的竞争力和活力。但是，创新也是极具风险的一件事。企业经营很重要的一点是，要有效益、有目的、有组织、有质量地创新，不要脑子一热就去创新。创新是可以学习的，是有路径的，也是有模式可依的。

三是市场细分化。我国一些行业目前处在供过于求的困境中，不少企业希望转行，但转行并不容易，对企业而言，进入一个完全不熟悉的行业风险更大。其实，没有落后的行业，只有落后的技术和落后的企业。对大多数企业来讲，应该转型而非转行。在一个竞争激烈的行业中，企业可以通过在地理区域、品牌定位、产品品种、目标客户等层面进行市场细分，沿着产业链和价值链延伸，不断开发新产品，提高产品附加值，进而找到自己的生存空间，实现效益逆势而升。

四是价值最优化。与大家熟知的"量本利"指导思想不同，中国建材集团提出了"价本利"的经营理念。正是因为秉持这种经营理念，整个水泥行业从竞争走向竞合，得以健康运行。对上市公司来说，除了关注产品价格外，还要关注公司价值，价值可以通过资本市场放大和提前实现，要重视市值管理，改善公司质量，做高质量的上市公司。

三精管理是开放的平台，可以动态调整。如果企业倾向于采用阿米巴或六西格玛管理，则可以将此融入管理精细化的平台。三精管理是有实践基础的，是企业界人士看得懂、学得会、记得住、好应用的一套企业管理工法。当然，不要求每家企业照搬中国建材集团的具体做法，企业只要在管理过程中秉持三精管理理念，根据自己的需要和特点去做，并持之以恒、扎实稳妥落实，就能提升经营管理水平和综合竞争优势，实现新的跨越和发展。2023年，世界500强企业广东省广新控股集团有限公司推行三精管理后，节约了5亿元成本。广东粤海控股集团有限公司（简称"粤海集团"）、山东省港口集团有限公司采用这套方法也取得了一定成效，尤其在降成本方面。

产品四化

做企业归根到底是为社会创造产品，产品的水平决定企业的层次。如果企业选择了一个好产品，就可能会有一个好未来；如果企业总是选不好产品，就可能没有未来。产品四化是指通过系统化的方法提升产品的竞争力和市场适应性。这里的"四化"，主要是指产品的高端化、绿色化、智能化、服务化。当前，新一代信息技术蓬勃发展，低碳化时代也迅速到来，这些变化驱动全社会生产方式、生活方式和治理方式加速变革。把握新发展阶段，贯彻新发展理念，构建新发展格局，推动高质量发展，需要每家企业做好自己的事，加快创新转型升级步伐，为产品卓越提供技术支持与市场空间，全面提升产品的竞争力。

高端化

高端化是指通过技术创新和品质提升，使产品从低附加值向高附加值转变，满足市场对高品质、高性能产品的需求。改革开放40多年以来，我国很多企业的技术水平已从中低端迈向中高端，由过去的"跟跑型"转变为现在的"并跑型"和"领跑型"。产品高端化是企业未来的发展方向，但现实市场也需要中端产品，甚至低端产品。也就是说，高端、中端、低端产品都有需求，具体选择要根据市场而定，要根据企业自身情况而定，但是无论产品定位是高端、中端还是低端，企业都要把质量做好。比如，汽车有高配、中配和低配之分，如果低配汽车质量很差，显然是不行的。配置可以是低端的，但是质量应该是高端的。

40多年前，我国的成套装备和技术几乎都从发达国家进口，而现在，德国、日本等国家的不少跨国公司来中国购买成套装备和技术。目前，我国水泥、玻璃等行业的成套装备和技术已经处于全球领先地位，实现了高端化。产品也是这样，我国过去修建高铁用的水泥大多是从德国进口的，每吨成本高达2000元，现在已经实现国产化；过去石油钻井用的水泥同样依赖进口，现在也已实现国产化。应用于手机制造的液晶显示玻璃技术过去主要靠进口，现在中国建材集团已经可以生产TFT液晶玻璃基板了。中国建材集团可以生产0.12毫米厚的电子薄玻璃，实现了从"超薄"到"极薄"的跨越。

碳纤维是高档复合材料的重要原料，被称为材料行业里"皇冠上的明珠"和21世纪的"黑黄金"。碳纤维的强度是钢的7～10倍，密度是钢的1/4，还有抗疲劳、耐腐蚀等性能，被广泛应用于航空航天、交通运输、新能源（光伏、风电等）、基建等领域，波音787、空客A380、我国的C919和C929等飞机都要大量地使用碳纤维。国内50%的高端碳纤维都是由中国建材集团供应的，聚合和原丝单线规模达到5000吨，碳化单线规模达到3000吨，均为行业之最，技术、工艺和核心设备均为自主研发。

产品实现高端化，有三条路径。第一，加大研发投入，掌握核心技术。第二，提升产品质量和性能，打造高端品牌形象。第三，瞄准高端市场，满足高消费群体的需求。我之前调研过宇通客车股份有限公司（简称"宇通客车"），这家企业集客车产品研发、制造与销售为一体，产品主要覆盖公交客车、公路客车、旅游客车、公商务车、校车及专用车等细分市场。宇通客车走的主要是高端化、全球化路线，在质量管理方面坚持"不把市场当试验场，要把试验场当市场"的理念，它的客车在欧洲市场的售价与奔驰、沃尔沃的同类型汽车售价相差无几，很受欢迎。

绿色化

绿色化是指企业在产品设计、生产和使用过程中，注重环保和可持续发展，减少资源消耗和环境污染。也就是说，企业应围绕"绿色、循环、低碳"目标，在原材料选用、生产过程和产品应用等方面加大节能环保力度，自觉减少污染物排放，提升资源循环利用能力，积极引领行业节能限产、自律减排。产品要实现绿色化，有三条路径：一是采用环保材料和清洁生产工艺；二是开发节能、低碳、可回收的产品；三是符合国内和国际环保标准，满足绿色消费趋势。

企业生产能否实现绿色化呢？答案是肯定的。大家提到雾霾，可能会和汽车尾气、钢铁厂、水泥厂等联系起来，但今天的新型水泥厂已不再是雾霾的制造者。现在的水泥厂能够对粉尘进行电收尘和袋收尘处理，并通过安装脱硫脱硝装备等控制污染物排放，实现节能减排，可以称得上是"花园中的工厂、森林里的工厂、草原上的工厂"。中国建材集团秉持绿色发展理念，将企业经营和发展要素按照环境、安全、质量、技术、成本进行排序，将成本要素排在最后，而把环境要素排在首位。因为环境一旦遭到破坏，有些变化是不可逆的。

世界气候问题一直是科学家、企业家、政治家等各界人士十分关注的话题。应国家发展和改革委员会应对气候变化司（现转隶至生态环境部）的邀请，我参加了在巴黎召开的第21届联合国气候变化大会。作为企业代表，我在分会场"中国角"做了两场演讲，在欧洲分会场"蓝角"做了一场演讲，分享了中国企业在应对全球气候变化方面的做法，得到了很多西方朋友的共鸣。在人类社会的总能耗中，建筑能耗约占46%，而在建筑能耗中，通过窗户散发的能耗又约占48%，所以大力推广墙体节能材料和节能窗至关重要。欧洲建筑大都做了外墙保温层，80%的窗户安装的是低辐射保温玻璃，而且都是小窗户。我在巴黎出差时住的房间，暖气片虽然温度不高，但房间很暖和，在屋里穿一件衬衣就可以。

建筑节能是一个重要产业，而建材生产过程中会排放大量二氧化碳。作为全球最大的建材制造商，中国建材集团这些年致力于推广住宅外墙保温材料和节能窗，节约了大量能源，有效减少了二氧化碳排放量。发展新型建材用以替代红砖，仅这一项工作就减少了3000万吨二氧化碳排放量。水泥生产过程中也会排放二氧化碳，每生产1吨熟料大约排放0.7吨二氧化碳。在我国工业二氧化碳总排放量中，水泥约占10%。选用高标号水泥可以减少熟料用量，进而减少二氧化碳排放量。这对像我们这样的水泥大国来说，具有重大的战略意义。

现在，跨国公司把应对气候变化作为企业的首要社会责任，我们不少企业都在做可持续发展报告。2025年，中国证监会修订的《上市公司信息披露管理办法》，明确上市公司按照证券交易所规定披露可持续发展报告。我们到国外大企业参观，以前对方向我们介绍的大多是企业的发展历史和市场表现，之后介绍的是质量控制体系，再后来讲的是员工的健康与安全，现在则几乎都在讲怎样应对气候变化。为应对气候变暖，我国提出了碳达峰、碳中和的目标，这就要求每家企业从自身做起实行绿色化生产，走绿色化发展道路。对企业而言，顺势而为可以找到很多发展机会。比亚迪全面追求绿色低碳可持续发展，将可持续发展理念贯穿于产品全生命周期的各个阶段——研发、生产、使用和回收四大环节，形成了一个闭环体系。它与格林美股份有限公司合作建立回收网络，镍、钴、锰回收率超过99%，锂回收率达85%，较传统冶炼降低能耗60%。金风科技股份有限公司提出了"绿色能源＋绿色制造＋绿色运营"三位一体战略，和比亚迪一样，也建立了零碳工厂，目标是在2040年实现全价值链碳中和。

有一次，听说我国个别地区的浅层地下水受到工业污染，我的心情很沉重，担忧老百姓今后该怎么生活。我的本科专业是化学，对水源遭到破坏给人类带来的严重后果，理解更深刻些。当前，水源、空气、土壤等污染已成为全人类密切关注的问题。发展实体经济、发展工业不能以牺牲环境为代价，发展不应该和环境对立起来，而要协调好发展与环境之间的关系，实现经济和环境的融合发展。企业要积极承担社会责任，积极投入并采取有效措施，保护我们赖以生存的环境。

智能化

智能化，不仅是指产品本身的智能化，还是指产品制造装备的智能化。企业若能在这两方面提升智能化水平，会极大地提升产品的竞争力。产品本身的智能化就是企业通过融入信息技术和智能化手段，提升产品的功能性和用户体验，满足市场对智能化产品的需求。就产品制造装备的智能化而言，它可以在两个方面帮助企业，一是提高生产效率，二是提高制造的精准度。1980年，我被派往国外学习，在瑞典哥德堡参观了沃尔沃建筑设备公司，该公司主要生产不同型号的挖掘机、轮式装载机、自行式平地机、铰接式卡车等。在公司办公楼，我们看到了开放式办公区，每张办公桌上都有一台电脑，公司的立体备件库靠电脑进行操作，这让当时的我们目瞪口呆。当然放在今天来看，这些已经是我们习以为常的智能办公场景。40多年过去了，我国的智能化水平已发生了翻天覆地的变化。

在产品的智能化方面，海尔智家股份有限公司（简称"海尔智家"）做得不错，成功实现了从传统硬件制造商向场景解决方案服务商的转型与升级，公司产品主要涉及智慧厨房、智慧卧室、智慧客厅、智慧阳台等，包含1000多个细分场景，致力于为用户提供全方位、个性化的智能家居体验。它在智能家居领域占据的全球市场份额是16.2%，高端智慧家电的毛利高达35%。作为人工智能技术落地的标杆企业，科大讯飞凭借"顶天立地"的创新战略，有力地加速了科技成果的普惠进程。其中，"顶天"指的是科大讯飞持续突破语音识别、自然语言处理等核心技术；"立地"指的是它聚焦教育、医疗、办公等刚需场景，实现规模化应用。科大讯飞打造了"技术–产品–生态"的闭环，通过C端硬件沉淀数据，反哺 B 端行业解决方案。行业解决方案涉及智慧教育与智慧医疗，它的星火大模型日均训练数据量达到了 100 太字节。在人工智能与物联网的融合浪潮中，像科大讯飞这样的企业通过智能化来提升产品价值，形成一种从"功能溢价"到"智能服务溢价"的新商业模式。

人类文明的每一次跨越，都始于制造装备技术的革命性突破。18 世纪，瓦特改良蒸汽机，将人类从手工制造时代带入机械化时代；20 世纪，数控机床的诞生让精密制造成为可能；21 世纪的今天，极紫外光刻机、量子计算机、聚变反应堆等超级装备的出现，说明我们将进入一个新的发展阶段。我们在探讨产品卓越的奥秘时，必须清醒地认识到：没有先进的制造装备，再精妙的设计理念也只能停留在图纸阶段。装备不仅是制造工具，更是技术创新的物质载体、产业升级的基础设施和文明跃迁的阶梯。

要实现制造装备的智能化，第一个要解决的是生产效率问题。工业化就是将人类从体力劳动中解放出来的过程，电气化、信息化、智能化都在解决这个问题，目的是大幅降低生产成本。比如，过去每平方米石膏板的成本是 4～5 元，现在的成本是不到 4 元。5 年前，每吨玻璃纤维的成本是 5500 元，后来降到 3500 元，以后还可能会降到 3000 元左右，如此大幅度地降本靠的就是制造装备的智能化。在建材行业，以前有"鼠标 + 水泥"的说法，鼠标象征着互联网，水泥象征着传统产业，在新工业文明时代，鼠标和水泥的结合就是智能化。现在，水泥、玻璃、玻璃纤维等行业的企业大量使用机器人，大大提高了企业的生产效率。过去，一家日产 5000 吨的水泥工厂需要 2500 名员工，后来员工数量逐渐减至 1000 人、500 人、300 人，现在，智能化工厂仅需 50 人，且实行三班倒制度，生产线从原料采矿到产品包装，整个过程都实现了无人操作，达到完全智能化的程度。中国建材集团在山东投资建设的万吨水泥生产线就是制造装备智能化的典型，参观的领导无不称赞该企业技术先进，是家优秀的高科技企业。

制造装备的水平直接影响着产品的质量，要实现制造装备的智能化，第二个要解决的是精准度问题。过去机械加工主要靠钳工的技术，同时要追求精准度，其实难度非常大，因为凡是人为操作都会有误差，而现阶段机器人智能化操作可以做到非常精准。先进的制造装备能够确保产品尺寸、形状、性能等参数达到设计要求，精密数控机床可加工微米级精度的零件，而普通机床可能会因误差累积导致产品不合格。比如，无锡先导智能装备股份有限公司（简称"先导智能"）是锂电制造装备的全球龙头企业，它的客户包括宁德时代、特斯拉等，具有整线交付能力，它的卷绕机精度达 ±0.1mm。北方华创科技集团股份有限公司（简称"北方华创"）是我国半导体设备的龙头企业，也是国内唯一覆盖半导体前道多环节核心装备的上市公司，它的装备技术在全球半导体产业链中逐步实现国产化替代，并在部分领域达到国际先进水平。北方华创的核心产品有刻蚀机、PVD 设备，28 纳米制程设备实现量产，主要服务中芯国际集成电路制造有限公司（简称"中芯国际"）、长江存储科技有限责任公司等头部晶圆厂。

智能化是实体经济的发展方向，企业目前都在大力推广智能化。大家可能会想，科学技术的日益进步加速了产品的更迭，制造装备智能化的快速发展也会加速企业的变革，企业今后大量使用机器人，那么员工该怎么办？我想可以通过两个途径解决：一是学习，创造机会让员工进行再学习，比如创办更多承接企业员工再学习的大学；二是让更多的人从事研发工作，企业也可以创办自己的研究院。我们常说，人有两个劳动工具：一个是双手，另一个是大脑。使双手从劳动中解放出来，大脑还可以继续发挥作用。企业持续推进员工的学习教育和企业的研发工作，人就会有事做。未来，我国企业还会在量子装备、生物融合装备、能源装备、太空装备领域不断发力。追求制造装备的先进性不仅是生产卓越产品的需要，也是国与国之间产业竞争的需要，唯有持续突破装备技术的极限，才能让卓越产品真正成为推动人类进步的永恒动力。

服务化

服务化是指推动制造业向价值链高端延伸，增加服务要素在生产经营活动中的比重，由单纯提供产品和设备向提供全生命周期管理或系统解决方案转变，实现价值链和商业模式的重构。发达国家的产业结构存在"两个70%"现象，即服务业产值占GDP的70%，生产性服务业占服务业GDP的70%。反观我国，尽管服务业近年来飞速发展，但整体水平与发达国家相比仍有差距。制造业服务化的发展是以卓越产品为基础的，只有高质量的产品才能为后续的服务化转型提供支撑。制造业服务化是实体经济转型的重要方向，我们要明确自身优势，厘清战略思路。我认为，制造业服务化需要从以下几个方面着力。

第一，从卖产品转变为卖服务。传统制造企业在卖产品过程中是高度竞争化的，谁更关注客户的要求，谁能提供客户需要的服务，谁就能赢得市场。以罗尔斯·罗伊斯公司为例，这家公司原来的业务是卖发动机，而现在，也卖维持发动机正常运转的服务时间，而且公司收入的60%来自它所卖的服务时间，只有40%来自它所卖的发动机。瑞泰科技股份有限公司（简称"瑞泰科技"）原来的业务是生产和销售耐火材料，现在销售的则是保证窑正常运行的时间。因为客户真正需求的不是耐火材料，而是把窑修建好，保证窑的正常运行。保证窑正常运行的时间越长，客户赚的钱就会越多，按运行时间付费越多，瑞泰科技赚的钱也就越多。

青岛双星股份有限公司（简称"青岛双星"）依托"胎联网"平台成功为物流运输、公交客运等领域的百余家企业提供轮胎"公里数销售"与全生命周期管理服务，降低用户的轮胎使用成本和油耗。青岛双星建立了全球轮胎行业第一个全流程"工业4.0"智能化工厂，实现了传统轮胎行业的转型升级。青岛双星通过在轮胎中嵌入芯片实现了对轮胎胎温、胎压、行驶路线、路况、载重、磨损数据的实时监控，这些信息被与芯片相连接的车载接收器收集，上传到胎联网"智慧云"后台，实现轮胎的全生命周期管理。在卡车、客车领域，青岛双星已将轮胎交易模式由客户一次性购买转变为"购买公里数"，将物流车队一次性购买轮胎转变为根据公里数分期支付轮胎费用，这种方式降低了物流企业在采购轮胎时一次性投入的资金成本。

第二，提供一揽子的系统解决方案。企业应该系统思考如何为客户提供一揽子的系统解决方案，而不是只从某个产品的角度去思考。中国建材集团多年来一直在向综合性建材服务商转型，依托产品延伸产业链，从研发、设计、成套装备、工程总承包（EPC），到代为生产管理，再到标准的制定，最后到产品检验和认证，这一整套业务都在做。深圳市怡亚通供应链股份有限公司（简称"怡亚通"）是国内领先的供应链服务企业，专注于为制造业客户提供一体化供应链解决方案。通过整合物流、资金流和信息流，怡亚通帮助制造业客户优化供应链管理，降低运营成本，提升效率。华测检测认证集团股份有限公司（简称"华测检测"）是我国领先的第三方检测认证机构，为制造业提供质量检测、认证、计量校准等服务。公司业务覆盖食品、药品、电子电器、汽车等多个领域，通过严格的质量控制和专业的技术团队，为制造业客户提供全面的检测解决方案。

第三，深入探索跨界经营。制造业可以与金融、互联网等行业跨界联合，打造更具竞争力的产业集群。在产融结合方面，通用电气通过将金融服务嵌入产品销售链条中，成功创造了产业与金融的"交叉销售"模式。以飞机发动机为例，通用电气不仅向航空公司出售设备，还提供配套的融资租赁服务。航空公司在采购发动机时，通用电气的金融部门同步提供资金支持方案，这种模式既加快了产品销售速度，又通过金融收益弥补了研发周期长、资金回笼慢的制造业短板。目前，中国石油、国家电网有限公司、中粮集团有限公司等企业也涉足金融服务业，形成了初具财团雏形的产融结合模式。

五优飞轮

企业可以用好的技术、质量和服务获得好的价格与利润，而好的价格与利润反过来也可以支撑好的技术、质量和服务。对企业来说，好的价格和利润从哪里来呢？实际上，企业不应该成为价格的被动适应者，而应该掌握定价的主动权。合理、稳定的价格，是绝大多数企业持续赢利的基础。做企业既要关注销量又要关注价格，两者往往存在一定的矛盾，最理想的状态是量价平稳，做到价稳且份额不丢、量稳且价格不跌。当价格和销量不可兼得时，我们思考问题的出发点应是确保合理的利润，找到价格和销量之间的最佳平衡点，一味牺牲价格去增加销量是行不通的。

从"五优路线"到"五优飞轮"

我早些年在中材国际会上提出公司未来的发展方向是走"五优路线"，在此之后，"五优路线"开始在中国建材集团内部推行，"五优"即优技、优质、优服、优价、优利。后来，我看了吉姆·柯林斯的《飞轮效应：从优秀到卓越的行动指南》，这本书讲的是工作之间的推动促进会使企业快速运转起来，呈现出螺旋上升的状态。这种飞轮效应可以理解为一种增强回路，因增强果，果反过来又增强因，形成闭合回路，一圈一圈循环增强、螺旋上升。受此启发，我进一步升华了"五优路线"，对上述五个要素进行了排序，构建了促进企业发展的正向循环的"五优飞轮"。

优技，就是优秀的技术。技术是很多企业的核心竞争力之一，企业通过技术创新推动产品升级和行业发展。一般来说，企业会通过加大研发投入，来培养技术人才、掌握核心技术、保持技术领先地位。中国建材集团拥有26家研究设计院，还有国家工程实验室和3万多名技术研发人员，这在同属建材行业的世界 500 强企业中是绝无仅有的，集团这些年在水泥、玻璃等领域都实现了技术领先。

优质，就是优秀的质量。质量是企业生存和发展的基础，高质量产品能够赢得客户信赖。企业可以在原材料选用、生产制造、工程安装等环节严格把控质量，宁可牺牲短期利润也要确保产品质量。北新建材通过全员全过程的质量管理，将产品合格率提升至近乎 100%，成为全球领先企业。

优服，就是优秀的服务。它能增强客户黏性，提升品牌价值。企业可以通过提供全方位的售前、售中和售后服务，确保客户满意。中材国际在设备销售后提供技术培训和远程监控服务，深受国内外客户欢迎。

优价，就是合理的价格。价格体现产品的价值，既不能过高损害客户利益，也不能过低影响企业利润。企业可以通过规模效应、成本控制以及差异化等，提供"质量上上、价格中上"的产品，避免恶性价格竞争。合理的定价策略既保证客户利益，又能实现企业利润的稳定增长。

优利，就是合理的利润。利润是企业可持续发展的保障，合理的利润能够支持技术研发和业务扩展。企业通过优质的产品和服务获取合理的利润，并将利润投入研发和创新，形成有现金流支撑的良性循环。

"五优飞轮"的五个要素相互促进，形成一个闭环：优技推动了优质，进而高质量产品赢得了客户信赖；优质带动了优服，进而优秀的服务增强了客户黏性；优服支持了优价，进而合理的价格吸引了更多客户；优价带来了优利，进而合理的利润支持了技术研发；优利反哺了优技，推动了技术进一步升级。"五优飞轮"强调技术、质量、服务、价格和利润的良性互动，通过构建这一飞轮，企业可以持续提升竞争力，实现持续稳健增长和高质量发展。在制造业中，"五优飞轮"尤其具有广泛的适用性和实践价值。

江苏洋河酒厂股份有限公司（简称"洋河股份"）在技术、质量、服务、价格和利润方面都做得不错，这五个方面协同驱动，与"五优飞轮"

类似。在技术方面，它在 2023 年建成了白酒行业首个全流程智能工厂，也就是宿迁基地，部署了 AI 品控系统及 5G 仓储物流，研发投入占比达 3.6%，生产效率提升了 30%。在质量方面，它通过数字化"智慧云链"覆盖了 1.2 万家终端网点，原酒优级率提升至 98.5%（行业均值为 92%），酒糟综合利用率达 100%。在服务方面，它首创了"零碳窖池"技术，单位产品水耗较 2018 年下降了 42%，售后服务体系响应效率提升了 50%。在价格方面，它以梦之蓝 M9 等高端产品突破了千元价格带，高端产品营业收入占比达 38%，毛利率升至 75.8%（行业均值为 68%）。在利润方面，它精细管控"三费"，2022 年销售费用率、管理费用率、财务费用率分别降至 12.1%、4.3%、-0.2%（行业均值分别为 15%、6.5%、0.8%），企业净利率达 33.5%，五年累计分红超过 240 亿元。五维协同驱动下，洋河股份的营业收入连续三年超过 300 亿元，稳居行业前三甲。

"五朵金花"般的服务

卓越的产品应该配有卓越的服务，优质的服务能够创造体验价值与信任价值，从而构成产品价值的有机组成部分。本质上，服务不是手段，而是目的。很多企业往往错把服务当成手段，产品滞销时就开展"服务周""服务月"活动，产品畅销时就"门难进，脸难看"，这样的企业终究会被客户抛弃。我在北新建材做厂长的时候，常问干部们一个问题："怎样才能让客户在千里之外都能想到我们的产品？"实际上，这也是我常问自己的问题。我觉得，做企业就要质量一贯地好、服务一贯地好，质量和服务做好了，客户才会来找你。

企业的现场管理水平、管理者和员工的状态会影响市场客户对企业的看法，员工的热情就是企业最好的招牌，它可以让企业在竞争中脱颖而出，赢得客户的信赖与忠诚。北新建材有一个与石膏板相配套的产品——轻钢龙骨，这个产品的技术含量并不高，但销量一直很好，效益也很好。实际上，这主要得益于北新建材的"两个一贯地好"。轻钢龙骨销量好的秘密武器之一是五位女发货员，我称她们为"五朵金花"。这五位发货员中，有的负责开叉车，有的负责开票，有的负责发货，她们的共同点就是对提货的客户特别热情。她们给客户泡茶、送饭，像对待家人一样对待客户，使许多客户成了回头客。

正如西方管理学家所言，你怎样对待你的员工，你的员工就会怎样对待你的客户。这句话很有道理。企业只有真心实意地对员工好，员工才会无比热爱自己的企业，才能由衷地为客户服务，那种服务意识是由里向外的真诚表达。这样，客户才会在千里之外都能想到并选择企业的产品，企业才能获得持续的成功。企业要把改善员工的生活、工作、学习环境与爱厂教育结合起来，建设一流的食堂，开展健康的文娱活动，这些都有助于提高员工的爱厂热情，以及他们对客户的服务热情，让整个工厂真的成了为客户服务的"商场"。有不少客户在订货之前来北新建材的工厂参观，他们都被工厂员工的热情所打动，十有八九在参观后签了订货合同。员工对客户热情的笑容，是企业最好的招牌和广告。

我们在饭店里吃饭，服务员给我们点菜、上菜，有的服务员会提前说菜已经点够了，如果不够一会儿再加；而有的服务员习惯从菜单上最贵的菜开始推荐，最后点了一大桌子菜，顾客连三分之一都没吃完。顾客的感受是什么？其实，顾客往往会从内心里感谢前者，觉得饭店有人情味，提供了贴心的增值服务。对饭店来说，看起来好像少卖了几道菜，但从长期来看，饭店获得了客户的回头率。其实，这个故事体现的道理挺简单，但是要做到并不容易。

从各个行业的服务水平来看，表现最突出的应该是酒店业，酒店业的服务是被千差万别的顾客培养出来的。青岛海景花园大酒店在服务方面堪称一流，每位顾客都能感受到这家酒店对他的关心和呵护。一个冬天的早晨，我的一位朋友的汽车无法启动，酒店门卫问朋友是否需要帮忙，这位朋友问他如何帮，他说可以打电话让车队里的人来帮忙。我的朋友就问他："这么早、这么冷，你能叫来他吗？"门卫的回答非常有意思："只要是顾客的问题，总经理我也可以叫来。"这就是为什么青岛海景花园大酒店能为顾客解决问题——它的一线员工有权调动酒店的资源。中国建材集团旗下的凯盛浩丰农业集团有限公司是国内最大的智慧玻璃温室运营商。公司负责人马铁民每天早晨都要看客户的反馈，主要看负面反馈，关注客户的差评，了解客户对什么地方不满意，他认为这样做有利于改进工作。对于他的做法，我也十分认同。

定价权应收归管理层

一说到价格，大家往往觉得企业不能决定价格，要随行就市，其实不然。企业的利润等于收入减去成本，收入等于销量乘以价格，也就是说，利润等于销量乘以价格再减去成本。我国不少企业家比较重视销量和成本，往往觉得价格是市场说了算的，企业说了不算，于是，大多把定价权下放给销售员，企业经营者不太关心价格，对价格也不敏感。但实际上，价格是最重要的。我认为，企业经营者应主导定价策略，并制定明确的定价规则。在价格定位上，企业经营者需要考虑企业想到哪里，做到那里，这与产品价值有关。企业要以为客户提供的价值来确定价格，当务之急是精准洞察客户需求，为客户提供切实所需的价值。企业应为产品设定合理的价格，既不是天价，也不是超低价。

稻盛和夫曾强调，定价即经营。也就是说，定价不是销售员的事，而是企业经营者的职责。我做过销售员，销售员对价格的诉求很简单：一是要求降价，二是赊账销售。可是，降价后利润堪忧，而总是赊账销售，资金链就会断。赫尔曼·西蒙曾给全世界超过1万家企业制定价格，他在《定价制胜：大师的定价经验与实践之路》一书中指出，价格对利润的影响是10倍数的关系，成本对利润的影响是6倍数的关系，销量对利润的影响是4倍数的关系，因此首要工作是把价格定好。大量企业实践证明，在"丢市场份额保价格"和"保市场份额降价格"这两种做法之间，采取低价竞争策略（即后者）的企业往往都倒闭了。实践中，一个产品如果减量20%，企业利润会下降15%，而如果降价5%，企业利润则可能下降60%。原因很简单——降价会遭到竞争者的反抗，大家纷纷降价，最终谁也保不住市场份额。

赫尔曼·西蒙和他的团队研究发现，59%的企业会卷入价格战，其中价格战最严重的国家是日本。在日本，86%的企业参与了高度激烈的价格战，这必然带来低利润，因此日本企业的利润率只有2.4%，而全球平均利润率为5%。我国企业的价格战也很激烈，但利润率没有日本企业那么低。价格战是利润"杀手"，而如果企业没有好的利润，怎么持续投入研发？怎么不断深耕市场？因此，为了避免价格战，企业经营者需要采取合理的定价策略。

现在，市场内卷主要有两方面的原因：一是客观的产能过剩，二是企业之间的竞争理念问题，尤其在价格战上。企业不能简单地依靠"量本利"的经营理念，而应回到以销定产的基本常识上来。我提倡"价本利"模式：首先要稳住价格，不要动不动就降价，其次要保住销量，甚至减少一点销量也要保住价格，最后是降低成本。这三步环环相扣，只有都做到了，企业才能有效落实"价本利"模式。

中国建材集团在长期实践中，积极应对市场环境的不确定性，不断学习实践，探索出了几种有效的盈利方式。一是依靠技术创新，制造高科技产品，靠产品、技术、服务的领先性来赢利。二是依靠竞争策略，综合运用成本领先、差异化、集中化等竞争策略全面提升核心竞争力。三是依靠价格策略，把合理、稳定的价格作为赢利的前提。四是依靠商业模式，用不同于以往的方式提高价值创造能力。

最佳实践案例：北新建材打造世界一流产品

我大学一毕业就被分配到了北新建材，在那里工作了23年，从技术员一路成长为董事长，后来带领北新建材上了市。我从北新建材调任中国新型建筑材料（集团）公司（简称"中新集团"）做一把手的时候，给后任者留下了12个字：质量上上，价格中上，服务至上。这么多年过去了，北新建材依然遵循这个经营理念，公司至今发展得很好。一个成功的企业往往以稳定的质量和优质的服务取胜，北新建材正是如此，它的石膏板销量跃居全球第一，在价格上也超越国外竞争对手，成为行业标杆。其实，最本质的市场竞争力来自卓越的产品，而非一系列的短期策略。

产品卓越实践

北新建材的前身是北京新型建筑材料试验厂，1979年在邓小平同志的关怀下成立。企业随后历经了多次更名和变革，1985年更名为北京新型建筑材料总厂。1997年，北新建材（集团）有限公司独家发起设立北新集团建材股份有限公司，并在深圳证券交易所成功上市，股票简称"北新建材"，开启了资本市场的崭新篇章。2024年，北新建材实现营业总收入258.21亿元，同比增长15.14%；归母净利润36.47亿元，同比增长3.49%；北新建材品牌价值飙升至1185.96亿元，连续15年荣登"中国500最具价值品牌"榜单。这一成绩的背后，是北新建材对产品质量的精益求精和对服务质量的全力打造，这种对卓越产品的不懈追求为北新建材打造世界一流产品奠定了基础。

现场连接着市场

20世纪80年代，日本企业在管理方面很有成效。北新建材每年会派一些干部到日本学习日式管理，我就是其中的一员。那时提出"外学日本、内学宝钢"，让工厂管理上了一个大台阶。我在北新建材积极推行5S现场管理，以整理和整顿为核心开展工作，在厂区内修建了"爱心湖"、小花园和龙苑食堂，还有足球场、篮球场和网球场等，改善了员工的生产和生活环境，提升了员工们的幸福感。经过一番整理改善，偌大的厂区湖光水色、树影婆娑、绿草如茵，每条马路、每座厂房、每块玻璃，甚至每个厕所都干干净净，几乎一尘不染。美国高盛集团总裁参观时说，北新建材让他想起了日本的企业，先进而简约。

在北新建材发展早期，对于管理层中符合条件的人员，我都安排他们报考清华大学、北京大学、北京交通大学等高校的MBA。通过攻读MBA，理工科出身的管理人员搞清了财务是怎么回事，学到了管理的常识和基本逻辑，大家一起开会时有了更多管理方面的共同语言。北新建材重视培训学习，培养了一批既懂技术又懂管理的人才队伍。当时，我还提出了做企业要有"三个信心"，即没有比员工对企业有信心更重要的事，没有比客户对企业有信心更重要的事，没有比投资者对企业有信心更重要的事。有了这"三个信心"，企业就能把握正确的发展方向。"房子年年盖，工资年年涨"的口号激励员工不断奋进，"五朵金花"式的服务为客户带来贴心的体验，"把我的真心放在你的手心"赢得了投资者、资本市场客户的信赖。

秉持质量为先

如前所述，北新建材的产品能够做到全球第一，是从"一个脚印"开始的，自那时起，企业实施了全员全过程的质量管理。首先，开展形式多样的质量教育，提高员工的质量意识，让员工认识到质量无处不在，时刻保持清晰的质量意识。其次，让员工牢固树立"下一道工序就是客户"的观念，不接收上一道工序的不合格品。再次，建立质量预先控制、自检互检、中间性抽查、质量改进等机制。对在质量工作中成绩突出的员工或团队要给予奖励，激励员工积极参与质量工作。最后，除了开展全面生产维护（TPM）、TQM外，还引入了ISO 9000质量管理体系、卓越绩效管理模式等。当然，北新建材不是简单的拿来主义，而是将ISO 9000等质量管理体系的要求与TQC、全面风险管理等有机融合起来，形成一套高度整合的卓越绩效管理体系。正是因为这些年对质量管理工作的持续关注与不懈努力，北新建材入选了中央企业管理标杆企业，先后荣获中国管理模式杰出奖、亚洲质量卓越奖等。

北新建材秉持质量为先的理念，实施多品牌战略，力求全方位覆盖整个市场。比如，在石膏板市场上，龙牌、泰山、梦牌分别主打高端、中端、低端市场，满足不同客户的需求。凭借优秀的质量和完善的服务，龙牌石膏板广泛应用于国家重大工程和地标建筑，成为超高层建筑和高端商业综合体项目的首选。在涂料市场上，龙牌、嘉宝莉分别主打高端与中端市场。北新建材的产品真材实料，多年来一直在报纸《参考消息》上投放广告："北新建材，央企品质"。有了过硬的产品质量作为保障，北新建材才能够在市场上拥有强大的定价权，保持产品价格的长期稳定，既不搞价格战，又可以给客户适当的实惠，维护客户的长期利益。

注重管理工法创新

北新建材在推行三精管理过程中，结合自身实际和市场形势，走出了一条独具特色的管理之路。在组织精健化方面，一是精简组织，确保层级清晰、职责明确，提升组织效率；二是强化基层管理，在生产一线和职能部门成立"降本增效"小组，明确目标、措施、责任人和时间节点，实现全员参与、全过程管控。在管理精细化方面，一是严控成本，推行"一毛钱"成本节约计划，即石膏板业务力争每平方米生产成本同比下降一毛钱，并将此延伸至其他业务领域，还通过精准计量、优化采购、开发新材料等措施，进一步降低生产成本；二是优化生产管理，建立技术创新攻关小组，提高工艺技术水平，节能降耗，比如一线工人发明的石膏板发泡技术每年能为企业节省 2 亿元的成本；三是注重日常管理，从节约一张纸、一滴油、一度电做起，倡导无纸化办公，优化车辆管理，杜绝长明灯、长流水现象，通过各种小事强化日常节约。在经营精益化方面，一是升级服务模式，遵循"从工装到家装、从基材到面材、从产品到服务、从城市到县乡"的四个转变,推动产业升级,提升产品竞争力;二是在生产领域推行"竞价生产",根据综合成本最低的原则,统筹安排不同工厂的任务分工,优化资源配置;三是确保财务稳健,北新建材的经营和超市一样,都是一手交钱,一手交货,应收账款几乎为零,资产负债率也只有20%左右。

北新建材在三精管理的基础上,自创了九宫格管理法,全面夯实企业做大做强做优的根基。其中,"做大"采用石膏板全球市场份额、市净率(股价/净资产)、营业收入这三个指标,"做强"采用归母净利润、年均净利润复合增长率、专利数量这三个指标,"做优"采用总资产收益率(ROA)、销售净利润率、资产负债率这三个指标。也就是说,北新建材要管理好这9个KPI。从2024年度的九宫格来看:北新建材的归母净利润为36.47亿元、2004—2024年年均净利润复合增长率为24.81%、授权专利数量为7214件(研发费用占营业收入的比重是4.10%);总资产收益率为12.29%、销售净利润率为14.43%、资产负债率为23.96%;石膏板全球市场份额为18.99%、市净率为1.99、营业收入为258.21亿元。北新建材的九宫格管理法有效引导和管控企业负责人及一线经营管理者的行为偏差。其中,销售净利润率旨在避免企业一味扩大营业收入而忽略净利润,总资产收益率旨在避免企业追求总资产扩张而浪费资源,年均净利润复合增长率旨在衡量企业的可持续发展能力和成长性,这些是九宫格管理法中最重要的三个指标。

打造核心竞争力

质量与品牌构成北新建材的核心竞争优势,公司始终围绕二者推进一系列工作。北新建材成立的初衷是致力于发展我国新型建材,取代高耗能和破坏土壤的黏土砖。一开始,市场并不接受,在电厂脱硫时代来临之际,北新建材抓住机会,与各大电厂签署协议,在电厂旁建设石膏板厂,果断关停以前的天然石膏矿,这不仅得到了高品位低价格的工业石膏这一原材料,还取得了国家税收支持。自此,北新建材迅速布局了上百家工厂，一举取得了全国的市场优势。很多人觉得石膏板没有太多技术，其实不然。北新建材的技术是让石膏板重量轻且强度高，尽管不是"高科技"，至少也是"中科技"。石膏板一般用于隔墙吊顶，相变石膏板在热的时候可以吸热，在冷的时候可以放热，净醛石膏板可以吸收房屋里的甲醛，甲醛分解净化效率高达93.9%，远超国家净化标准。此外，北新建材开发的鲁班万能板，亚太经济合作组织（APEC）会场都在用。

北新建材的石膏板业务取得今天的成绩，离不开遍布全国的上千家经销商。北新建材一开始就制定了"让利经销"的制度，40多年来始终坚持。新型城镇化及新农村建设为石膏板等新型建材提供了新一轮发展的契机及市场空间，北新建材的营销网络已经遍布全国各大城市及发达地区县乡，现在持续推进渠道下沉，进一步开拓县乡市场。近些年，北新建材还加强了线上营销工作，积极拓展新型电商渠道。在线下，北新建材一方面寻找更多有终端零售和服务能力的渠道商进行合作，另一方面专项升级原有渠道，让有能力的渠道商承担足够的推广和服务工作。针对乡村市场，北新建材专项开展"小城大店"建设，通过建设县级旗舰店和镇级专卖店，提供线下获客场景和一站式服务。通过整体渠道升级，北新建材新增超过30%的有家装服务能力的渠道商，让渠道具备"一站式服务"和"快捷低成本运营"的能力。

石膏板拥有百亿级的市场，北新建材的石膏板业务目前已经接近天花板。2019年，北新建材在建厂40周年之际，重新梳理并制定了下一阶段的发展战略，即"一体两翼、全球布局"。"一体"就是以石膏板业务为核心，做好轻钢龙骨、干粉砂浆、矿棉板、岩棉、金邦板等"石膏板+"配套延伸产品业务，以及全球原创的鲁班采暖万能板全屋装配体系，构建完整的产品技术解决方案；"两翼"就是发展与石膏板业务有相关性的防水和涂料业务，进入"10倍+"的业务和市场。"全球布局"，则是以石膏板为龙头产品，逐步开展全产品系列的全球布局。

2024年，北新建材"一体两翼"业务协同发展，形成了稳定的利润增长格局。

实践启示

启示一：秉持质量为先。产品卓著是有成本的，北新建材的产品卓著离不开质量管理和品牌建设。质量和服务是品牌的基石，它以这两者为抓手，推动了龙牌品牌的发展，实现了多品牌战略布局，进入了良性发展的状态。

启示二：注重管理工法创新。起初，北新建材"外学日本，内学宝钢"，后来，北新建材在此基础上加强内功修炼。作为中国建材集团旗下的核心企业，北新建材在学习和推行三精管理的基础上，进一步自创九宫格管理法，既控制了成本也提高了效率，还为企业高质量发展指明了方向与路径。

启示三：重视核心竞争力的打造。北新建材的核心竞争优势源自产品的质量与品牌，公司始终围绕二者推进一系列工作。同时，北新建材注重核心竞争优势与管理、市场、技术等要素之间的协同，构建了独具特色的体系化竞争优势，形成了稳定的利润增长格局。

第 5 章
Chapter 5

品 牌 卓 著

———

  品牌不仅是企业形象的象征，还是企业的无形资产，更是企业核心竞争力的重要组成部分。习近平总书记 2014 年 5 月 10 日在河南省考察中铁工程装备集团有限公司时提出了"三个转变"，即"中国制造向中国创造转变、中国速度向中国质量转变、中国产品向中国品牌转变"，这为推动我国产业结构转型升级、打造中国品牌指明了方向。自 2017 年起，国务院将每年 5 月 10 日设定为"中国品牌日"。2022 年，国家发展改革委等七部门联合印发的《关于新时代推进品牌建设的指导意见》提出：到 2025 年，品牌建设要初具成效，基本形成层次分明、优势互补、影响力创新力显著增强的品牌体系；到 2035 年，中国品牌综合实力进入品牌强国前列。2023 年 2 月 6 日，中共中央、国务院正式发布的《质量强国建设纲要》明确将争创国内国际知名品牌作为重要任务之一，提出完善品牌培育发展机制，开展中国品牌创建行动。同年，工业和信息化部、中国证监会等九部门联合印发的《质量标准品牌赋值中小企业专项行动（2023—2025年）》强调，通过质量、标准和品牌赋值，推动中小企业提升品牌建设能力，增强市场竞争力。

质量创造品牌，品牌创造价值。质量是品牌的必要条件，也是品牌的核心内容，没有过硬的质量就没有响当当的品牌。企业要打造品牌，首先要把产品做到极致，不仅要重视质量和服务的每一个细节，更要注重品牌建设。在品牌建设中，尤其要注意品牌定位、品牌形象、品牌传播等，我们要让更多民族品牌走到世界舞台中央，成为全球品牌。好的品牌不仅关乎企业形象，还可以提高企业市值。我国有许多企业不大注重品牌投入，总觉得投在品牌和广告上的钱"打了水漂"，看不见、摸不着，这是个认识误区。其实，越不注重品牌建设，企业面对的市场竞争就越严峻，产品的价格也就越低，会陷入"无名—低价"的恶性循环。企业要在品牌投入、品牌宣传、品牌竞争中下功夫。法国和瑞士层出不穷的品牌值得我国企业学习，我在这些国家的大企业调研时，学到一句话：品牌工作是一把手的工程，一把手要亲自抓，实施好品牌战略。

品牌创造价值

在企业里，品牌与技术、质量实际上是并重的，技术、质量是硬实力，品牌是软实力，它们相辅相成，共同推动企业发展。上市对企业和品牌的传播来说都很重要，所有股民都知道上市企业的名称和它的品牌。我曾去广东参加一个座谈会，有位企业负责人问我："北新建材的石膏板只是个没有太多技术含量的普通产品，为什么能做这么好？效益也好，股价还特别稳定！"我跟他说，其实没有什么复杂原因，就是北新建材能做到：质量一贯地好，服务一贯地好，几十年如一日地做质量、做服务、做品牌。现在，北新建材的品牌价值已突破了千亿元。

进入品牌新时代

品牌是社会经济发展的产物，是商业逻辑的自然延伸。我国商业发展历史悠久，古代就有一定的品牌意识，那时讲得比较多的是字号，如北京的同仁堂、平遥票号等。改革开放前后，永久自行车、凤凰自行车、上海牌轿车、北京吉普、中华牙膏、美加净等不错的品牌崭露头角，后来还涌现出春兰空调、牡丹电视机、雪花冰箱等不少品牌。随着改革开放的进一步深入，我国企业遇到了两个问题：一是自身在成长中遇到了一些困难；二是外资大规模进入，包括合资与独资，这使我们尚未发展成熟的品牌受到了市场竞争的冲击。2001年，我国加入WTO（世界贸易组织）以后，进一步开放市场，在一定程度上用市场换资本和技术，推动了我国经济的高速发展。但是，我国企业在品牌方面是有所牺牲的，如一些原本具有良好国民认知度的品牌选择与外资合资，逐渐淡出了市场。

在大家所熟知的微笑曲线中，一边是研发设计，另一边是营销和品牌，曲线中间的最低处是加工。在整个产业链的利益分配上，没有品牌只能代工的制造企业，获利是最低的。回顾一下我国企业的成长历程，不少企业最初做代工，销售额虽然很高，但最后获得的利润不高，就是因为这些企业在整个产业结构中处在低端的加工位置。比如手机代工，一部手机可能只有100多元的毛利润，利润很薄，而研发设计方、品牌方往往从一部手机里获取上千元的利润，这就是研发设计和品牌的价值。

品牌问题至关重要，品牌是企业重要的无形资产。今天，各种产品制造、技术迭代都很快，一家企业能做的东西，其他企业很快也能做。未来，所有的技术都可以同质化，所有的产品都可以同质化，唯独什么可以不一样？那就是品牌。与贵州茅台相似的酱香型白酒很多酒厂都可以做，但是贵州茅台品牌只有一个。正如德鲁克所言，21世纪的组织只能依靠品牌竞争了，因为除此之外，它们一无所有。企业家应该有这样的意识，不能只是一味地做好产品，还要围绕品牌工作下功夫。有工匠精神、做好产品质量是前提，但是企业仅做好这些，不见得一定能在市场上赢得客户，因为消费者买东西往往是冲着品牌去的。在市场经济里，品牌是整个市场的制高点，全球3%的品牌产品的市场占有率达到40%，甚至在有的行业里高达90%。

我经常想，进入品牌时代的理由是什么。从宏观来看，我认为理由有三点：一是我国经济进入高质量发展阶段，实现了从追求速度、规模到追求质量、效益的转变；二是制造业从中低端进入中高端；三是要构建双循环新发展格局。这就要求企业在质量和品牌上有所提升，做出最好、最受消费者喜爱的产品。从微观来看，我国企业的管理水平、产品质量、服务水平已经达到世界一流或接近一流。我深入调研过西方国家不少世界一流企业的工厂，认真比较之后发现，我国很多高端制造企业的工厂不输给它们。这是我国企业做品牌的基础。许多企业已经意识到，要从只追求实用转变为既追求实用又追求美观，以美的、格力为例，它们的产品甚至比德国制造的同类产品更实用、美观，这说明我国企业的产品理念改变了，这是很大的进步。

我国目前是制造大国，但还不是品牌强国。我们要有一定的话语权，就必须有自己的品牌评价系统。尤其在"双循环"的大背景下，企业首先要考虑国内14多亿消费者，然后再考虑面向全世界，这一点值得深入思考。日本企业把最好的产品卖给国内消费者，因为它们认为，国内消费者才是它们的长期消费者，国内市场才是它们的长期市场。而我国企业的做法恰好相反，表现为出口转内销的产品意味着质量很好，现在，我国企业必须改变这些认知偏差。

质量创造品牌，品牌创造价值

品牌和质量有着千丝万缕的联系。质量是品牌的必要条件，也是品牌的核心内容，只有那些质量和服务长期一贯好的企业才可能形成自己的品牌，没有过硬的质量就没有响当当的品牌。但是，品牌又不全是质量，品牌是在质量的基础之上加上设计、文化、营销理念等形成的价值综合体。衡量质量最后还得回到品牌上，质量做不好就会砸牌子；质量一贯地好，再加上品牌宣传，就能出现很多优秀品牌。我们要认真研究瑞士等国家的企业在品牌建设上的经验，以质量为根基，培育优秀品牌。品牌战略既是企业战略又是国家战略，要整体设计、协调联动，塑造热爱、使用、维护和宣传国产品牌的风气，提高中国企业和产品品牌在全球市场上的认知度。

在做好质量的基础上，企业要实现从质量到品牌的转变。企业如果有好的产品质量，又有大量的技术投入，应该更加重视品牌，有了品牌才能有更丰厚的利润。比如，给国外企业做外包的箱包厂生产质量差不多的产品，如果用自己的品牌，可能只卖几百元，但贴上知名品牌的牌子就可能卖到上万元，这就是品牌的价值。

民族品牌的集体崛起，本质上是国家产业能力、文化自信、创新生态等方面的系统性突破。比亚迪用电动汽车改写汽车产业版图，李宁用国潮美学重建文化话语权，这些看似孤立的现象背后，隐藏着中国企业高质量发展的路径，那就是以技术创新突破产业天花板，以文化自信更新价值坐标系，以市场开拓构建全球价值链。这些品牌的崛起，不仅反映了中国在全球产业链中地位的提升，也体现了中国品牌在技术创新、文化赋能和市场开拓方面的卓越成就。我国企业正在从"成本优势"走向"价值优势"，从过去的"市场换资本"走向现在的"品牌创价值"。这场始于产品、兴于品牌、成于生态的变革，不仅为中国经济注入新动能，更在全球市场上提供着持续焕发生命力的东方智慧。

在技术创新方面，中复神鹰、中国巨石都走在了国内同行前面，它们现在是行业的引领者。中复神鹰以"国产替代"为核心，通过干喷湿纺技术突破和规模化生产，成为全球碳纤维的第三极。中国巨石凭借"超大窑炉＋超高模量"技术，巩固了它的全球玻纤霸主地位，同时通过绿色智造引领行业升级。这两家企业均以技术创新驱动行业变革，助力中国在新材料领域实现从"跟跑"到"并跑"甚至"领跑"的跨越。

在文化赋能方面，李宁可以说是国潮复兴的商业样本。2018年出现在纽约时装周上的"悟道"系列，将"中国李宁"汉字Logo（商标）与苏绣、少林元素相结合，带动国潮系列年销售额突破30亿元。此外，李宁还签约一线明星，与迪士尼、敦煌博物馆跨界联名，这些举措让Z世代（1995—2009年间出生的一代人）消费者的占比提升至58%。李宁的技术加持了文化的输出，科技跑鞋与超临界发泡中底搭配，将传统武术中的"轻功"概念转化为产品性能，巴黎时装周订单同比增长400%。泡泡玛特是潮玩文化的典型代表，洞悉了当代年轻人爱拆盲盒的心理需求，建立起了涵盖艺术家发掘、供应链管理、全渠道运营的IP孵化平台，推出的Molly系列产品全球销量超过800万只。它在上海全球旗舰店引入了AR（增强现实）互动装置，单店年坪效达9.6万元，是传统零售店的5倍。在伦敦开设门店时，它将十二生肖元素与街头艺术相结合，吸引到的西方消费者占比超过60%，打破了以前"潮玩=日美IP"的刻板印象。2025年，LABUBU3.0系列在全球正式发售，全球各地引发了排队热潮。在永乐2025春季拍卖会上，一款初代藏品级薄荷色的LABUBU以108万元的价格拍卖成交。随着中国经济的崛起和文化软实力的提升，我们可以看到，越来越多的中国产品成功将中国元素与现代潮流相结合，展现了独特的魅力。

作为"国车"的代表，红旗汽车在国际市场上的表现尤为突出。2023年，红旗汽车在沙特斩获"最佳豪华轿车""最佳电动四轮驱动豪华电动汽车"双项殊荣，在挪威销量挺进大中型豪华SUV市场前三位。这些成就不仅展示了中国汽车工业的崛起，也体现了新中式的独特魅力。据统计，我国品牌乘用车的市场占有率已经超过60%，这是不小的进步。品牌来之不易，我国企业不仅要不断提升制造和服务水平，提供质量过硬、口碑良好的产品和服务，还要积极宣传和维护自主品牌，讲好中国品牌的故事，把"让世界爱上中国造"提升为"让世界爱上中国品牌"。

华熙生物科技股份有限公司（简称"华熙生物"）是一家以透明质酸为主营产品的科创板上市公司，这些年进入化妆品行业后，推出了润百颜等国产护肤品牌。产品没在大型超市销售，而是在线上销售，公司2024年营业收入为53.71亿元。过去，国内不少消费者更愿意买日本、欧美品牌的化妆品，现在，国产品牌中很多企业表现突出。很多化妆品的基本原料是透明质酸，当下80%的透明质酸皆由中国制造。如今，全世界众多大型化妆品公司购买中国的原料，华熙生物也在加大投资，研发自己的化妆品。

好的品牌能给企业、股东、社会等创造巨大的价值。所以，我常说，质量创造品牌，品牌创造价值。品牌作为一种无形资产，能够显著提升企业的市场价值和投资吸引力。在企业并购、上市或融资时，品牌价值往往成为重要的考量因素。在资本市场上，凡是那些拥有知名品牌的上市公司，市值一般比较高。企业的产品做好了，品牌做好了，自然就会赢得投资者的青睐，市值也会进入良性增长的轨道。其实，品牌也是企业的核心竞争力。贵州茅台的产品做得很好，在2023年凯度BrandZ最具价值全球品牌100强中，贵州茅台的品牌价值达到875.24亿美元，位列第18位，蝉联酒类行业品牌榜第一，同年市值曾达到2.2万亿元，其产品、品牌和资本市场表现相得益彰。

珀莱雅是国内知名的化妆品品牌，其公司成立于2006年，2017年上市，目前销售收入达到100多亿元，品牌价值和市值都超过了300亿元。我去这家公司调研过，它的董事长侯军呈告诉我，珀莱雅的化妆品现在相较于欧莱雅等欧洲化妆品，质量上几乎没有差别，但价格上差了很多。其实，这还是品牌的问题。尽管珀莱雅已是国内一流品牌，但是仍要加大品牌宣传的力度。现在，珀莱雅主要依赖线上销售，我鼓励它在机场等重要场合加大广告投入，提高自己的品牌知名度，这样"走出去"才有可能成为世界大品牌。

品牌建设的重要事项

在商业世界中，品牌是唯一能够穿越经济周期的永续资产。可口可乐前董事长罗伯特·伍德鲁夫曾说："即使所有工厂在一夜之间都被烧毁，只要品牌还在，我就能迅速重建帝国。"这种力量源自品牌建设的系统化工程，它不仅涵盖 Logo 设计与广告投放，更涵盖战略定位、价值传递、感知力与生态共建的共同作用。品牌建设是一个长期而系统的工程，需要企业在品牌定位、品牌内核、品牌形象、品牌传播、品牌竞争力、品牌全球化等方面持续投入。成功的企业不仅注重产品质量和服务，还通过创新、社会责任和故事化营销等手段，提升品牌的综合价值。

第一，选准品牌定位。高明的品牌定位是在消费者的品牌认知中建立坐标系，心智卡位，找到"无人区"。比如，小米 SU7 和 YU7 将纯电车从"代步工具"打造为"科技高性能标杆"，颠覆了大家对中高端电动车的价值认知。小米汽车的定位是从三个维度考虑的：一是功能差异，它的加速、续航具有顶尖性能，智驾水平领先；二是它给用户提供一种情绪价值，代表科技潮人身份；三是它赋予企业一种社会价值，象征科技企业高端制造突破与高端智能电动普及先锋。SU7 上市 11 个月就销售了 32 万辆，YU7 上市仅一小时就收获订单近 30 万辆。

第二，打造品牌内核，让品牌成为一种价值观的表达。在这方面，农夫山泉是做得比较成功的。它成立于 1996 年，2020 年在我国香港地区上市，是我国包装饮用水行业的领军企业。农夫山泉主打天然水，始终围绕天然、健康这两个核心价值构建它的品牌内核，并通过多维叙事向大众传递了这家企业"敬畏自然、品质至上"的价值观。它特别注重差异化定位，通过自身拥有的长白山、千岛湖等八大水源地，将"每一滴水都有源头"的溯源理念具象化。2015 年上市的玻璃瓶高端水，以长白山动植物手绘图案展现水源地生态多样性，将产品升华为自然生态的艺术载体。它还持续投资于水源地保护工作，建立"水源保护基金"，实施"水教育"公益项目，将商业行为与生态责任绑定。农夫山泉成功将"天然水"的品类概念转化为"自然共生"的价值主张，在消费者心智中形成了"品质即道德"的认知关联。这种将商业价值与生态价值深度融合的方式，正是它穿越周期保持行业领导地位的关键。

第三，深化品牌形象。产品的广告语和Logo都很重要。农夫山泉创作过很多著名的广告语，开始是"农夫山泉有点甜"，后来是"我们不生产水，我们只是大自然的搬运工"。这句广告语很有意思，有一种去工业化的叙事风格，巧妙构建起了自然守护者的形象。此后还有其他广告语，这些广告语在传播中都取得了巨大成功。李宁的"一切皆有可能"，传递了一种积极向上的运动精神。在Logo设计上，腾讯早期采用的是蓝色企鹅形象，现在采用的是简约字母"Tencent"。早期的企鹅形象源自QQ的社交属性，传递温暖、陪伴的品牌感知，成为一代人的集体记忆。2018年品牌升级后，Logo采用更国际化的无衬线字体，保留蓝色主色调，象征科技与信任，体现从"社交娱乐"到"科技向善"的战略转型。京东的Logo是白色的小狗加红色的京东汉字。狗的形象传递忠诚、快捷的物流服务联想，红白配色具有高饱和度和高对比度，在电商平台中极具视觉冲击力。

第四，通过品牌传播，与消费者建立深层次连接。品牌传播的途径有很多种，线上、线下、口口相传等。品牌传播的最终目的是让大家记住，使品牌与消费者进行深度绑定，要有很强的客户黏性。安克创新以充电品类切入全球市场，通过氮化镓技术、快充专利等硬核创新建立专业形象，以"Anker=充电专家"的认知占领消费者心智。它以"小体积大功率"解决用户的真实痛点，通过YouTube技术测评、旅行充电等场景化短视频，将技术参数转化为生活化语言，降低用户认知门槛。它建立了全球用户社区Anker Insider，鼓励消费者参与产品测试和反馈，并将用户建议融入迭代设计，例如Anker735充电器的折叠插头设计就是采用了用户的建议。它通过用户故事征集、产品命名共创等互动，强化安克创新品牌的归属感，形成"技术极客"与"生活家"的双重用户画像。它的广告语是"为生活充满电"。这家企业通过向偏远地区捐赠充电设备等公益项目，传递"科技普惠"的价值观，将功能性品牌升格为"赋能者"角色。

第五，通过技术创新、商业模式创新等，保持品牌的活力和竞争力。我到上汽参观时看到，300多人在做模型设计，现场音乐却放得很响。上汽的领导告诉我，这是为了鼓励和激发员工的创造力，不能像对普通员工那样要求他们。美团有一个超脑即时配送系统，可以实现亿级订单量下的分钟级调度。它的无人机配送网络在深圳落地，极大地提升了末端物流效率。美团以外卖为流量入口，延伸至酒店文旅、社区团购（美团优选）、即时零售（美团闪购），形成协同生态体系。它还提供RMS（餐厅管理系统）、智能POS机，向B端收取SaaS（软件运营服务）费用。美团构建起的是"流量＋履约＋支付"的闭环生态，不断的技术创新和商业模式创新，给美团带来了极大的竞争力与品牌知名度。

北京菜市口百货股份有限公司（简称"菜百股份"）的前身是北京菜市口百货商场，成立于1956年，从中国人民银行总行1985年批准内销零售黄金算起，公司经营黄金珠宝已有40年的历史，它从一家中型百货商场转型为今天的黄金珠宝专业经营公司。凭借对质量的传承与发展，菜百股份还实现了上市。后来，菜百股份进行了一系列产品创新，将黄金从"保值品"变成了"保值时尚单品"，它联合国家博物馆推出"青铜器纹样"系列，将故宫纹样转化为可佩戴的时尚元素，IP产品毛利率达45%。菜百股份的智慧门店引入AR试戴、AI珠宝顾问，试戴效率提升70%，2023年单店销售额突破120亿元。它的智慧门店则将消费场景变为社交空间，进一步增强了顾客的黏性。

第六，通过国际化打造全球化品牌。国际化是品牌的目标，中国企业应通过品牌建设走向全球，提升国际竞争力。全球化的品牌布局一般可分为三步：一是产品出口，以性价比打开市场，比如北新建材早期以出口建材的方式接触国际市场；二是海外建厂，本地化生产，降低"中国制造"标签依赖，比如中国巨石在埃及建立玻纤基地；三是资本并购，通过收购国际品牌获取渠道资源并提高市场认知度，比如中国建材集团借助收购德国 Avancis 进军光伏领域。

重视品牌投入

品牌不是凭空诞生的，品牌建设不是一日之功，要长期坚持，也要加大品牌投入。过去常讲"酒香不怕巷子深"，现在看来"酒香也怕巷子深"，产品质量再好也要树立产品品牌。除了把产品做到极致外，企业还要在品牌投入、品牌宣传、品牌竞争上下功夫。如何有效进行品牌投入？归纳起来，主要有三种方法：一是像投装备那样投品牌；二是根据企业实际情况正确选择适合自己企业发展的品牌策略，可以是单品牌，也可以是多品牌；三是讲好品牌故事，通过情感化的品牌故事与消费者建立深层次连接，传递企业的核心价值，深入消费者的内心，让消费者爱上自己的品牌。

像投装备那样投品牌

在激烈的市场竞争中，品牌影响力已经成为企业成功的关键因素之一。但是，品牌影响力的塑造并非一蹴而就的，它需要企业长期不懈努力和持续投入，将品牌建设视为一项长期战略投资，而非短期的营销手段。例如，波司登通过专注主业、持续进行产品创新和品牌推广，不断提升品牌影响力，主营的羽绒服产品连续 29 年位列中国市场销量第一，规模总量全球领先。品牌不仅是企业核心竞争力的体现，更是企业为客户、股东、员工和社会创造价值的重要途径。注重品牌投入，不仅有利于企业获得丰厚的回报，还有助于企业增强市场竞争力、提升客户忠诚度、吸引优秀人才、履行社会责任，最终实现可持续发展。

企业应将一定比例的利润用于研发和品牌投入。我国企业大多都重视装备投入，这些年开始注重研发投入，但对品牌的投入却常常少之又少，总觉得投在品牌和广告上的钱"不知所终"。其实，这是个认识误区。相比较而言，品牌投入与研发投入、生产装备投入是同等重要的。在工业化时代，企业以厂房、设备、流水线为竞争壁垒；而在数字经济时代，品牌资产正在成为新的"重型装备"。那些将品牌视为"心智基础设施"来建设的企业，正在全球市场上收割超额溢价红利，品牌投入的投资回报率（ROI）绝不亚于任何实体资产。

企业在以工匠精神做好产品质量的同时，也要做好品牌建设，重视品牌投入，将"好钢用在刀刃上"。

海信集团有限公司（简称"海信"）通过加大体育营销等方面的投入来提升自主品牌的形象和影响力，从2008年开始尝试赞助一系列体育赛事，先后多次赞助欧洲杯、世界杯等。在2022年卡塔尔世界杯赛场上，大家可以看到海信的广告："中国制造，一起努力"。这无疑是一次成功的品牌宣传。

作为互联网巨头，腾讯一直高度重视品牌建设和技术研发。2024年，腾讯的品牌价值达到18 954亿元，位居中国上市公司品牌价值榜之首。腾讯在品牌建设上的投入不仅体现在技术研发上，它还通过广泛的市场推广、公益活动以及对新兴领域的布局，进一步巩固它的品牌地位。基于此，腾讯在游戏、社交、金融科技等多个领域的品牌影响力持续提升。与此同时，腾讯还通过投资与合作，不断扩大它的品牌生态。

阿里巴巴是我国另一家在品牌建设上投入巨大的上市公司。2024年，它的品牌价值达到14 855亿元，位居中国上市公司品牌价值榜的第二位。阿里巴巴在技术研发、市场推广和品牌建设方面投入了大量资金，尤其在云计算、人工智能和新零售等领域。阿里巴巴通过持续的技术创新和市场拓展，不断提升品牌的核心竞争力。此外，阿里巴巴还通过公益活动与品牌合作，进一步提升自身品牌的社会价值。

那些像投装备那样投品牌的企业，正在获得三重超额回报，即用户心智的溢价权、产业生态的定义权、全球竞争的话语权。在这个"心智通胀"的时代，唯有将品牌视为战略级装备，企业才有可能打赢这场没有硝烟的认知争夺战。品牌投入是企业维持市场竞争力的重要保障，品牌的价值在此过程中也会增长，成为企业核心竞争力的重要组成部分。强大的品牌能够形成难以模仿的竞争优势，帮助企业抵御市场波动和竞争压力。

单品牌与多品牌策略

在资源有限的情况下，一家企业做单品牌还是做多品牌好呢？其实，我们不能武断地说单品牌或多品牌就一定好。不同企业采取的品牌策略不尽相同，既可以是单品牌策略，也可以是多品牌策略。中国建材集团旗下的企业有做单品牌的，也有做多品牌的，都做得很好。中国巨石和中复神鹰选择的是单品牌、多种类策略，而北新建材选择的是多品牌策略。中国巨石专注玻璃纤维业务，将"中国巨石"发展为国际品牌。2004年，北新建材并购了当时国内最大的石膏板企业——泰山石膏股份有限公司（简称"泰山石膏"）。并购之后，对于北新建材到底要做单品牌还是多品牌，我们进行了反复的思考。北新建材的龙牌是高端品牌，泰山石膏的产品是大众化产品，如果把后者改为龙牌，即做单品牌，那龙牌就得适当降价；如果做多品牌，客户群体就不再只是购买高端产品的客户了，会不会影响到龙牌？最终，我们选择了多品牌策略。后来，北新建材又并购了梦牌这一品牌，形成了高端、中端、低端均有覆盖的品牌梯队。经过多年发展，北新建材目前旗下拥有龙牌、泰山、梦牌等，品牌价值超过1000亿元。

通常，滚雪球式发展起来的原生企业，大多选择单品牌策略。因为单品牌策略有助于企业集中资源，深耕细作，做到极致，在某一领域形成强大的竞争力。通过长期的深耕和积累，企业在提升产品质量的同时，也增强了自身的品牌影响力，赢得了消费者的认知度和忠诚度。品牌是一种无形资产，需要长期的投入和经营，不断实现品牌的增值。但是，这并不意味着单品牌的企业不能扩展业务，相反，这些企业要注意过度依赖单一品牌带来的风险，应根据市场变化和自身发展适时调整发展方向。像可口可乐、苹果这样的企业，通过产品创新、多品种迭代等不断巩固自身的品牌地位，开辟新的增长点。

单品牌策略的核心在于专注，长期的专注让品牌在某一领域形成深厚的文化和情感连接。因此，消费者对单品牌的认知度和忠诚度相对更容易建立。贵州茅台长期专注于白酒的生产和酿造，将这一品牌做到了极致。它以自身独特的酿造工艺、卓越的品质和深厚的文化底蕴，成为中国高端白酒的代表。贵州茅台严格把控生产过程，确保每一瓶茅台酒都符合高品质标准。同时，它积极开展品牌推广活动，提升品牌知名度和美誉度。如今，贵州茅台不仅在国内市场享有盛誉，在国际市场上也逐渐崭露头角，成为中国文化的名片之一。

当然，多品牌策略为企业提供了更广泛的发展空间，有助于企业实现快速扩张和可持续发展。大部分凭借并购发展起来的企业，基本上选择的是多品牌策略。通过收购不同的品牌，企业不仅可以快速进入新的市场领域，满足不同消费者群体的个性化需求，还能提高市场占有率和竞争力。海信在日本并购了三家企业，在斯洛文尼亚并购了一家企业，在瑞典并购了一家企业，这些并购的着眼点实际上就是品牌。海信并购关注三件事：一是往往沿用被并购企业原来的一把手，向外派出二把手，保留原有核心团队；二是沿用被并购企业原来的品牌，因为原来的品牌已有一定的市场基础和顾客基础；三是将中国的文化与国外的文化相融合。依靠这三点，海信的品牌并购做得很好，在国际上获得了不少优质品牌。

多品牌策略的核心在于通过并购或创建多个品牌，覆盖不同的细分市场和消费者群体。当然，品牌并购绝非将不同品牌简单地收到一家企业的麾下，那样企业将面临品牌管理复杂、成本投入较高等诸多挑战。企业需要建立专业管理团队，制定清晰的战略，加强品牌间协同，实现资源共享，提升运营效率。安踏集团（简称"安踏"）收购斐乐（中国业务）后，通过整合供应链、研发、营销等资源，并借助斐乐的品牌影响力，快速切入了中高端时尚运动市场，与自主品牌形成互补。同时，它还将收购的品牌打造成市场"爆款"，实现了整体业绩的提升。

多品牌策略可以引发协同效应。例如，吉利收购沃尔沃之初，就保持沃尔沃的独立运营，同时通过联合研发实现技术反哺。这种"和而不同"的智慧，恰似中国传统文化中的太极图——阴阳两极既对立又统一。当领克品牌横空出世时，我们看到了沃尔沃的安全基因与吉利成本控制能力的完美融合，这就是协同效应产生的化学反应。在多品牌策略下，企业的各个品牌要明确自身定位，保持独立发展，深度塑造品牌个性，占领细分市场的消费者心智。例如，宝洁在洗发水市场上推出海飞丝、飘柔、潘婷等品牌，分别主打去屑、柔顺、滋养三个看似狭窄的细分赛道，它们组合起来却构成了洗发水市场的"铁三角"。这种策略的精妙之处在于，既避免了内部消耗，又形成了对竞品的合围之势。另外，多品牌在一定程度上可以分散企业的经营风险，避免单一品牌问题影响整体业务。

实际上，单品牌策略、多品牌策略各有优势和适用场景。企业品牌策略应根据自身情况而定，若产品相对一致，宜采用单品牌策略；若产品之间相对独立，则宜采用多品牌策略。单品牌策略尤其适用于资源有限、市场定位清晰的企业，通过集中资源打造核心品牌，而多品牌策略适合市场多元化、消费者需求多样化的行业，通过品牌矩阵实现市场覆盖，降低单品牌的市场风险。此外，企业也可以选择无品牌策略。在日文中，无印良品的意思是"无品牌标志的好产品"。它的产品以日常用品为主，注重纯朴、简洁、环保、以人为本等理念，在包装与产品设计上皆无品牌标志。尽管无印良品极力淡化品牌标志，但它遵循统一设计理念所生产出来的产品无不诠释着"无印良品"的品牌形象。企业在选择品牌策略时，应该因地制宜，综合考虑自身的资源、能力、市场定位和长期战略目标等。无论选择哪种模式，成功的关键都在于企业对市场需求的敏锐洞察和对品牌核心价值的坚守。

讲好品牌故事

品牌体现了企业在客户心目中的形象。从表面上看，企业品牌就是企业产品的标识；但从本质上看，企业品牌是企业的精神象征，是企业的灵魂，它凝聚了企业的经营管理哲学和文化精神。我们应该树立品牌意识，坚定品牌信心，积极宣传和维护自主品牌，讲好中国品牌的故事，提高中国企业和产品品牌在全球市场上的认知度，建设品牌强国。

企业讲好自己的品牌故事，有助于塑造强大的品牌形象。品牌故事不仅能传递企业的核心价值，还能深入消费者的心智，让消费者爱上这个品牌。一般来说，品牌故事具有三重价值杠杆作用。首先，具有情感杠杆的作用，即从交易发展到朋友关系。小米"和用户交朋友"的故事，让客单价 1850 元的手机创造出 45% 的复购率，远超行业平均水平。其次，具有溢价杠杆的作用，即从产品发展到信仰。泡泡玛特将树脂玩偶变成"情感载体"，69 元的 Molly 盲盒衍生出千元二级市场交易，溢价率达到了 1440%。最后，具有防御杠杆的作用，即从可替代发展到唯一选择。深圳市大疆创新科技有限公司（简称"大疆"）用"让每个人都能飞"的故事构建技术民主化形象，在紧张的科技战中仍保持 70% 的北美市场占有率。

海尔是中国家电行业的领军品牌。1985 年，海尔创始人张瑞敏为了提升产品质量，当众砸毁了 76 台有缺陷的冰箱。当时，这一事件不仅警示了员工，也传递出海尔对品质的极致追求。此后，海尔通过持续的技术创新和全球化布局，逐步成为全球知名的家电品牌。通过讲述用户的真实故事，海尔成功将品牌刻在了消费者的心上，留下了高品质的印象。

五粮液是中国白酒行业的领军品牌，它的历史可以追溯到 1400 多年前的唐朝。它的酿造工艺历经千年传承，从先秦时代的"窨酒"到唐代的"重碧酒"，再到清末正式得名"五粮液"，形成了独特的酿造体系。1915 年，五粮液在巴拿马万国博览会上一举成名，而后从一家作坊式小酒厂逐步成长为享誉世界的民族品牌。20 世纪 90 年代，五粮液通过"大商制"渠道管理模式，迅速完成全国化布局，成为行业龙头。五粮液在坚守传统酿造工艺的基础上，不断推陈出新。一方面，五粮液通过现代科技赋能传统酿造，在关键酿酒工艺上实现了智能化突破；另一方面，五粮液大力发展子品牌，如五粮春、五粮醇、金六福等，进一步拓展市场份额。这种创新不仅体现在产品口味和包装设计上，也体现在对年轻消费者需求的精准把握上。

我认为，讲好企业品牌的故事应该把握住四点。第一，深入挖掘品牌的历史与价值。品牌故事应从品牌的历史起源讲起，突出品牌的核心价值和使命。例如，五粮液的故事始于唐朝，有着深厚的历史底蕴和卓越的酿造工艺。第二，品牌故事的真实性要高于完美性。比如，海尔的故事始于"砸冰箱"事件，尽管听起来不那么美好，但真真切切地传递了品质至上的理念。第三，品牌故事应简洁明了，便于记忆和传播。第四，品牌故事的情感共鸣要大于功能陈述。比如，李宁将少林武僧精神转化为"不服输"的年轻态度，而非单纯宣传跑鞋的减震技术。

优秀的品牌故事不仅能降低获客成本、提升转化效率，更能让企业在技术周期、消费代际、地缘政治格局的剧烈波动中，建立起穿越周期的"认知护城河"。优秀品牌故事的本质，是将企业的技术能力、文化基因与时代精神熔铸成可感知的价值共识。让消费者感知到品牌价值很重要，品牌故事的最高境界是让消费者为价值观买单，而不仅仅是为产品。

品牌是一把手工程

我在法国、瑞士等国家的大企业调研时学到的一句话，即品牌工作是一把手的工程，一把手要亲自抓品牌，实施好品牌战略。其实，企业一把手也是品牌的最佳代言人，雷军、董明珠等大企业家都为自己的品牌代言过。

向瑞士和法国企业学做品牌

在品牌建设方面，我国企业要认真研究法国、瑞士等国家企业的品牌建设经验。为什么这些国家的企业总能培育出一些大品牌？日本《朝日新闻》驻苏黎世的记者曾写过一本书，专门讨论日本企业在品牌方面为什么做不过瑞士企业。过去，全世界的石英机芯大多是日本企业生产的，日本的精工、卡西欧等品牌的手表做得都非常好，但就是卖不出高价。瑞士是一个创造品牌的国家，尤其在钟表行业，每过一段时间就能推出一款售价几十万元的手表，还总能流行一阵子。在2019年达沃斯论坛期间，我带着心中的疑问，专门抽出时间到瑞士几家大企业进行调研：它们的品牌到底是怎么塑造的？为什么一个只有800多万人口的山地之国，居然有那么多的国际大品牌？一圈调研下来，我学到了一句话，那就是品牌工作是企业一把手的工程。

法国和瑞士持续诞生全球知名品牌，与它们独特的文化基因、历史积淀和系统性品牌战略密不可分。在文化基因方面，它们将历史传承与工匠精神进行了完美的融合。

法国LVMH集团旗下有路易威登（LV）、迪奥（Dior）等品牌。路易威登品牌的创始人路易·威登曾为拿破仑三世的皇后定制行李箱，从皇室御用到顶级工艺作坊，路易威登始终紧跟旅行历史的重要发展脉络。路易威登工艺作坊至今仍保留"一师一徒"的传承模式，一个经典硬箱需要250道工序。路易威登还与草间弥生、杰夫·昆斯等艺术家联名，将箱包变为移动美术馆。2023年，LVMH集团的营业收入超过860亿欧元，全球奢侈品市场占有率为23%。

瑞士钟表业最初的辉煌来自欧洲皇室贵胄的需求，现在，瑞士表的奢华炫示作用已经大大超出实用计时功能。早在18世纪，江诗丹顿等一批豪华表品牌就应运而生，成为瑞士钟表业的中坚。19世纪中叶至20世纪初是瑞士钟表业的黄金时代，肖邦、伯爵、百达翡丽、名士、劳力士等一批品牌相继创立，它们现在仍是瑞士高档钟表的主力品牌。在瑞士的汝拉山谷，劳力士、百达翡丽、斯沃琪等品牌的企业形成了垂直分工生态，机芯、表壳、蓝宝石玻璃都是专业化供应。瑞士有着精密制造的信仰体系，劳力士以"恒动精神"为核心理念，将工业精密与人文价值相结合，于1910年首获瑞士比尔的官方钟表评级中心颁发的瑞士时计证书，误差标准严于行业5倍。它还得到了极端环境验证，探险家型腕表伴随人类登顶珠峰、深潜马里亚纳海沟等。现在，劳力士腕表约占全球机械表市场份额的29%。

上面提到的劳力士等品牌属于奢侈品牌，实际上，我们通常说的名牌和奢侈品牌之间存在很大区别。我曾和南方科技大学的企业家学员拜访法国巴黎高等商学院（HEC），该学院老师给大家讲了品牌方面的课程，我们还到爱马仕、卡地亚的旗舰店参观学习，弄清了名牌和奢侈品牌的区别。简单来说，名牌是卖得越多越好，而奢侈品牌却是要营造短缺。法国十分注重奢侈品牌保护，法国文化部设立"活文化遗产企业"认证，给予香奈儿、卡地亚税收优惠。法国总统出访时会携LVMH集团、开云集团高管随行，将品牌推广纳入国家形象工程。在某种程度上，可以说奢侈品牌是品牌的最高境界，我国企业目前还在打造名牌的阶段，以后也会创造自己的奢侈品牌，这将是一场思想认识上的飞跃。

法国和瑞士这些国家的企业的品牌建设经验，对于我国企业有着很大的启示。第一，敬畏时间，LVMH集团用160年打磨一套皮具工艺体系，抵制了短期利益诱惑。第二，构建生态，瑞士钟表业通过集群分工，让中小企业成为"隐形冠军"。第三，政府要成为企业品牌打造的角色之一，法国将奢侈品牌推广纳入国家文化战略，政府成为品牌全球化的推手。第四，始终关注价值，劳力士用"精准耐用"对抗智能表的冲击，坚守对用户的核心承诺。

一把手要执掌品牌战略

企业一把手要重视品牌工作，亲自执掌品牌战略，这不仅是企业发展的必然选择，更是企业走向卓越的关键所在。品牌建设必须要与企业战略目标保持一致，企业一把手要从战略高度规划品牌定位、发展方向，只有企业一把手才能确保品牌战略与企业战略的协同。我在北新建材、中国建材集团都是亲自抓品牌，并把品牌工作视为企业战略的重要组成部分。小熊电器专注于创意小家电领域，以"萌家电"为特色，打造年轻化、个性化品牌形象，通过社交媒体、短视频平台发布创意内容，吸引年轻消费者。洋河股份曾提出"双名酒、多品牌、多品类"战略，这种从战略高度对品牌进行规划的方式，不仅提升了企业的市场竞争力，还为企业带来了新的增长机遇。

品牌工作不是一蹴而就的，需要长期的投入和坚持。正因如此，企业一把手还要具备战略定力，从全局角度进行资源配置，确保品牌工作的持续性和有效性。在市场竞争和消费者需求变化中，企业一把手需要及时调整品牌战略，确保品牌的活力和竞争力。泸州老窖、青岛啤酒、云南白药等品牌的建设历经百年，每一任CEO都将品牌视为核心资产，持续推动品牌创新和发展。红旗连锁原董事长曹世如始终坚持将品质作为企业发展的生命线，通过不断优化产品和服务，将红旗连锁打造成为川渝地区家喻户晓的连锁品牌。这种长期的投入和坚持，是品牌建设的重要保障。

品牌工作不仅仅是市场部门的职责，还是一项涉及企业整体战略、产品研发、市场营销、客户服务和资源配置等诸多环节的系统工程。只有企业一把手才能有效协调资源，确保各环节协同推进，这种资源调配能力是品牌建设的关键因素之一。美的董事长方洪波提出"三个一"品牌工程：一个品牌委员会，由CEO挂帅，每月审议重大品牌决策；一支特种部队，从各体系抽调精英组建品牌战略部，直接向董事会汇报；一套数字神经中枢，搭建品牌健康度实时监测系统，关键指标完成进展每日通过手机推送给CEO。深圳能源将品牌建设纳入企业战略发展规划，作为企业的一把手工程来抓，公司通过完善品牌工作体系、优化品牌发展路径，逐步打造出具有国际影响力的品牌。

品牌不仅是外在形象，更是企业内在文化的体现。品牌工作需要全员参与，企业一把手需要通过文化引领，让品牌理念渗透到每个员工的行为中。比如，阿里巴巴的品牌工作就是由马云亲自推动的，通过"客户第一"的企业文化，塑造了强大的品牌影响力。华侨城集团通过"文化驱动创新，品牌引领战略"的方式，成功打造了文化旅游、新型城镇化等多元业务板块，成为全球主题公园集团三强之一。这种文化引领，不仅提升了品牌的文化内涵，还增强了品牌的市场吸引力。

企业一把手对品牌的掌控，绝不局限于简单的广告审批权，而是要将个人认知升维为组织能力，将价值主张沉淀为制度体系，将文化信仰转化为用户共识。品牌在发展过程中不可能一帆风顺，有时可能会面临各种危机，如负面舆论、市场波动等。成功地化解品牌危机需要战略定力与执行效率的高度协同，而企业一把手的决策往往成为成败的分水岭。化解品牌危机，企业应遵循三大法则：一是企业要建立24小时响应机制，比如成立CEO直管的危机小组，及时响应和更新事态进展；二是企业要有责任担当和利益让渡，要用短期利益换取长期信任，补偿标准应超出法律要求；三是企业要有系统性的修复工程，企业一把手要牵头开展第三方审计工作，建立透明化机制。

一把手是品牌的最佳代言人

在品牌建设过程中，企业一把手扮演着无可替代的关键角色。优秀企业的品牌价值往往与企业一把手的精神特质形成深度共振，这不仅是看得见的品牌形象代言，还是价值观层面的深度融合，是企业家精神在企业机体中的具象化表达。企业品牌的终极形态是企业一把手精神特质的具象化。企业一把手必须成为品牌的代言人，因为这在本质上是一场"信用资源"的争夺战，唯有将个人声誉、战略意志、价值信仰注入品牌内核，才能在用户心智中构筑起真正的屏障。

实际上，企业一把手的公开言行是企业价值观的显性化呈现。在公众传播层面，企业一把手的每次公开演讲、媒体访谈乃至社交平台互动，都是企业价值观的现场演绎。小米科技创始人雷军的实践颇具启示意义，这位程序员出身的企业家通过数年如一日的产品发布会演讲，将"让全球每个人都能享受科技带来的美好生活"的愿景转化为具象的商业实践。值得注意的是，雷军通过微博等社交平台与用户建立的即时互动机制，使企业价值观突破了传统的单向输出模式，形成了双向渗透的传播生态。雷军以亲民的形象和"性价比至上"的理念，成功将小米打造为一个深受年轻消费者喜爱的品牌。

在品牌传播过程中，企业一把手的权威性和可信度是其他代言人难以比拟的。消费者往往更愿意相信企业一把手的言论，因为他们拥有的决策权和影响力使得他们的承诺更具可信度。格力电器曾在业内率先提出"整机 6 年免费保修"的承诺，如今升级为 10 年免费保修。看似简单的商业承诺背后，是企业一把手个人声誉与企业品牌信誉的深度绑定。

董明珠以直率的性格和对产品质量的严格把控，成为格力电器品牌的"活招牌"。她亲自为格力电器代言，不仅提升了品牌的知名度，更增强了消费者对品牌的信任感。

在创新维度上，企业一把手的战略眼光决定着品牌进化的方向。海尔董事局主席周云杰推动的"智慧家庭"生态转型，展现了企业一把手的创新思维对品牌重塑的关键作用。当传统家电行业陷入同质化竞争时，周云杰敏锐地捕捉到物联网时代用户需求的结构性变化，通过推动"智慧家庭"生态建设，将企业从传统的家电制造商转型为生活方案提供商。这种战略转型的成功，源于企业家对三个核心要素的把握：技术创新（物联网技术）、模式创新（生态平台构建）、价值创新（从卖产品到卖服务）。在这一过程中，周云杰亲自参与用户体验实验室建设，将企业一把手的创新意志转化为组织的集体行动，进一步巩固了海尔的品牌形象。

我国企业的品牌建设正面临前所未有的机遇和挑战，企业一把手的角色已从单纯的经济组织领导者，演变为社会价值的创造者、产业变革的引领者、文化精神的传播者。这要求企业一把手具备价值观的坚守力、创新的突破力、传播的感染力。当然，企业一把手与品牌的深度绑定也暗含着风险。当企业一把手的个人形象过度膨胀可能引发品牌价值波动时，需要建立适度的风险隔离机制，做好边界划分。企业一把手与品牌的深度融合，最终要服务于组织能力的系统化建设。唯有将企业一把手的个人修为转化为组织能力，将个体魅力升华为制度优势，才能打造出真正具有持久生命力的企业品牌。

最佳实践案例：安踏的世界品牌之路

我到安踏调研时，公司高管跟我说，今天的安踏已转型成为品牌设计商，90%的产品依靠其他厂家代工生产。安踏创立于1991年，2007

年在我国香港地区上市，是一家专门从事设计、生产、销售运动鞋服、配饰等运动装备的综合性与多品牌的体育用品集团。经过几十年的发展，安踏从代工厂成为自主品牌商，进而成为国际品牌商，这是多么了不起的跃升！在激烈的市场竞争中，品牌卓著是所有上市公司实现可持续发展的关键。从2015年起，安踏一直是中国最大的体育用品集团。2024年公司营业收入为708.26亿元，同比增长13.58%，净利润为155.96亿元，同比增长52.36%。如今，安踏在中国运动鞋服市场的份额持续攀升。

依托多品牌发展模式，集团拥有安踏、安踏儿童、斐乐、斐乐儿童、斐乐潮牌、迪桑特、斯潘迪、可隆、始祖鸟、萨洛蒙、威尔胜等十几个品牌。安踏的成功，更多源于它在品牌升级、多品牌矩阵、全球化整合、研发设计、营销创新等方面的综合能力。

单聚焦、多品牌、全球化

安踏通过"单聚焦、多品牌、全球化"战略，实现了品牌的三级跳。1991年，丁世忠带着在北京卖鞋赚到的20万元，在晋江创办了安踏。安踏的意思是"安心创业，踏实做人"。在创业初期，它主要为耐克、阿迪达斯做代工。那个时候，晋江有3000多家鞋厂，深陷低价竞争的困境，利润微薄，根本无法与耐克、阿迪达斯这些品牌企业的利润相比。丁世忠意识到，做代工只能糊口，唯有做自己的品牌才能致富。1999年，安踏以80万元签约了乒乓球世界冠军孔令辉，并在央视投放"我选择，我喜欢"的广告，而这笔钱约占公司当年利润的1/5。此举轰动业界，一家代工厂竟敢烧钱打自己的品牌。2000年，孔令辉在悉尼奥运会上夺冠，安踏销售额直接从2000万元飙升到了2亿元。

丁世忠凭借敏锐的市场洞察力和果断的决策力，为安踏制定了"单聚焦、多品牌、全球化"的发展战略。其中，"单聚焦"指的是体育产业涵盖范围特别广泛，安踏希望聚焦于运动鞋服；"多品牌"指的是安踏希望用不同的品牌去满足不同消费者的需求;"全球化"指的是安踏不仅希望在中国市场取得成功,而且致力于成为一家在全球开展经营业务的公司。2009年,安踏以3.32亿元从百丽手中收购了当时亏损的斐乐在中国市场的业务,由意大利团队设计的斐乐品牌产品讲究时尚,刚好解决了安踏的时尚运动短板问题。在安踏的运营管理赋能之下,斐乐营业收入从2009年的1.3亿元增长至2023年的250亿元,毛利率高达70%,成为安踏的利润引擎。2019年,由安踏牵头的财团以46亿欧元(约360亿元人民币)收购亚玛芬体育集团100%的股权,其中安踏持股约58%,该集团旗下的始祖鸟、萨洛蒙、威尔胜三个品牌,正好弥补了安踏的户外运动和专业运动短板。

在收购品牌时,安踏聚焦于技术壁垒和垂类细分,重在整合,并非仅仅追求商标溢价。安踏收购斐乐后,丁世忠力主保留斐乐品牌和斐乐的意大利设计团队,将斐乐从专业网球领域转向运动时尚领域,并关闭所有低效门店,聚焦一线城市购物中心。同样,安踏在收购亚玛芬体育集团后,也是果断砍掉了非核心业务,保留了该集团旗下的几个品牌和始祖鸟、威尔胜的海外团队,还反向注入了安踏的供应链运作能力。始祖鸟中国区引入安踏柔性生产体系,将新品上市周期从18个月缩至9个月。威尔胜篮球在泉州建立了专属工厂,成本降低了25%。亚玛芬2023年的营业收入达到了40亿欧元,其中中国区贡献了35%,估值从收购时的50亿欧元飙升至200亿欧元。安踏通过一系列的收购与整合运营,不仅打破了耐克、Lululemon在高端市场的垄断地位,而且将中国供应链效率与国际品牌相结合,实现了全球化收购、本土化赋能的独特模式。

安踏构建起多元化的品牌矩阵,旗下各品牌定位清晰,针对不同消费群体和市场需求,实现了市场的深度覆盖。在高端市场上,安踏收购的始祖鸟是顶级户外装备品牌,主打高性能冲锋衣、登山鞋,被称为"户外爱马仕",中国区近三年的营业收入增长超过300%。萨洛蒙则专业做越野跑鞋与滑雪装备，是赛事中顶级选手的首选装备品牌。在中高端市场上，安踏通过聘请国际设计师、与知名品牌合作推出跨界联名系列、举办时装秀等，将斐乐塑造成时尚运动品牌形象，满足中高端消费者对时尚与品质的追求。迪桑特、可隆等品牌专注于户外运动领域，也是安踏的中高端品牌。迪桑特定位为综合性运动品牌，产品兼具专业性与时尚性；可隆则专注于时尚与轻户外，重视户外体验。在露营、徒步、滑雪等户外运动热潮的推动下，这两个品牌发展迅速。在大众市场上，主品牌安踏定位于大众专业运动鞋服，以高性价比的产品满足普通消费者的运动需求，凭借广泛的销售网络和亲民的价格，在大众市场占据了稳固地位。安踏主品牌年营业收入约为300亿元，下沉至县域市场。

用科技创造品牌价值

21世纪初，安踏因运动鞋开胶、断底频遭投诉。为此，它在2005年投入3000万元，成立国内首家运动科学实验室，专注于产品质量提升，并与科技深度结合，研发出首个核心技术"安踏芯技术"，使减震回弹率提升了30%。2007年，安踏上市募资31.7亿港元，将70%的资金用于渠道扩张与研发。2009年，门店数从2000家增至6000家，根据球员反馈开发"水泥泡泡"篮球鞋，外场耐磨指数提升3倍，售价为299元，年销300万双。

长期以来，安踏高度重视研发创新，在美国洛杉矶、日本东京、韩国首尔、意大利米兰、中国内地和中国香港等多地建立了全球设计研发中心，还成立了院士工作站、国家级博士后科研工作站。2024年，安踏牵头成立了体育用品产业创新联合体，联合上下游供应链合作伙伴、高校科研机构，共同攻克材料、设计、制造工艺等核心技术难题，致力于打造具有行业乃至全球影响力的科研成果。安踏累计投入近百亿资金用于研发创新，过去10年，公司研发费用支出占营业收入的比重始终保持在2.5%左右，2024年研发费用支出约为20亿元，同比增长20%。安踏与东华大学共同研发的"安踏膜",凭借出色的专业性能,应用于多个产品系列,打造出高品质户外产品家族,赢得了消费者的青睐,它的"安踏膜""柔心纱"等成果也成了行业标准。

安踏在为国家队打造装备的过程中,积累了大量核心技术资产,并将其应用于大众产品。比如,安踏将研发资源集中在鞋类中底、服装功能性面料方面,它的氮科技中底技术已形成50多项专利集群,在一定程度上阻止了竞品模仿。安踏的氮科技不仅助力中国钢架雪车队斩获首枚冬奥奖牌,还被应用到面向大众的"马赫""火箭""冠军"等专业跑鞋中,让消费者能够享受到与专业运动员同款的科技产品,提升了产品的附加值和品牌的吸引力。

DTC 模式与体育营销

安踏早期避开耐克、阿迪达斯占据的一线城市,主攻三四线城市,2010年,安踏在县域市场的市场占有率超过40%。后来,安踏借助收购的斐乐品牌反攻一线城市,北京、上海等一线城市的顶级商场入驻率达100%。2020年,安踏启动了DTC(direct-to-consumer,直面消费者)转型,将35%的经销商门店转为直营门店,打通线上线下数据。通过直营模式,安踏能够直接获取终端零售数据,实现生产、物流、零售一体化,更精准地把握市场需求,优化库存管理。截至2023年,直营渠道毛利率达到65%(经销商渠道为55%),库存周转天数从120天降至90天。安踏还通过会员系统实现精准营销,安踏拥有超过1.2亿个会员,2023年私域GMV(商业交易总额)增长了50%。截至2024年,安踏超过10 000家门店转为DTC模式,其中直营门店占比约为44%。在安踏儿童门店中,约67%为直营门店。安踏DTC模式覆盖了全国23个省份,涉及5100家安踏主品牌门店。

体育赛事和运动员拥有庞大的粉丝群体,这些粉丝对体育的热情和忠诚度极高。通过体育营销,品牌可以迅速触达大量目标受众,提升品牌知名度和影响力。安踏长期与体育赛事紧密合作，自2009年起成为中国奥委会合作伙伴，为国家队打造比赛装备及领奖服，借助奥运周期提升品牌知名度。在2024年巴黎奥运会上，安踏提供了大量体育装备，供国际奥委会委员及工作人员使用，中国体育代表团的"冠军龙服"也备受瞩目。通过这些合作，安踏将品牌与奥运精神紧密相连，提升了品牌在消费者心中的专业形象和民族自豪感。同时，安踏还积极赞助各类体育赛事，连续16年赞助CBA（中国男子篮球职业联赛）。

奥运会、世界杯等大型赛事，一般都有上亿观众的关注，为品牌提供了巨大的曝光机会。安踏签约了众多体育明星，比如篮球领域的NBA球星，借助明星效应和赛事影响力，提升品牌在篮球爱好者中的知名度和认可度。在与谷爱凌签约后，2022年北京冬奥会谷爱凌夺冠当日，安踏天猫旗舰店流量暴涨500%。除此之外，公司还打造了"要疯"草根篮球赛事，奖金池仅为50万元，但是场场爆满，覆盖300座城市，年触达1亿人次。在此过程中，安踏还挖掘出草根球员曹芳、头盔哥等，抖音话题播放量超过60亿次。

安踏从微笑曲线的最底端一步步跃升，逐渐掌控了研发设计、品牌和营销这两个高附加值环节，并通过多品牌覆盖全人群、全场景，满足不同消费者对运动鞋服的多样化需求。安踏不仅在全球范围内开展并购，还与本土化运营相结合，借力国际品牌反哺自主研发设计能力，对标耐克、Lululemon等。安踏的这一系列做法，促使它从中国运动品牌龙头逐渐成为全球巨头。据全球权威机构的统计资料，2024年安踏在中国运动鞋服市场的份额提升至23.0%，稳居行业首位，同时在全球运动鞋服市场上也跻身前三位。

实践启示

启示一：实施"单聚焦、多品牌、全球化"战略。 安踏通过多元化的品牌组合和差异化的市场定位，覆盖了不同价格带和消费场景，满足了多样化的顾客需求。多品牌之间的协同作用未来将进一步凸显企业整体价值。

启示二：用科技创造品牌价值。安踏不断投入研发设计，累计投入近百亿资金用于研发创新，攻克了氮科技中底技术等。安踏的高科技产品不进行低价竞争，为高端产品设定了合适的售价，顾客也愿意为科技和时尚买单。

启示三：DTC模式与体育营销。安踏的DTC模式将部分经销商门店"收编"为直营门店，直接管理终端零售，从而更好地控制品牌形象、更深入地了解顾客需求、提升顾客体验和优化库存管理。体育营销不是一次性的曝光，而是一种长期的品牌建设手段。体育赛事和运动员往往能够激发观众的情感共鸣，这种情感连接可以转化为品牌忠诚度。通过持续进行体育赞助与合作，企业可以逐步积累品牌资产，提升品牌价值。

第 6 章
Chapter 6

回 报 股 东

——

中国证监会在上市公司回报股东方面提出了一系列具体要求,其中多份文件明确要求上市公司树立回报股东的意识,结合公司经营管理情况,制定对股东回报的合理规划。2024年发布的《上市公司监管指引第10号——市值管理》是贯彻落实新"国九条"的重大举措,鼓励上市公司以提高公司质量为基础,提升经营效率和盈利能力,依法依规运用并购重组、股权激励、员工持股计划、现金分红、投资者关系管理、信息披露、股份回购等方式促进上市公司投资价值合理反映上市公司质量。通过市值管理,上市公司能向市场有效传递公司的价值和增长潜力,从而吸引更多的投资者,为股东创造更多回报。

企业的发展就像一棵大树的成长,既要扎根泥土,也要开花结果。扎根泥土,就是指企业苦练内功,在资本市场上稳扎稳打,建立起强大的竞争优势;开花结果,则是指企业将这些优势转化为实际的盈利,并以分红、回购等形式回馈投资者。这一过程构成了"资本吸纳—价值实现—利益反馈"的良性循环，它的本质逻辑植根于现代企业制度中资本与发展的契约关系，并通过市场机制、治理结构与社会价值的多维反馈形成闭环。经过市场的反复验证，上市公司唯有持续回报股东，才能实现可持续发展。鉴于此，上市公司在关注自身发展的同时，要持续强化回报股东意识，高度重视对投资者持续、稳定、合理的投资回报，以实际行动回馈广大股东。这是上市公司进化之路的"通关密钥"，更是提振各方信心、增强资本市场内在稳定性、推动资本市场高质量发展的必然要求。

加强市值管理

市值管理并不是上市公司为单纯追求市值最大化而进行的各种短期炒作，而是上市公司以提高公司质量为基础，为提升公司投资价值和股东回报能力而实施的战略管理行为。上市公司要通过科学合规的价值经营方法，达到价值创造最大化、价值实现最优化的目的。这里的"价值"，不仅仅是指客户的价值，还包括投资者的价值。对经营者来说，要改善公司质量，增强价值管理意识，应利用好资本市场上的科创板、创业板、私募股权、风投基金等资源和工具，学会将产品市场与资本市场相结合，提前发现价值、创造价值，把价值做起来。市值管理的最终目标是为股东创造最大价值，为利益相关者创造最大价值，包括股价上涨、分红增加等。

资本市场的新规律

1997年，我带领北新建材上市，那个时候的资本市场是工业资本市场，上市的基本都是制造业企业，没有什么高科技企业。当时计算的市盈率，就是银行利息的倒数。比如银行利息是5%，市盈率就是20倍，公司若有 10 亿元的利润，市值就是 200 亿元；若有 100 亿元的利润，市值就是 2000 亿元。所以，企业要提高市值就必须把利润做好，这是工业资本市场的规律。

工业资本市场今天已转变成了创新资本市场，资本市场的价值体系发生了很大变化，从过去基于企业利润的算法，变成了基于创新能力和未来成长性的新估值体系。大约 20 年前，中国建材集团的水泥业务，资本市场给了 20 倍的市盈率，而现在市场才只给 7 倍的市盈率。2022 年，中国建材集团旗下做碳纤维业务的高新技术企业中复神鹰分拆之后在上海证券交易所上市，市盈率是 75 倍。也就是说，今天的资本市场更加重视企业的创新能力和成长性，以提升投资价值。

对于不同类型的上市公司，我们要正确认识它们对国民经济的综合性贡献，在评估价值的时候，应该给予全方位的考虑。上市公司也要研究、理解和适应资本市场从工业资本市场到创新资本市场的新变化。今天的资本市场拥有一种巨大的魅力：不仅可以放大价值，还可以提前实现价值。企业的利润水平和价值有时并不完全吻合，企业领导者必须意识到这一点。

资本市场的最大好处就是支持创新，尤其是支持那些不知名却很有潜力的创新者。这些创新者也离不开资本市场的支持，尤其在技术创新的早期，资本市场的支持能够帮助他们把创造力转变成产品，催生企业不断成长，进而带动资本市场的兴旺发达，两者相辅相成。熊彼特在《经济发展理论》一书中提出："资本的职能是为企业家进行创新提供必要的支付手段。"资本是创新的杠杆，再优秀的企业如果没有资本的支持，也很难做成事。

提升企业价值最为核心的是创新，市值是创新的外在表现。我认为，上市公司提升科技创新能力是成为世界一流企业的标志，是强化自身核心竞争力的前提，也是新时代企业创造价值的关键。作为创新要素集成、科技成果转化的生力军，上市公司要充分利用好资本市场支持创新的各类工具，成为研究创新和新兴技术的重要发源地，解决一些关键核心技术领域的卡脖子难题，推动科技、资本和产业高水平的循环。例如，国产大飞机、空间载人飞行、海洋油气开采设备、第三代核电站、新能源发电设备等众多国之重器建设的背后，上市公司的科技贡献功不可没。

做好市值管理工作的重点方向

市值是上市公司效益的重要衡量指标。为什么这样说呢？公司上市后，资本市场就成为公司发展资金的蓄水池，要想维持蓄水池的良性发展，吸引更多的投资者加入，公司经营就要以提升公司的投资价值为目标，包括提升内在的经济效益与外在的公司市值。其中，市值能够帮助投资者充分了解公司当期指标、未来潜力、在市场中的价值，其背后不仅包括营业收入、市场占有率、技术实力和竞争力、利润和价值等效益指标，还包括经营管理团队注重的内在 EVA（经济增加值）的增长，以及股东关心的外在 MVA（市场增加值）的增长等，更能展现公司的投资价值。

在资本市场上，我们经常会看到三种普遍情况：一是有实力、有技术的企业在业绩上表现不错，但市值常年升不上去，甚至有些企业的市值低于它们的净资产；二是企业的业绩常年表现一般，当然，企业自身的市值也一直没有提升；三是高科技企业有发展前景，但利润不太理想，它的市值与国外同行业的企业相比处于低位。在我看来，这三类企业尤其需要加强市值管理。那么，上市公司如何做好市值管理呢？

第一，站在战略的高度统筹市值管理。国家近期多次强调市值管理的重要性，并发布监管指引，要求以市值管理为支点，撬动上市公司提升经营质量、提高投资价值、提振投资者信心，巩固资本市场平稳发展态势。这意味着，上市公司市值管理从早前的"选择管理"变成政策监管下的"不得不管理"。为此，上市公司要积极响应政策，自上而下做好规划，把市值管理的政策落到实处。

第二，用创新提升企业价值。创新是企业的灵魂，市值是企业价值的体现，企业价值的核心在于创新，从某种程度上说，市值就是创新的外在表现。公牛集团股份有限公司（简称"公牛集团"）是一家1995年创立的电器制造企业，从插座业务起步，逐渐拓展至电连接、智能电工照明和数码配件三大业务板块，并于2020年2月6日在上海证券交易所主板挂牌上市。它在市值管理上注重企业基本面的持续改善，尤其在产品研发上，顺应年轻化、高端化、智能化的行业发展潮流，凭借独特的创新设计与实用功能，大力推进绿色能源应用和低碳产品创新，产品一经推出便深受消费者喜爱，提升了产品竞争力与市场占有率，夯实了企业的价值基础。2024年，公牛集团全年实现营业收入168.31亿元，同比增长7.24%，展现出强劲的发展活力。

第三，探索建立股权激励制度。我过去参加的每一次路演，投资者几乎都会问一个问题，即公司有什么激励机制。换句话说，管理层、骨干员工是否拥有公司股票。如果有的话，投资者就更愿意购买这家公司的股票。作为股东，投资者的利益和公司经营者的利益是一致的。因而与一般企业相比，上市公司应突出股权激励机制的改革，让管理层和投资者利益同向。新"国九条"中明确要"完善上市公司股权激励制度，允许上市公司按规定通过多种形式开展员工持股计划"。这是国企改革中的重要命题，也是市值管理的一个重要方面。万华化学从一家做合成革的小厂发展成为效益突出的跨国化学公司，被称为中国的"巴斯夫"。在这个过程中，它的员工持股和科技分红机制都发挥了重要作用，通过"让人的创造性劳动按市场价值体现"，不断释放万华化学的"工程师红利"。

第四，引入市值考核指标。过去有些人认为市值处在波动状态，没有办法考核，这会导致企业的市值很难有好的表现。上市公司应在现有业绩考核的基础上引入市值考核指标，先引入相对市值考核指标，条件成熟后再开展绝对市值指标与相对市值指标的综合考核，以增强公司管理团队的市值意识和回报股东意识。国务院国资委已经进一步研究把市值管理纳入中央企业负责人业绩考核，引导中央企业负责人更加重视所控股上市公司的市场表现。这一举措有利于提振投资者的信心和资本市场的稳定发展。比如，中国宝武就在推行市值考核。当然，我们反对伪市值管理，随着相关法律法规和制度体系的不断完善，虚假的市值无法长久，股价最终是靠业绩来支撑的。

提高市值的有效策略

市场的估值不完全取决于上市公司的价值创造和价值实现的能力，还受到很多公司难以控制的因素的影响，如宏观经济、行业走向和投资偏好等。排除一些不确定性因素后，我建议各类上市公司，无论性质如何，都要踏踏实实地做好主营业务，只有这样，公司才有健康成长的保障，才会有好的业绩，市值上涨也就成了自然而然的事情。2024年11月6日，中国证监会发布的《上市公司监管指引第10号——市值管理》明确提出，上市公司应当聚焦主业，提升经营效率和盈利能力，同时可以结合自身情况，综合运用并购重组、股权激励、员工持股计划、现金分红、投资者关系管理、信息披露、股份回购，以及其他合法合规的方式，促进上市公司投资价值合理反映上市公司质量。

简单地说，并购重组就是通过两家及两家以上的公司合并为一家新公司，实现"1+1>2"的协同效应，借助投资者对自身并购重组后盈利能力的预期，提升自身当前估值。股权激励是一种企业激励机制，通过授予公司员工一定数量的公司股权（如股票期权、限制性股票等），使员工与公司的利益更加紧密地结合，从而激励员工提高工作积极性和创造性，推动公司长期发展。当然，员工持股计划是一种常见的股权激励方式。现金分红是指公司以现金形式向股东分配利润的行为，是股东获取投资回报的一种方式。上市公司加大分红，代表着公司具有较充足的现金流，而且管理层对公司未来经营预期较为看好。投资者关系管理是指上市公司通过有效的沟通和交流，与投资者建立和维护良好关系的一种管理活动。信息披露是指上市公司按照法律法规要求，向公众投资者公开公司财务状况、经营成果、重大事项等相关信息的行为。股份回购是指上市公司利用现金等方式，从股票市场上购回本公司发行在外的一定数额的股票的行为。上市公司通过"真金白银"买入自身股票，代表它对自身未来经营前景的信心。

在我国上市公司群体中，上述市值管理"工具箱"都得到一定程度的应用，这里以并购重组为例做进一步的说明。对我国企业而言，从传统制造业到新兴科技领域，通过并购重组实现市值跃升的例子屡见不鲜。它们一般通过提升资源整合效率、构建战略壁垒及进行市场预期管理，直接或间接推高公司未来现金流预期，从而提升市值。2017年，美的集团收购了德国工业机器人巨头库卡（KUKA）94.55%的股权，此举打破了家电行业增长天花板，使美的集团切入智能制造赛道，获取了工业机器人核心技术，构建了"硬件+软件"生态。并购后3年内，美的营业收入从2400亿元增长至3400亿元，工业机器人业务占比从8%提升至15%，市盈率从并购前的15倍上涨至25倍，市值在2021年高点时突破了7000亿元，较并购前增长了120%。

通过纵向并购，宁德时代掌控了锂电产业链命脉。它2018年并购了北美锂业（North American Lithium），确保锂资源供应，2021年控股非洲Manono锂矿，锁定了全球最大锂资源项目之一。通过上游并购对冲原材料涨价风险，宁德时代的毛利率始终维持在20%以上，2018年上市首日的市值为786亿元，2021年成长为创业板首家万亿级上市公司。作为全球电池行业的领头羊，它的每一次新动作都会牵动整个新能源圈。公司在一次发布会上公布"500Wh/kg全固态电池"的消息，宣布相关技术已经取得突破，甚至还展示了产品原型。"500Wh/kg"这个信息具有重大意义，它不仅仅代表电池性能的提升，更代表对现有锂电池技术的颠覆。这意味着电池的能量密度、安全性和寿命都会有质的飞跃。这一技术突破引发了资本市场的关注。

为进一步激发并购重组的市场活力，中国证监会研究制定并发布了"并购六条"，积极支持上市公司围绕战略性新兴产业、未来产业等进行并购重组，包括开展基于转型升级等目标的跨行业并购、有助于补链强链和提升关键技术水平的未盈利资产收购，以及支持"两创"板块（创业板、科创板）公司并购产业链上下游资产等，引导更多资源要素向新质生产力方向聚集。

国有控股上市公司的市值管理

国有控股上市公司是推动资本市场健康发展的重要力量。上市公司是资本市场的基石，而国有控股上市公司作为上市公司的排头兵，覆盖国民经济18个门类行业、72个大类行业，从高端装备制造到涉及国计民生的基础性、资源性行业，国有控股上市公司都在其中发挥着支柱作用，为我国经济的发展做出了重大贡献。截至2025年2月28日，境内国有控股上市公司占境内上市公司总数的27%。工商银行（金融）、中国石油（能源）、中国移动（通信）、中芯国际（半导体）等央企，在各自行业都占据龙头地位。虽然国有控股上市公司数量不及上市公司总量的一半，但从总市值等方面的贡献来看，国有控股上市公司对上市公司整体质量的影响是重要和深远的，是中国资本市场高质量发展的"压舱石"和"稳定器"。

近年来，监管部门连续出台了多项政策，激发了国有控股上市公司开展市值管理的积极性。比如，2022年5月，国务院国资委出台了《提高央企控股上市公司质量工作方案》。2022年7月，国务院国资委召开的提高央企控股上市公司质量工作推进会上进一步指出，提高央企控股上市公司质量是国有企业高质量发展的内在需要，是深化国企改革的重要抓手，也是助力资本市场稳定健康发展的坚实保障。2024年1月，国务院国资委相关负责同志在国务院新闻办公室举行的新闻发布会上表示，将在央企负责人业绩考核指标体系中增加市值管理考核相关指标，并按"一企一策""一业一策"进行设计。

客观来看，国有控股上市公司的股价和市值目前在资本市场上被低估。我们要正确认识国有控股上市公司对我国经济的综合性贡献，在评估价值的时候，应该给予充分考虑。国有控股上市公司也要研究和适应资本市场的新变化，一方面要苦练内功、提升自身的核心竞争力，另一方面要强化公众公司意识，加强与投资者之间的沟通，让市场更好地认识公司的内在价值。提升国有控股上市公司的市值管理水平，关键要把国有控股上市公司的价值创造与资本市场的运行规律结合起来进行思考。

第一，把建设现代企业制度与引入市场化机制相结合。资本市场促进了国有控股上市公司的现代企业制度建设，但要增强企业的活力，还需要在企业内部引入员工持股、超额利润分享、骨干跟投等中长期激励计划等市场化机制。从实践来看，社会股东更看好有市场化机制的国有控股上市公司。中国建材股份在我国香港地区上市后，我连续13年每年都参加路演。投资者每次都会问：公司有没有激励机制？是什么？兑现了没有？等等。也就是说，上市公司的激励机制不仅是内部激励的问题，也是投资者很关心的事情。

第二，把上市融资与价值创造相结合。上市公司最初是从融资开始的，但不能忽视上市之后自身的价值表现，要注重股东回报。所谓"水可载舟，亦可覆舟"，以股东为代表的投资者就是这个"水"。从宏观上看，如果不重视投资者回报，整个资本市场的稳定健康发展就会受到影响。从微观上看，企业要转变观念，从过去的重视融资转变为现在的重视为股东创造价值。国有控股上市公司也不例外，要把为股东创造价值放在重要地位。

第三，把利润考核与市值考核相结合。过去一些上市公司的财务体系以利润和效益为核心，习惯讲资产、收入、利润，却很少讲市值。上市公司既然进了资本市场就得好好做，研究资本市场的变化，适应资本市场，改变过去传统的效益思维，思考如何更好地为股东创造价值。今天的企业需要同时面对产品和资本两个市场，产品市场强调利润，资本市场则强调价值。利润是价值的基础，但价值和利润的表现又并非总是一致的。上市公司的价值体现为市值，因而，国有控股上市公司应该适当调整绩效考核体系，逐步加大市值考核的力度。当然，上市公司加强市值管理时必须提高合规意识，不能以市值管理的名义实施操纵市场、内幕交易等违法违规行为。

第四，把业务整合与业务分拆相结合。企业既要围绕主业进行业务整合，争取做成行业的龙头企业，也要重视将一些创新业务分拆上市，形成细分领域的头部企业，提升公司价值创造水平。以通用电气为例，当年杰克·韦尔奇通过多元化发展和产融结合，做大收入规模和利润来提高它的市值，将市值从 160 亿美元做到 4000 多亿美元，成为当时全球市值最高的公司。但是在此后的一段时间里，通用电气的股价表现低迷。2021 年 11 月，通用电气宣布将公司拆分为三家独立的上市公司，分别专注医疗、能源和航空业务。医疗板块是通用电气首个拆分的业务单元，2023 年年初实现独立上市。2024 年 4 月，通用电气完成能源业务和航空业务的分拆。目前，三家公司市值之和是 2500 亿美元，比分拆前大约增加 1700 亿美元，而通用电气的总市值大概增长为原来的 3 倍。

第五，把注入创新业务与培育创新业务相结合。过去，国企不少是制造业企业，比较重视规模效益，一般被资本市场归类到传统型企业。为改变这一状况，国有控股上市公司要加大技术研发投入，增加自身的创新能力和科技含量，推动企业由传统型企业向创新型企业转变。同时，国有控股上市公司也要加大战略性新兴产业投资力度，培育细分领域的创新业务，打造更多高市值的创新型上市公司。

重视分红和回购

我国资本市场拥有全球规模最大、交易最活跃的投资者群体。尊重投资者、回报投资者、保护投资者尤其是中小投资者的合法权益是上市公司应尽之责。上市公司在加强与投资者沟通的同时，还应当综合运用分红、回购等方式回报投资者。2023年，中国证监会修订的《上市公司监管指引第3号——上市公司现金分红》（简称《现金分红指引》）鼓励上市公司一年多次分红，允许年度股东大会预先设定中期分红上限，简化程序以提升灵活性。同年修订的《上市公司股份回购规则》放宽回购条件，回购股份可用于股权激励或注销。2025年1月，经中央金融委员会审议同意，中央金融办、中国证监会、财政部、人力资源社会保障部、中国人民银行、金融监管总局联合印发《关于推动中长期资金入市工作的实施方案》，明确提出，将上市公司分红与回购纳入机构投资者考核指标，引导商业保险资金、全国社会保障基金等长期资金增配高分红标的。

分红要把握好两点

分红是上市公司回馈投资者的重要方式之一。根据《公司法》，公司分配的利润是弥补亏损、提取公积金后的税后利润，是否分配利润由股东会审议决定，《公司法》并不强制要求必须分红。《现金分红指引》要求上市公司在章程中明确分红政策，但强调"公司发展阶段属成熟期且无重大资金支出安排的，进行利润分配时，现金分红在本次利润分配中所占比例最低应当达到百分之八十"等条款未强制要求分红，但未按章程分红或具备分红条件不分红等情形须说明原因，且监管会予以重点关注。此外，考虑可能触及"其他风险警示"（ST）及限制减持等情形。

《上市公司证券发行管理办法》规定，上市公司申请公开发行证券，须满足"最近三年以现金方式累计分配的利润不少于最近三年实现的年均可分配利润的百分之三十"。这一规定间接推动了公司分红，但仅针对有融资需求的公司。分红有三种类型：现金分红、股票分红和特别分红。现金分红是指直接向股东派发现金，是最常见的分红形式。现金分红可以减少公司账面现金，降低资产负债率，但可能削弱再投资能力。股票分红包括送股、转增股，以增发股票替代现金分红，如"10送3"，扩大股本但不会减少公司现金。股票分红会降低每股收益（EPS），可能稀释股价，但传递长期增长预期。特别分红是指除了常规分红外，因特殊盈利（如资产出售）一次性派发高额红利，用以回馈股东或释放超额现金储备。

在分红的时候，公司主要考虑两点。第一，公司的可持续性。分红比例必须与盈利能力和现金流相匹配，要避免"透支式分红"。第二，行业惯例。公用事业、消费等成熟行业通常倾向于高分红，而科技等成长型行业一般倾向于低分红。中国长江电力股份有限公司承诺2021—2025年分红比例不低于当年净利润的70%，2022年股息率超过3.5%。水电业务现金流稳定，受经济周期影响小，分红确定性极强，公司自上市以来累计募资1421.38亿元，累计分红1893.35亿元，达到募资额的1.33倍。分红的优点是能够吸引偏好稳定收益的投资者（如养老金、退休基金等），增强股东忠诚度，降低股价波动性；缺点是现金流出可能限制公司扩张或偿债能力。若市场预期增长，高分红可能被解读为"缺乏投资机会"。不过，我鼓励大家多分红。北新建材自1997年上市以来，累计现金分红27次，累计现金分红总额达81.01亿元，2024年进一步提升了现金分红比例至40.07%。中国巨石从1999年上市至2024年，累计现金分红总额达到105.74亿元。这两家公司均以现金分红为主，分红比例较高，显示出较强的盈利能力和良好的股东回报能力，而且现金分红政策很稳定。

2024年，A股上市公司共有3751家实施了现金分红，累计分红总额约为2.4万亿元，创历史新高。其中，中国移动、中国农业银行、中国石油等央企成为分红大户，分别分红 510.4 亿元、407.38 亿元和 402.65 亿元。中国工商银行作为全球资产规模最大的银行，盈利能力稳健，近 5 年平均股息率超过 6%，长期位列 A 股分红总额榜首，稳定性强。此外，贵州茅台以每手 5475.80 元的分红规模成为最慷慨的上市公司。贵州茅台的净利润常年保持两位数增长，现金流充沛，分红能力强劲。它的公司章程明确规定，"每年以现金方式分配的利润不少于当年净利润的 10%"。

除了增加分红金额外，近些年上市公司的分红形式也更加多样化。2024 年，实施中期分红、季度分红和特别分红的上市公司数量大幅增加。例如，三七互娱网络科技集团股份有限公司和山东玲珑轮胎股份有限公司分别在 2024 年实施了三次分红，累计分红金额分别为 13.86 亿元和 5.17 亿元。这种多样化的分红策略不仅增强了投资者的获得感，也提升了公司的市场吸引力。

福耀玻璃约占全球汽车玻璃市场份额的 1/3，全球前二十大汽车生产商都是它的客户。2024 年，福耀玻璃汽车玻璃销量达 1.55 亿米^2，同比增加 11.2%，相当于装配了 3711 万辆汽车。福耀玻璃 2024 年实现营业收入 392.5 亿元，比上年同期增长 18.37%；实现利润总额 89.91 亿元，比上年同期增长 33.87%；加权平均净资产收益率达到 22.72%。对照过往业绩，福耀玻璃 2024 年的营业收入、利润等核心指标都创下了历史新高。2024 年，它向全体股东（包括 A 股股东和 H 股股东）每股分配现金股利 1.80 元（含税），共派发股利 46.98 亿元，分红金额占到公司当年归母净利润的 62.65%，创历史新高。据统计，加上此次拟定的分红金额，福耀玻璃自上市以来累计派息达到 347 亿元。

在股票分红方面，宁德时代是比较活跃的一家企业，2022 年推出"10 转 8 派 25.2 元"方案，既通过高送转扩大股本流动性，又搭配现金分红回馈股东。宁德时代股价较高且资本公积充足，适合通过转增股本降低每股价格，吸引散户投资者。格力电器兼顾现金分红与股票分红，大概融资30多亿元，自上市以来累计分红1308.83亿元，它以高分红回报投资者的信任。2012—2020年，格力电器平均分红率超过40%，2021年回购调整后，分红率仍超过30%。格力电器曾推出"10送10派30元"等组合方案，兼顾股东短期收益与长期持股激励。

回购要答好五问

上市公司早期靠发行股票来融资，在发展壮大后进行股份回购，有助于维护公司的投资价值，稳定股价，增强投资者对公司的信心。一方面，在股价被低估时，上市公司可以通过回购股份来提振股价，向市场传递出公司关心股东权益的信号；另一方面，回购的股份可用于员工股权激励等。股份回购主要通过减少流通股本来提升每股收益和净资产收益率。

目前，股份回购是上市公司提升自身投资价值的重要途径之一。2021年2月，为了提振投资者的信心，美的集团对外公布了不超过140亿元的股份回购计划，回购股份全部用于股权激励计划及员工持股计划，以激发人才的主动性和创新性，进而提高公司的每股收益水平和长期投资价值，确保公司长期经营目标的实现，这可以说是A股回购史上浓墨重彩的一笔。2024年，A股共有2192家公司实施了股份回购，累计回购金额约为1586.13亿元。其中，海康威视、药明康德、通威股份的回购金额分别达到30.19亿元、30亿元和20.01亿元，成为市场关注的焦点。

在港股市场上，腾讯2024年全年累计回购了3.07亿股，累计进行了129次回购，累计回购金额达到了1120亿港元，蝉联港股"回购王"。2024年，腾讯总股本大概维持在92亿股，降至10年来的最低水平。同年，腾讯还派发了末期股息317.43亿港元，全年合计回馈股东的收益达到了1437亿港元。在2024年年报中，腾讯宣布2025年将继续加大股东回报力度，预计用于回购股份的资金规模至少达到800亿港元，同时将现金红利增加 32% 至约 410 亿港元，2025 年总股东回报最少达到 1210 亿港元。

总体来看，国有控股上市公司虽然在经营业绩、现金分红等方面表现突出，但在资本市场上还未达到相应的合理估值水平，开展股份回购工作仍有较大提升空间。与以往不同的是，2024 年出现了更多"注销式回购"的案例。比如，中国建材股份 2024 年 12 月 6 日首次公告了 H 股回购计划，并于 2025 年 3 月 12 日顺利完成了股份回购。它以每股 4.03 港元的价格回购并注销了 8.4 亿股 H 股，占公司注销前总股本的 9.98%，占已发行 H 股的 18.47%，回购总金额约为 33.92 亿港元。回购完成后，公司总股本从 84.35 亿股减少至 75.93 亿股，控股股东中国建材集团及其一致行动人的持股比例由约 45.02% 增加至 50.01%，进一步增强了控股权的稳定性。回购并注销股份后，公司的每股收益和每股净资产（BPS）等关键财务指标得到了提升，此次回购展现了中国建材股份对自身价值和未来发展的信心，也向市场传递了积极信号：管理层对公司长期业绩的乐观预期。股份回购计划公布后，市场反应积极，投资者参与热情较高，有效接纳的回购申请数量远超计划回购数量。华泰证券、瑞银等机构对中国建材股份的回购计划给予了高度评价，认为这一举措有助于引导公司价值回归。

资本市场过去送配股比较多，现在则希望上市公司回购股份来减少股数，以增加每股收益。国有控股上市公司可加大股份回购力度，如果现金紧张，可以通过融资进行股份回购。其实，银行也可以为上市公司及其重要股东提供股份回购贷款，这种贷款一般要具备较低的利率和较长的期限，从而降低股份回购的成本和难度。

在开展股份回购时，上市公司应该重点考虑五大问题。第一，财务可行性。公司的现金流是否充足？公司的资产负债率是否安全？第二，估值合理性。公司当前的股价是否显著低于自己的内在价值？第三，战略匹配性。公司回购股份能否与长期业务扩张、股权激励计划实现协同？第四，市场环境。当前，产业周期处在什么阶段？投资者对公司回购股份的接受度如何？第五，合规性。公司回购股份是否符合相关监管要求？比如，回购比例、静默期等是否合乎规定。上市公司需要多问问自己这些问题，不要盲目跟风或进行短期的投机行为。

分红与回购"双管齐下"

近年来，我国上市公司在政策的持续引导下，有效增强了回报股东的意识，越来越重视通过分红和回购的方式回馈投资者。沪市近三年分红复合增长率年均达15%，2024年实际派发金额约为1.9万亿元，占整个市场的八成。143家上市公司连续三年股息率超过3%，54家上市公司连续三年股息率超过5%。增持回购落地金额大幅增长，2024年实际回购金额约为770亿元，同比增长超过90%，实际增持超过350亿元，同比增长近70%。这种"双管齐下"的策略不仅提升了投资者的信心，也优化了公司的资本结构，增强了市场活力。一般而言，成熟期企业以稳定分红为主，辅以周期性的股份回购。而身处周期性行业的企业，如一些能源企业等在盈利高峰时可以加大分红或股份回购力度。

贵州茅台是分红和股份回购的典型代表，2024年它不仅实施了两次大手笔分红，还在12月宣布斥资30亿～60亿元回购股份用于注销。这种"双管齐下"的策略不仅体现了公司强大的盈利能力，也展现了公司对股东的高度重视。并不是所有的上市公司都适合这种"双管齐下"的策略，能够同时实施分红和股份回购的公司通常具备以下条件。

第一，公司要有稳定的盈利能力和充裕的现金流，以确保自身有足够的资金用于分红和股份回购。例如，格力电器自上市以来一直保持较高的盈利水平，2024年延续了一贯的高分红做法，全年累计分红167.55亿元，自上市以来累计分红超过1720亿元。2023年11月7日，格力电器以集中竞价交易方式实施了首次回购，充沛的现金流为分红和股份回购提供了强有力的保障，也彰显了管理层对公司长期价值的重视。雪佛龙等能源龙头公司，尽管业绩波动较大，但通过稳健的经营保持充沛的现金流，也可以进行分红和股份回购。

第二，公司要有良好的财务状况和较低的资产负债率。公司需要保持较低的资产负债率，以确保有足够的财务空间进行分红和股份回购。例如，格力电器的资产负债率相对较低，能够支持公司大规模的分红和股份回购计划。

第三，公司要有良好的治理结构和明确的战略意图。分红和股份回购都是上市公司直接回报股东的重要方式，公司只有具备良好的治理结构和明确的战略意图，才能不断增强股东的获得感。两者都向市场传递了公司现金流充裕、盈利能力强的信号，有助于提升市场信心。分红更注重短期现金流回报，而股份回购更注重长期股东价值提升，两者结合可以满足不同投资者的需求。

第四，公司所处的市场环境和行业具备一定的特点。在低利率市场环境下，上市公司分红和股份回购的意愿增强，因为公司可以通过低成本融资支持股份回购，同时为股东提供稳定的现金回报。从行业特点来看，通常，消费、能源等行业的龙头上市公司具备较强的持续分红和股份回购能力。

值得注意的是，有一些业绩很好的上市公司还没分红，或者还没回购股份，这样的企业可能处于战略调整期，应该尽心尽力做好企业，努力提高市值。如果市值高了，即使暂时没有分红或回购股份，投资者持有的股票价值仍可通过市值的上涨而增加。对长期投资者而言，市值提升意味着公司未来可能具有更大的发展潜力和盈利空间。投资者可以通过出售股票获得资本利得，或者在公司未来分红时获得更高的回报。比如，小米自上市以来一直都处在不断调整与扩张中，虽然没有分红，但它的市值表现比较好。像这样的科技公司，早期一般不分红，但通过市值的大幅增长，也可以为早期投资者创造良好回报。不过从长远来看，上市公司还是需要进一步健全常态化分红机制。

追求永续经营

在资本市场中,上市公司的价值最终体现在为股东创造持续回报的能力上。要想为股东带来持续稳定的回报,就要做好永续经营。因此,追求永续经营不仅是企业自身发展的需要,更是对股东负责的体现。这需要企业具备长远的战略眼光和精细化的运营能力,既要用"望远镜"洞察市场趋势,也要用"显微镜"关注细节管理,从财务稳健到风险控制,从技术创新到人才培养,以及企业一把手的传承,企业经营的每一个环节都至关重要,只有做好这些,才能确保企业在不断变化的市场环境中行稳致远。

做好长期和滚动发展规划

在资本市场快速变化的今天,上市公司构建长期和滚动发展规划的战略价值愈发凸显。这种"望远镜"与"显微镜"相结合的战略体系,本质上是企业对抗市场的短视主义、穿越经济周期的重要制度设计,也是永续经营的第一要务。实际上,长期发展规划是在构建战略的确定性,而滚动发展规划是在保留进化的可能性。达尔文曾经说过,能够生存下来的物种,不是最强壮的,也不是最聪明的,而是最能适应变化的。这不仅适用于生物界,也适用于所有的公司。随着内外部环境的不断变化而持续迭代进化的发展规划,对企业的长远发展来说是有建设性的。

在北新建材工作时,我认为在中国做石膏板有很大的市场空间。尽管北新建材当时只有一两条生产线,产能只有两三千万米^2,但我仍将目标设为一年生产石膏板 3 亿米^2,还把这一目标刊登在了报纸上。消息一出,没人相信北新建材能够做到,因为当时发达国家一年的石膏板用量是 30 亿米^2。后来,北新建材石膏板一年的销量就突破了 21 亿米^2。2019 年 2 月,我在北新建材年会上谈到发展规划时问大家,北新建材的利润逐年增长,国内的石膏板业务基本上做到了极致,要不要创造第二个增长点？在业务上，北新建材选择了以石膏板为体，以涂料产业和防水产业为两翼的战略格局。"一带一路"倡议提出后，北新建材 2018 年在坦桑尼亚建厂，在国外生产出第一块石膏板。当时，我鼓励北新建材 2019 年还要在国外建设 3～5 家工厂。在国际化方面，北新建材做了长期和滚动发展规划，且仍在不断自我调整和完善，以适应市场和时代的变化。

企业制定了适合的发展规划之后，首先要坚持下去，不能朝令夕改。比如做水泥起家的中国建材集团起初不仅没有水泥，也不会做水泥，更没有钱。很多人不相信，甚至很难接受中国建材集团要做水泥。尽管在做水泥的过程中，中国建材集团遇到了诸多困难，但依然坚持到了现在，将水泥业务规模做到了世界前列。长期规划在执行过程可能会遇到各种曲折、阻碍，企业要按照既定目标逢山开路、遇水架桥，不断解决前进路上的各种问题，只有执着前行，发展规划的目标才能得以实现。行百里者半九十，我们都有这样的经验，爬山即将接近顶峰时往往最艰难，很多人常常在这个时候坚持不住、退了下来，结果永远失去了登顶的机会。

同时，发展规划还要做滚动变化，该修正时要修正，该完善时要完善，要随着环境变化、事实验证做出调整，这种调整和变动是递进式的，要有一定的延续性和继承性。在企业里，我总是给大家提出一个 3 年、5 年，甚至 10 年的目标，然后再做具体的发展规划。发展规划一般以 3 年和 5 年为期制定，每年对其进行回顾总结，总会发现需要微调的地方，但大的方向目标应坚定不移。

宁德时代的创始人兼董事长曾毓群说："既要看见五年后的终局，也要准备好每个季度的作战地图。"宁德时代的"技术货架"管理体系，将战略视野延伸至以 10 年为周期。它在 2016 年启动钠离子电池研发时，不少人质疑它的技术路线，但当 2023 年产品实现量产带动股价单月上涨了 28% 时，大家看到了技术研发带来的成效，可以看出宁德时代是非常有战略定力的。宁德时代这种"研发一代、储备一代、量产一代"的滚动机制，有效平衡了短期业绩压力与长期技术投入。在2018年的"930变革"中，腾讯控股将云计算纳入战略级业务时遭遇了市场质疑，市值一度蒸发3000亿港元，但通过"三年战略周期"滚动调整，企业服务收入占比从2019年的28%提升至2023年的34%，最终获得了36倍市盈率的估值溢价，验证了长期战略的资本定价逻辑。

适时开启第二曲线

企业经营没有尽头。倘若有幸将业务做到行业的天花板，也不要故步自封，等待被别人超越，为了实现持续增长，企业还要想办法去发现、培育或布局下一个主业。在"两材"重组后，我开始重新通盘思考集团业务的未来发展格局。查尔斯·汉迪的《第二曲线：跨越"S型曲线"的二次增长》一书给了我很大启发，这本书为企业提供了跨越生命周期的一种思想方法。他认为，大自然和人类社会组织大多都遵循一个从萌芽、培育、成长、成熟到巅峰再到衰退的生命周期，死亡是每个企业的宿命，如果企业在巅峰到来之前能够开启第二条增长曲线，就可以安全跨越生命周期。

我比较早地注意到了汉迪的第二曲线理论，因为它很契合中国人居安思危的传统文化。基于中国建材集团的经营实战，我那时提出了"业务发展的三条曲线"的经营观，正所谓"吃着一个，看着一个，还得备着一个"。其中，第一条曲线是指现有产业的转型升级，即做好水泥、玻璃等基础建材的结构调整，大力推进供给侧结构性改革，不断提质增效。第二条曲线是指发展新技术和新产业，即大力发展新材料、新能源、新型房屋"三新"产业，将新产业打造成为未来的利润支撑点。2022年，受市场影响，中国建材集团的水泥业务量价齐跌，而多年培植的新材料业务却创造了近200亿元的利润。第三条曲线是指发展新业态，即积极探索制造服务业，不断培育新的经济增长点。

其实，三条曲线所体现的是一种业务归类与结构调整的思想，即把中国建材集团的传统业务、新兴业务、未来业务做了一个布局。第一曲线的业务已经非常成熟，处在平台期，未来的趋势是减量发展，即便如此，在衰退期来临之前还是要持续地发挥出它的优势，并用基础业务的稳定效益去反哺新产业与新业态的投入与研发。依靠第一曲线的稳定收益和第二曲线、第三曲线的持续发力，中国建材集团经受住了市场的各种考验。

这三条曲线的划分让中国建材集团下面的各业务单元都处在某一曲线的发展范畴内，大家都非常清楚各自的目标、任务和实现路径，从不"打乱仗"。企业领导者不仅要分析自己的产品与技术处在生命周期的哪个阶段，也要试着画出自己企业的成长曲线，看看是否具有延续性，第二曲线、第三曲线能否利用第一曲线在价值链上显示出来的专业化能力，或者是不是刚好与第一曲线的专业化能力互补。企业要把跨越周期、进行转型升级当成重要的事情去提前布局谋划。按照三条曲线的布局，中国建材集团构建起了三足鼎立的业务格局，形成了一大批新技术、新成果和新模式，创造出盈利的稳定增长。

在业务结构调整方面，我提倡"四化"。第一，高端化，加大技术创新力度，创新优化产品结构，延伸产业链和价值链。第二，数字化，深化工业化与信息化"两化"融合，推进制造智能化、贸易电商化、科研云平台化，努力在一些关键领域抢占先机、取得突破。第三，绿色化，围绕"绿色、循环、低碳"目标，在原材料选用、生产过程和产品应用等方面加大节能环保力度，自觉减少污染物排放，提升资源循环利用能力，积极引领行业节能限产、自律减排。第四，服务化，大力推进生产型服务业，将科技和商业创新的价值注入产业链的各个环节。

坚持稳健的现金管理

做企业要稳健，企业稳健的基础是财务稳健，而财务稳健的核心是现金流充沛。我们检查身体的时候，通常会进行血常规检查。因为血液是反映人体健康状况的"晴雨表",对血液成分进行分析,可以了解人的许多生理状况。那么,企业的血液是什么?答案是现金。观察现金流可以帮助我们判断企业的情况。实践证明,多数倒闭的企业都存在现金流枯竭的问题。企业的经营和发展离不开现金,现金的正常流动确保了企业的稳定和持续经营,支撑了企业的健康发展。所以,企业的财务管理要抓住现金管理这个核心。

现金管理是企业管理的"牛鼻子",抓住了这个"牛鼻子",很多问题就迎刃而解了。企业经营要追求有利润的收入、有现金的利润。现金管理的基本任务是,保证经营有现金收入,支出有现金支持,实现有现金流的利润。具体来说,企业在进行资本支出时,应具备充足的自有资金,且有能力从货币市场或资本市场上融资,同时有充足的现金流保障到期可以还本付息,以防范现金风险,确保企业经营运行和发展需要。中国建材集团的每个业务板块都很重视经营活动现金流净额,这也是它的现金流十分充沛的原因。我和理想汽车的董事长李想曾经交流过,他认为企业家要把业务、财务、组织三件事做好,一些人往往只重视业务,而忽视了企业财务和现金流,所以出了问题。2024年,理想汽车的经营性现金流达到159亿元,现金储备高达1128亿元,这为公司投资于长期研发和新市场开拓提供了充足的资金保障。

企业要想做好现金流管理,就要做好全面预算管理,主要包括经营预算、财务预算、业务预算、投资预算、专项预算等。企业在发展中,首先要重视全面预算管理,财务预算要量入为出,明确到底有多少钱、到底要做多大的事,千万不能"寅吃卯粮",入不敷出。企业做好了全面预算管理,就能对企业的最初现金流有一个整体把握,接下来还可以根据现金流调整企业的投资预算。企业的现金流多,投资就可以适当多一些;当企业的现金流变少时,投资也要适当减少。企业进行全面预算管理,首先要有年度预算,年度预算一般在上一年10月底启动,要进行业务调研和数据收集,在对外部形势和企业内部资源评判的基础上,形成预算假设。这既要自上而下，也要自下而上，多轮次进行双向充分沟通，最终汇总确定。企业要根据实际的经营情况，对相应预算指标进行调整，主要完成三张财务报表（资产负债表、现金流量表、利润表）的更新，也可提醒相关人员加快完成各项指标。全面预算管理的落实、落地非常重要，它是优化企业资源配置、改善经营效益、加强风险管控、提高运行质量的有效管理工具，企业尤其要重视它对投资决策、现金流以及现金流走向的影响，要保证企业有充裕的、可支配的、合适比例的现金流。

同时，企业也要控制好"两金"占用，合理利用财务杠杆，控制资产负债率，降低企业财务成本。这里的"两金"主要就是存货占用资金和应收账款。"两金"不仅占用了大量资金，还产生了一定的财务费用，应收账款还可能带来相当大的资金风险。一些企业的利润表看起来不错，但如果看它的现金流量表，就会发现现金入不敷出，造成这种现象的一个重要原因就是企业存在大量库存产品和应收账款。企业中形成大量的"两金"占用问题和市场有一定关系，但主要与企业领导者对市场把控和企业精细管理不够，以及企业销售人员的销售理念、不称职有关。因此，在企业管理中，企业领导者对"两金"占用必须心中有数，而压缩"两金"占用也是企业精细管理的重要内容。

上市公司可用下面三个指标来评估自身的"两金"控制情况。一是应收账款周转率，它反映企业应收账款的周转速度，应收账款周转率越高，说明企业收回应收账款的速度越快，资金占用就越少。二是存货周转率，它反映企业存货的周转速度，存货周转率越高，说明企业存货管理效率越高，资金占用越少。三是两金占流动资产比例，它反映企业应收账款和存货在流动资产中的占比，该比例越低，说明企业资金占用越少，运营效率越高。如果没有特殊情况，企业要尽量坚持"一手交钱、一手交货"的零应收账款原则。北新建材这些年的应收账款几乎为零，资产负债率也只有百分之十几，进入了一种良性经营状态。抚顺铝业有限公司（简称"抚顺铝业"）通过制定"两金"压降工作方案，优化资金配置，严格控制应收账款和存货占用资金。2020年，抚顺铝业压降存货占用资金比例近三成，同时严控应收账款授信额度，有效降低了资金成本。

企业在发展过程中，一方面要有相对充足的资本金，另一方面要有适量的债务融资。适当运用财务杠杆可以减轻股东投入资金的压力，但如果债务融资太多，不仅需要支付大量的财务费用，更重要的是会带来偿债风险。在经济形势好的时候，风险可能不明显，但在经济不景气的时候，高财务杠杆企业的生存就会是个问题。企业在降低融资成本、合理利用财务杠杆的同时，也要重视现金流的管理，按时还本付息，维护企业信用，与金融市场、资本市场形成良性互动。信用是企业生存的基本保障，良好的银企关系无论对银行还是对企业来说都至关重要。我刚当北新建材的厂长时，厂里的效益不佳，资金周转经常紧张，而且大多数时候不能偿付到期的贷款本息，还需要向银行交滞纳金，当再想找银行借钱购买原料启动生产时，周围的几家银行都拒绝贷款。我号召员工集资帮企业渡过了难关，经营好转后，企业按时还款还息，与银行慢慢建立起了密切的合作关系，取得了它们的信任。后来，"银行的贷款利息一分不欠，本金一天不拖"成了我经营企业的信条。

银行偏好发放短期贷款，但企业的投资周期一般比较长，尤其是制造业企业，所以在一定程度上会造成企业短贷长投的现象。短贷长投最考验的是企业的融资能力、资金运作能力及资金平衡性，稍有不慎就会造成企业的现金流短缺，大大增加资金支付风险。掌握好企业的财务杠杆，控制好企业的资产负债率，保证企业的偿付能力都是非常重要的事情。一般情况下，企业资产负债率保持在40%～60%是比较合理的，过低就没有充分利用财务杠杆，过高则会增加企业的财务费用和偿债风险。

做好企业一把手的传承

做企业，成功的根本在于知人善任。选人用人是关键，选对了人，企业兴旺发达，选错了人，企业则会一落千丈，这是常理。在我做央企一把手的这些年里，一项很重要的工作就是寻找企业一把手。做企业要先人后事，而不是先事后人，即一定要找到合适的人去做事，如果没有合适的人，再好的业务也大可不做，因为做了也难有建树，甚至会以失败告终。在不同场合，我常常被问到这样一个问题："宋先生，你选拔企业一把手时，最看重的是什么？"其实，我选人、用人的核心标准就是：德才兼备，以德为先，以才为主。

明代思想家吕坤在《呻吟语》一书中这样写道：深沉厚重是第一等资质，磊落豪雄是第二等资质，聪明才辩是第三等资质。三个资质依次对应的是人格、勇气和能力。一流的领导者要有一流的人格。小胜靠智，大胜靠德。如果一个干部品德不过关甚至存在大问题，那么他的能耐越大，对企业的危害就越大，不仅会把整个团队的风气带坏，还会把企业的基础搞垮。所以，有才无德的人即使能力再强也不能用。当然，有德无才也不行，没有真才实学，只是个"好好先生"，做企业也不会有大的起色。正确的选人方法是，在品德好的前提下选择有才干的人。

以才为主，关键在于寻找那些精通专业、对专业有深刻理解的痴迷者。我喜欢干部能把自己的工作讲清楚、把事情做好，对于其他事情能知道更好，不知道也不为过，关键是要把自己的一亩三分地种好、把自己职责内的工作都做好。我不喜欢"百事通""万金油"式的干部，说起来天花乱坠好像什么都懂，但说到自己的专业、自己的企业时却支支吾吾、说不清楚。中国建材集团有一大批能征善战的痴迷者，他们能吃苦、肯钻研，让中国建材集团在玻璃纤维、碳纤维、风力发电机叶片、新能源等新业务领域闯过一个又一个难关，接连打破西方国家的技术壁垒。

在选人上，专业背景也是个重要标准。在短缺经济时代，企业大都喜欢启用有生产管理经验的人做一把手，为的是做好产品生产工作；市场竞争激烈时，企业一把手大都由市场销售经验丰富的人出任，我能升任厂长与我有10年的销售经历紧密相关；随着企业上市及资本化运作深化，财务管理变得越来越重要，许多企业一把手改由有财务背景的人出任；后来，在科技和商业模式创新的冲击下，新经济发展，很多企业选择创新能力出色的人做一把手。可见，企业选人、用人实际上会随着市场、企业内外部情况的变化而动态变化。从今天来看，英雄不问出处，选择什么专业背景的一把手关键在于企业的实际情况。从个人实践来看，我更倾向于选理工科专业的人做企业一把手，因为他们接受过系统的数学和逻辑训练，数字化管理的基础更牢靠，这是很重要的。当然，人的知识结构和思维习惯不是固定不变的，自身不足可以通过后天的学习和培训来弥补。好的企业善于发挥人才的作用，将人才力量转化为企业发展的动力。

　　大量实践证明，不少企业都面临这样一道难题：如何解决好传承问题，找到一位好的接班人。越是出色的企业领导者，面临的传承问题越严峻。这个问题解决不好的话，企业就可能很快跌入低谷、陷入危机。通用电气的杰克·韦尔奇提出了一系列的"灵魂拷问"，其中一个重要的拷问是：越是成就辉煌的企业和企业家，越要重视传承问题，也就是要选好接班人。他曾这样说："选择接班人不仅是我的职业生涯中最重要的一件事，而且是我面临过的最困难也是最痛苦的选择。整个过程几乎让我发疯，给我带来了无数个难以成眠之夜。"

　　上市公司的一把手交接班往往是企业持续发展的大事，尤其是我国民营上市公司的一把手大多到了交班的时间，无论家族企业的内部传承，还是引入职业经理人的外部传承，都面临着各自的机遇与挑战。我觉得民营企业的一把手可以交班给确实有经营管理能力的子女，这就是大家常说的创二代或新生代接班；但如果没有合适的子女接班，就要选择交给职业经理人，这要进行认真的选择。无论家族企业还是非家族企业，一把手的传承都需要提前规划。企业创始人或一把手应根据企业的战略目标、核心价值观和发展需求，明确传承的目标和方向。科学的传承机制是企业传承成功的关键，企业应根据自身情况，选择适合的传承模式，如家族传承、职业经理人传承或两者结合的模式。接班人的综合素质直接影响着企业的未来发展。企业应注重对接班人的尽早培养，包括管理能力、战略眼光、创新精神和企业文化认同等。企业文化是企业的灵魂，对接班人而言，认同并将其发扬光大是至关重要的。

传承不是权力的移交，而是责任的托付。新希望集团创始人刘永好以深远的眼光为女儿刘畅铺就接班之路。2002年，刘畅隐姓埋名以"李天媚"的身份进入新希望集团，从基层饲料厂做起。在车间扫过猪舍，在门店直面过客户，这些经历帮助她理解了农业。2013年刘畅正式接班时，刘永好给予她的不是光环而是挑战，那时禽流感重创养殖业，刘畅临危受命。刘永好选择"扶上马送一程"，慢慢退居幕后。后来，刘畅以"互联网＋传统农业"的模式，投资智慧养猪场，实现"AI养万头猪只需1人"，集团旗下的孵化冷链物流品牌"鲜生活"门店遍布全国，刘畅更是将宠物食品做到行业前列。刘永好沉淀的产业根基与女儿刘畅开拓的数字生态，共同推动集团营业收入突破2000亿元大关。刘永好在传承过程中不仅注重培养女儿，还重视培养年轻企业家，提出让年轻人走上管理一线，并为他们提供试错空间。新希望集团的传承实现了家族企业的平稳交接，更注入了年轻活力与创新意识。刘永好看着女儿将"新希望"带上世界舞台时，对外感慨道："是她让老品牌有了年轻的心跳。"成功的代际接力不在于血缘的更替，而在于使命的传递。当父辈以智慧铺路、后辈以实力证道时，基业长青的梦想便有了坚实的支点。

企业经营不善往往和用人失误有关：一是用了不该用的人，二是用的人不能挑大梁，承担不起应有的责任。激烈的市场竞争每时每刻都在考验企业的选人与用人水平。人才从哪里来呢？企业要把自我培养的人才和外部引进的人才结合起来，建立健全各层次人才培养、选拔、考核、使用、激励相统一的长效机制，千方百计、不拘一格地吸引人才、留住人才、培养人才，充分发挥人的专长和潜能，实现人才强企。

最佳实践案例：中国神华——回报股东的典范

中国神华能源股份有限公司（简称"中国神华"）于 2004 年 11 月由神华集团有限责任公司（简称"神华集团"）独家发起，在北京注册成立。神华集团是 1995 年 10 月经国务院批准在原精煤公司基础上组建的国有独资公司，曾为中央直管的 53 家国有重要骨干企业之一。2005 年 6 月 15 日，中国神华在香港联合交易所主板成功上市，迈出了资本运作的重要一步；2007 年，又登陆上海证券交易所，实现了"A+H"股上市。2017 年 8 月 28 日，经国务院批准，中国国电集团公司与神华集团合并重组为国家能源投资集团有限责任公司（简称"国家能源集团"），中国神华成为国家能源集团旗下的核心上市公司，开启了新的发展篇章。我曾多次与中国神华的负责人交流，这些年，中国神华不仅业绩好，更重要的是分红也很好，我常拿它的分红作为例子，供大家学习。

卓越的回报股东实践

中国神华是世界领先的以煤炭为基础的一体化能源公司，是我国最大的煤炭生产企业和销售企业、全球第二大煤炭上市公司。煤炭、发电、铁路、港口、航运、煤化工一体化经营模式是中国神华的独特经营方式和盈利模式，其发展战略目标是"建设世界一流的清洁能源供应商"。中国神华拥有丰富的煤炭资源，2024 年年末，其煤炭保有可采储量达 150.9 亿吨，不仅如此，它运营着 2400 多千米的铁路、2.7 亿吨装船能力的码头、百万载重吨的自有船舶以及 4 万多兆瓦的发电装机容量。截至 2024 年年底，中国神华资产规模达 6581 亿元，综合市值达 8221 亿元，员工总数约为 8.3 万人，实现营业收入 3383.75 亿元，净利润达到 688.65 亿元，净资产收益率高达 13.74%，总资产收益率也达到 10.69%，投资回报率为 12.87%，展现出强大的盈利能力、抗风险能力和回报能力。中国神华在回报股东方面表现良好，源于自身强大的盈利能力和现金流、稳定的利润分配政策、控股股东的支持、高比例现金分红以及优化的市值管理策略。

财务稳健

中国神华作为国内煤炭行业的龙头企业，盈利能力较强且较为稳定。2024年，中国神华归母净利润为624.21亿元，同比下降3.41%。尽管净利润有所下降，但它自上市以来从未亏损，净利润始终保持在100亿～700亿元的区间内，体现了它深耕煤炭行业和多元化发展战略带来的较强的盈利稳定性。近三年来，中国神华的经营活动现金流量净额都超过900亿元，每年资本开支超过300亿元，现金流表现稳健。2024年，公司经营活动产生的现金流量净额为933.48亿元，同比增长4.08%。2024年，公司投资活动使用的现金流量净额为853.59亿元，较2023年的369.74亿元增长130.9%，这说明它在积极进行投资布局，为未来发展储备动力。2024年，公司筹资活动使用的现金流量净额为511.73亿元，较2023年的761.31亿元下降32.8%。

中国神华积极响应国家政策，在煤炭中长期协议价格政策施行、燃煤发电上网电价市场化及矿业权出让收益制度改革的背景下，充分发挥自身优势。它通过合理规划煤炭生产和销售，依据协议价格稳定营业收入，利用上网电价市场化提升发电业务利润空间。公司存量资源价值也因政策调整得到重估，资产质量显著提升，盈利能力进一步增强。

稳定的利润分配政策

中国神华的公司章程最初要求每年以现金方式分配的利润不少于公司当年实现的归属于本公司股东净利润的35%，超越了监管要求的标准。随着公司的发展和对股东回报重视程度的提升，经2022年第一次临时股东大会批准，2022—2024年度每年现金分红比例提高至不少于公司当年实现的归属于本公司股东净利润的60%。到2025年1月，公司进一步提出，2025—2027年度每年以现金方式分配的利润不少于公司当年实现的归属于本公司股东净利润的65%，并且考虑实施中期利润分配。中国神华的利润分配政策保持了连续性和稳定性，这不仅增强了投资者的信心，还吸引了长期资本。

中国神华自上市以来累计分红19次，累计分红金额高达4609.99亿元，平均分红率为62.53%，总共募集资金约为895.82亿元，分红总额已达到募集资金的515%。截至2024年年底，公司累计分红总额较募资总额高出了3714.17亿元。在全市场累计分红总额大于累计募资总额的公司排名中，中国神华位列全市场第六，仅次于中国工商银行、中国农业银行、中国银行、中国石油和中国石化，回报股东力度市场领先。此外，中国神华的股价表现同样亮眼。具体来看，2012—2024年，它的股价累计上涨316%，年化收益率达到15.75%，稳健增长，在市场中展现出长期投资价值。高额且稳定的分红使中国神华在资本市场中树立了良好的形象，吸引了众多注重长期投资回报的投资者。此外，中国神华董事会已获得股东周年大会授予回购H股股份的一般性授权，将在必要情况下适时开展授权事项。

国家能源集团的支持

作为中国神华的控股股东，国家能源集团为它的发展提供了全方位的支持。2023年10月20日至2024年10月18日，国家能源集团通过自己的全资子公司资本控股，累计增持了中国神华A股股份1159.35万股。增持后，国家能源集团直接及间接持股比例增至69.5789%。通过增持计划，国家能源集团向资本市场明确表达了对公司价值的高度认可，稳定了市场信心。国家能源集团还在稳步推进资产注入，为中国神华的持续发展提供优质资源，中国神华2025年1月以8.53亿元对价收购国家能源集团所持国家能源集团杭锦能源有限责任公司100%的股权，该交易已于2025年2月完成交割。目前，国家能源集团和中国神华正在协商启动新一批的注资交易，继续推进煤炭优质资产注入中国神华。

建立"11257"市值管理工作体系

中国神华通过"11257"市值管理工作体系，A股市值三年增长155%，市值排名位于A股非金融企业央企上市公司第四位，超过行业与市场综合指数创历史新高。中国神华独具特色的"11257"市值管理工作体系的具体内涵如下。

一个理念："治信诚共赢"，即治理诚信、合作共赢。中国神华将此理念贯穿于市值管理全过程，确保公司与投资者、股东、市场等各方建立信任关系，实现共同发展。

一个原则：遵循"促进内在价值与市场价值相统一"的原则。中国神华通过提升公司内在价值来推动市场价值的增长，同时通过合理的市值管理手段，使市场价值能够充分反映公司的内在价值。

两个环节：一个环节是价值创造，另一个环节是价值传递。价值创造指的是中国神华依据整体发展战略"量身定制"市值管理长期目标和短期计划，优化内部控制流程，对可能影响市值的风险因素进行定期评估和监控，对市值波动较大的情况进行及时预警和分析，采取相应措施稳定市值。价值传递指的是中国神华通过强化主营业务及未来发展方向，把握价值链关键环节，灵活运用资本运作手段，提高资本回报率，强化投资者关系与信息披露管理，推进多层次良性互动机制建设，有效做好价值正向传递。

五项保障：一是完善法人治理结构，夯实内部控制基础，规范决策主体的行权方式，深化党委领导下的董事会建设工作，合规开展董事会换届和董事长选任工作，充分发挥董事会独立董事委员会和各专业委员会的作用，提高服务保障董事履职的能力水平。二是强化党委领导，建立市值管理日常工作机制，根据日常工作需要召开领导小组会议，按季度召开工作小组协调会议，统筹协调解决有关重大问题，推动日常工作。三是发挥党建引领作用，成立中国神华市值管理工作领导小组，负责贯彻落实国务院国资委、中国证监会及集团公司有关市值管理工作的决策部署，从公司层面组织协调各方面资源，充分依托社会资源和央企力量，全面统筹部署和推进市值管理体系建设工作。四是党建职能部门发挥支持作用，组织人事部门制定与市值管理目标相适应的人才战略规划，建立科学合理的绩效评估体系，设计与市值管理成果挂钩的薪酬激励机制，将市值管理相关的指标纳入各级管理人员和关键岗位员工的绩效考核中。五是纪检审计部门监督市值管理各项决策和操作是否符合法律法规、监管要求以及公司内部的规章制度，防范违法违规行为对公司市值造成负面影响。

七大工程：一是战略工程，保持前瞻性、适应性和引领性，践行科技创新、产业控制、安全支撑"三个作用"。二是管理工程，激发创新潜力，实现运营效率和市场适应性持续提升。三是资本运营工程，抢抓绿色金融、科技金融、普惠金融等新机遇，实现资本的有效配置和风险控制。四是互信工程，加强信息披露透明度和及时性，利用大数据、人工智能等技术手段，实现与市场的良性互动。五是价值创造工程，有效传递投资者的需求和期望，实现价值创造最大化。六是品牌工程，创新开展ESG（环境、社会和公司治理）实践，实现为社会赋能、为经济助力。七是形象工程，有效管理公众舆论，维护企业的形象和声誉。

实践启示

启示一：**要能持续创造高水平的利润和现金流**。中国神华能给股东回报的基础是它能持续创造高水平的利润和现金流，缺少这两点，卓越的股东回报也就无从谈起。所以，企业不仅要创造高水平的利润，还要加强现金流管理，尤其是经营性现金流。这是公司回报股东的基础性工作。

启示二：**要有稳定的利润分配制度，灵活确定分红比例**。公司应该按照《公司法》和中国证监会的监管要求，以及公司自身的追求，不断完善自己的利润分配制度，要将分红策略明确写入公司章程，并持续优化，向市场传递积极信号，增强投资者信心。另外，公司还要依据发展阶段灵活确定分红比例，成长阶段适度留存资金用于业务拓展，成熟阶段提高分红比例积极回馈股东。上市公司在分红方面应该秉持能分则分、能多分则多分的原则。

启示三：要建立起自己的市值管理工作体系。上市公司可以向中国神华学习，建立起类似于"11257"的市值管理工作体系，将能量化的部分尽量量化，重在落实执行。

第 7 章
Chapter 7

并购重组

2024年6月19日，新"国九条"对活跃并购重组市场做出重要部署。《关于深化科创板改革 服务科技创新和新质生产力发展的八条措施》（简称"科创板八条"）指出，支持科创板上市公司开展产业链上下游的并购整合。2024年9月24日，为进一步激发并购重组市场活力，中国证监会发布了《关于深化上市公司并购重组市场改革的意见》（简称"并购六条"）。9月26日，中共中央政治局会议明确指出，支持上市公司并购重组。数据显示，自"并购六条"发布以来，沪深两市已披露资产重组超过1400单，其中重大资产重组超过160单。

2025年5月，中国证监会主席吴清在国务院新闻办公室举办的发布会上表示，进一步完善"并购六条"配套措施，以更大力度支持上市公司并购重组，围绕产业逻辑"强身健体"、激发活力、提高质量，不断提升创新能力以及风险抵御能力。5月16日，中国证监会公布实施修订后的《上市公司重大资产重组管理办法》，在简化审核程序、创新交易工具、提升监管包容度等方面做出了优化。这一新规将进一步提升上市公司并购重组积极性，充分激发并购重组市场活力，助力上市公司高质量发展。政策红利的持续释放标志着并购重组已经成为推动经济高质量发展的关键抓手。

我在中国建材集团主导过上千家企业的并购重组，在国药集团也推动了600多家企业的并购重组，并且在这两家企业中都主导过央企之间的重组工作。基于这些实践和思考，我对并购重组有着深刻的感悟。并购重组是一种重要的经济活动，它对企业自身的发展、行业和市场的优化以及经济和社会的繁荣来说都有着深远的意义。同时，并购重组又是一项复杂的经营艺术，即使是在国际著名企业中，失败的并购重组案例也并不少见。究其根源，失败往往源于企业对并购重组没有清晰的战略，并购重组过程中缺少有效的整合。这也提醒我们，并购重组既要有"道"，又要有"术"。

并购重组的战略价值

在如今激烈的市场竞争中，企业仅靠自身成长难以在短时间内迅速扩张，可能会错过市场窗口期，丧失发展机遇。因此，要想做大做强做优，单靠自身的原始创造和积累是不够的，企业除了要重视现有资源和业务外，还要关注内外部资源的集成能力与优化能力，尤其要注重存量整合，强化资源的集聚效应和综合价值。诺贝尔经济学奖获得者乔治·斯蒂格勒曾指出，没有一家美国大公司不是通过某种程度、某种方式的并购重组而成长起来的，几乎没有一家大公司是靠内生式的有机成长而发展起来的。中央曾强调"多兼并重组，少破产清算"，我国企业之间的并购重组现在也进入了一个非常重要的新阶段。中国建材集团、国药集团、中国宝武等通过并购重组快速跻身行业领军行列，已经彰显了它的实践价值。

并购重组的意义

第一，并购重组有利于企业做大做强做优，打造行业龙头企业。企业成长是有逻辑的，应该从"大"到"强"再到"优"："大"是指规模，"强"是指核心竞争力，"优"是指盈利能力，也是指业绩。像培育果树一样，先让它长高，然后长粗，再开花结果，硕果累累。如果企业个头（规模）没有长起来，也没有市场效应，就很难做强、做优。做企业要先做大规模，产生规模效益非常重要。

在做大方面，我国三大电信运营商过去都有各自的铁塔，后来新组建的中国铁塔股份有限公司把三大电信运营商的铁塔统一起来集中运行，不但节省了巨额投资，还发挥了规模效应。

在做强方面，企业通过并购重组可以快速获取现阶段和未来所需要的关键资源与技术。海尔智家完成对通用电气家电业务的收购后，快速切入了高端成熟市场，实现了全球化布局，提升了海外收入规模与比重。

在做优方面，企业可以通过并购重组提升企业价值，实现资源的优化配置，提高资产的运营效率。例如，丹纳赫公司（简称"丹纳赫"）以"收购－整合－优化"的模式而闻名，公司主要通过丹纳赫精益管理系统（Danaher business system）提升被收购企业的效率。丹纳赫是全球生命科学仪器和医疗诊断设备领域的头部企业，2024年营业收入达239亿美元，业务遍布60多个国家，员工约为8万人。丹纳赫在中国的上海、苏州等地设有多个研发中心和生产基地。它深入实施本土化战略，与药明康德、深圳迈瑞生物医疗电子股份有限公司（简称"迈瑞医疗"）等企业在供应链和技术研发上合作紧密。2015年，丹纳赫以138亿美元收购了被市场低估的Pall（颇尔）公司。Pall公司是过滤技术的龙头企业，因医疗和工业业务增长放缓，市盈率低于行业水平。丹纳赫收购Pall公司之后，引入了丹纳赫精益管理系统，削减了 Pall 公司 20% 的运营成本，同时剥离了一些非核心资产，如工业过滤部门，进一步聚焦于毛利率高的生命科学领域，还将 Pall 公司的过滤技术与丹纳赫诊断设备结合，推出了整合解决方案。Pall 公司被收购后 3 年内，利润率从 12% 提升至 18%，成为丹纳赫在生命科学板块的核心引擎。丹纳赫的股价 5 年内上涨 150%，远超标普 500 指数的涨幅。丹纳赫的这种并购模式很值得中国企业学习。汽车之家当年作为垂直汽车资讯平台，因为商业模式单一，它的估值低于互联网巨头。2016 年，中国平安保险（集团）股份有限公司（简称"中国平安"）收购汽车之家之后，将平安车险、汽车金融业务与汽车之家用户数据打通，提供"看车—买车—用车"的闭环服务，并引入平安 AI 和大数据能力，优化广告推荐和经销商管理系统，与平安好医生、陆金所等板块交叉导流，提升用户黏性。汽车之家的净利润从 2016 年的 2.6 亿美元增长至 2023 年的 7.5 亿美元，市值高点时突破 150 亿美元，而平安车险的保费中也有 30% 来自汽车之家导流。

第二，并购重组有利于公司进行结构调整和转型升级，优化技术、管理、资产、人员等资源配置。市场资源的有限性与企业之间资源利用效率的差异性，决定了并购重组在优化资源配置中的价值：将资源从效率较低的企业转移到效率较高的企业中。在技术结构升级方面，单靠公司自身实现转型升级并不容易，公司可通过跨行业的互补性并购重组，引入前沿技术、新质生产力等外部资源，以"技术内生化"加速自身的转型升级。在"双碳"政策下，中国巨石向低碳化、数字化方向转型。2021 年，它并购了德国工业软件公司 Covestro 工业 4.0 事业部，将 Covestro 的 AI 算法嵌入了窑炉控制系统，实现了生产参数实时优化，单位能耗下降了 15%，同时还向同行输出了"巨石智造"解决方案，开辟了自己的第二曲线。2023 年，中国巨石的单位产品碳排放强度同比下降 12%，入选工业和信息化部认证的"绿色工厂"，高附加值产品营业收入占比从 30% 提升至 45%，净利润逆周期增长 10%，它的股价 3 年内累计涨幅超120%，估值逻辑从"周期股"转向了"新材料科技平台"。

除了跨行业的互补性并购重组外，同行业、同类技术下并购比自己技术更先进的企业，也可以迅速增强技术实力，形成技术壁垒。2010—2024年，万华化学进行了多次并购，涵盖化学品生产、精细化工等领域，每次并购都是围绕提升市场地位、技术能力及竞争力等展开的。MDI（二苯甲烷二异氰酸酯）技术曾被国外垄断，万华化学通过收购匈牙利博苏化学公司，迅速掌握了先进的MDI生产工艺，打破了技术封锁，提升了自身技术和产能水平。同时，这次收购也使它进入了欧洲市场，建立了海外生产基地，MDI产能跃升全球前三，万华化学利用欧洲基地和销售网络降低了运输成本，提高了市场响应速度，增强了国际竞争力和品牌影响力。

并购重组还可以优化公司的管理结构，使公司借助新的技术和管理理念，推动产业升级。美的集团是我国领先的智能家居与智能制造企业，2016年以514亿日元收购了东芝家电80.1%的股权。东芝家电当时面临生产自动化率低、成本高等问题，传统制造模式亟待升级。美的集团引入自身拥有的库卡工业机器人，替代东芝原有的人工密集生产线，实现洗衣机、空调等产品的装配、检测全流程自动化，单线生产效率提高40%。美的集团将自主开发的M.IoT平台接入东芝工厂，实时监控设备状态并优化生产排程，使设备综合效率提升了15%。美的集团还升级了东芝的质量管理系统，通过应用AI视觉检测技术，使东芝的不良产品率由原来的2%下降至0.5%。通过这种技术与管理的结构调整，东芝家电扭亏为盈，2023年营业收入超过2000亿日元，净利润率达8%。美的集团智能制造能力反向输出，形成了"技术收购－整合升级－全球复制"的闭环。

就资产结构而言，如果企业发现某些业务板块增长乏力或与企业整体战略不匹配，可以通过出售这些业务来获得资金，同时收购与企业战略契合度更高的业务，即通过卖旧买新、腾笼换鸟，实现价值跃升。

TCL科技集团股份有限公司（简称"TCL科技"）2019年以47.6亿元向TCL实业控股股份有限公司出售了智能终端业务，包含电视、手机、家电等，彻底退出低毛利的消费电子制造领域。2020年，TCL科技收购了天津中环电子信息集团有限公司（简称"中环集团"），取得了中环半导体公司的控股权，切入光伏硅片（中环半导体公司的全球市场占有率排名第一）和半导体材料赛道。2021年，它又收购了苏州华星光电技术有限公司（三星苏州LCD工厂），补充了高端显示产能，完善了大尺寸面板布局。经过这一翻腾笼换鸟，TCL科技2023年的半导体显示业务营业收入占比超过70%，而原来的终端业务营业收入占比不足15%，中环半导体N型硅片让它成为全球光伏材料龙头企业，半导体硅片打入了台积电供应链，2020—2023年公司股价累计涨幅超过200%，市场对它的估值逻辑从"传统制造"转向了"半导体+新能源"双轮驱动。

第三，并购重组有利于创新型企业进入或再次进入资本市场，开启高质量发展之路。投资于创新型企业的私募基金等，可以在并购重组过程中退出，形成一种"资本培育创新—创新反哺资本"的良性生态循环。豪威科技（OmniVision）是排名全球前三的CMOS图像传感器企业，曾在纳斯达克上市。2016年，我国的清芯华创、中信资本等私募基金以19亿美元完成了豪威科技的私有化退市。这也推动了豪威科技的技术国产化进程，开拓了华为、小米等国内头部客户。2019年，上海韦尔半导体股份有限公司（简称"韦尔股份"）以152亿元收购豪威科技85.53%的股权，交易方式为"发行股份+现金支付"。韦尔股份是我国半导体设计的龙头企业，主营CMOS图像传感器。在韦尔股份并购豪威科技时，私募基金通过交易获得了现金对价及上市公司股份，实现了部分退出，剩余股份（锁定12个月后）通过二级市场减持，最终实现了完整退出，内部收益率（IRR）超过30%。作为全球第三大CIS厂商，韦尔股份2023年的市场占有率为16%，它的市值从并购前的200亿元增长至高点时的2000多亿元，私募基金获利退出，又将资金投到了半导体材料、设备等新项目上，形成"投资—赋能—退出—再投资"的模式，推动了产业升级。

大规模并购重组伴随着高频、巨额的资金流动，刺激了银行、证券交易等金融业务的发展，是金融市场创新发展的重要驱动力。2025年3月，金融监管总局组织开展了适度放宽科技企业并购贷款政策试点工作，试点适度放宽《商业银行并购贷款风险管理指引》部分条款，实施差异化调整。对于"控股型"并购，试点将贷款占企业并购交易额"不应高于60%"放宽至"不应高于80%"，将贷款期限"一般不超过七年"放宽至"一般不超过十年"，支持科技企业特别是链主企业加快产业整合，畅通资本循环。企业通过并购重组扩大规模、提升效率后，又会增加生产投资和研发投入，带动上下游产业的协同发展，从而对整个经济的增长产生积极的拉动作用。

第四，并购重组有利于提高产业集中度，破解恶性竞争难题，推动市场走向健康发展轨道。放眼全球，大企业整合市场、并购重组都是有组织的战略性市场安排。大企业整合市场的核心在于提高产业集中度、稳定价格。在产能过剩的大背景下，如果产业集中度高，产能利用率可控，过剩问题就能破解。集中度是市场健康运行的稳定器，产业集中度的提高有助于市场秩序和价格体系的稳定，进而行业和企业的利润才有了保障。值得注意的是，只有在产能减量过程中仍能实现良好的经济效益，各方利益才能得到有效保障，收购溢价与减量损失才能获得合理补偿，去产能与结构调整任务才能顺利推进，这正是大企业市场整合的基本逻辑。并购重组是市场经济运行的高级方式，是遏制过度竞争、实现市场良性发展的最优路径，也是解决产能过剩问题的必然选择。大企业通过并购重组，采取关闭低效工厂、实施错峰生产等减量措施实现产销平衡，同时借助技术革新、转型升级等创新手段优化产业结构，推动企业业步入盈利增长的良性循环。

中国证监会发布的"并购六条"具体包括：一是支持上市公司向新质生产力方向转型升级；二是鼓励上市公司加强产业整合；三是进一步

提高监管包容度；四是提升并购重组市场交易效率；五是提升中介机构服务水平；六是依法加强监管。"并购六条"有针对性地回应市场关注的并购重组难点、堵点问题，有效地激发了并购重组市场的信心与活力。中国宝武就是通过一系列并购重组，整合了众多中小型钢铁企业，有效遏制了行业过度竞争。产业整合之后，中国宝武通过协调生产计划、优化资源配置，提高了整个行业的生产效率和产品质量，推动产业向规模化、集约化方向发展，为化解产能过剩提供了"中国样本"。

有机并购重组

学过物理、学化学的人都知道什么叫临界体积——当放射性元素堆到特定体积时就会发生链式反应，释放出巨大能量。做企业同样如此，当资本、技术、人才等各种资源有机地聚集到一起时，就会产生集聚效应。今天的社会并不缺乏资源，企业无限多，技术无限多，人才无限多，但是能否将它们有效整合起来并产生集聚效应，是对企业领导者经营思想的严峻考验。

按照经典的企业成长理论，企业的自我发展、内生式滚雪球发展的方式被称为有机成长，而并购重组等外部扩张的发展方式被称为无机成长。以水泥行业为例，海螺集团是有机成长的典范，中国建材集团是并购重组的典范，这两家企业都是行业中的龙头企业。海螺集团发展时间长、做得精，占据了地利；而中国建材集团发展时间短、整合快，抓住了天时与人和。中国建材集团要想在比较短的时间内把水泥业务做起来，就必须进行并购重组。但是，中国建材集团绝不是简单地将不同企业合并起来，而是通过并购重组强化资源的集聚效应，实现并购重组中的协同价值，规避并购重组的风险，即让传统的"无机"并购重组实现"有机化"。

并购重组的确能让大企业快速成长，但做企业是个慢工细活，不能为快而快、为大而大，必须平衡好发展和风险的关系，让并购重组建立在理性、有机的基础之上，急于求成、拔苗助长是不行的。我认为，有机的并购重组有两点要求：一是并购重组必须有明晰的战略，二是并购重组必须进行有效的整合。做好这两点就可以让无机的并购重组变成有机的并购重组。真正有机的并购重组、绝非简单地叠加规模，它需要企业跳出财务报表的思维，以有机成长为目标，最终将外部资源内化为企业的核心竞争力。

对全球学者和企业家来说，并购重组都是一个重大命题，它是企业经营的高超手段，也是惊险的艺术。2009年，哈佛大学鲍沃教授听说中国建材集团正在进行水泥业的并购重组，向我们表达了浓厚的兴趣。鲍沃教授对行业重组和产业结构调整很有研究，既进行过通用电气这样的企业研究，也进行过欧美钢铁业重组研究。在他看来，在中国这么大的市场上做水泥业并购重组，一定是件惊天动地的事情，可以为全球并购重组提供不可多得的经验。

鲍沃教授对我的访谈持续了4个小时。他的确是并购重组领域的专家，他的问题十分专业，包括并购战略、并购的区域选择、并购程序、并购后的整合等核心问题。在接下来的两年时间里，鲍沃教授带领他的团队走遍中国建材集团的水泥厂，调研了几十家子公司、工厂，与高管们一一对话。鲍沃教授认为，中国建材集团实施的并购重组很了不起，在推进产业结构调整中发挥的积极作用、重组与整合模式，以及整合中取得的卓越成绩和管理团队的超强执行能力等，为大型企业提高并购重组与整合效率提供了良好的范本。2011年9月，《中国建材：推动中国水泥产业发展》案例正式走进了哈佛商学院的课堂。

这篇案例从四个方面分析了中国建材集团在水泥产能过剩、企业过于分散、恶性竞争的产业环境中，如何克服重重困难、实现快速成长。第一，勇担改善行业结构调整的使命，确立了清晰的战略，以存量整合为主，以市场化方式推进跨地区、跨所有制的大规模并购重组。第二，探索"央企市营"的新机制，实现了包容性成长和快速扩张。第三，建立了并购后的独特整合框架及模式，管理整合及文化融合让并购重组后的企业迅速进入规范管理的快车道。第四，持续开疆辟土，有序展开水泥产业整合的计划，不断延伸产业链，提高管理水平，着眼于行业未来，引领全行业实现可持续发展。

随着中国建材集团的并购重组不断深入推进，企业获得了快速发展与壮大，社会影响力也在不断提升。当时，许多企业家和媒体朋友都问我：中国建材集团的并购重组模式可以复制吗？我的回答是：可以。这种大规模的并购重组之所以能够成功，是因为它符合中国市场经济规律和企业成长逻辑，不仅适用于建材行业，也适用于钢铁、煤炭等行业。在我任国药集团董事长期间，我复制了中国建材集团的并购重组模式，实践证明，这是可行的。

央企体系中存在多家业务同质化企业。早年为激发企业竞争活力，部委所属企业脱钩时往往组建两家以上集团公司，这种竞争机制在一定时期内有力推动了企业发展。然而，随着国际化进程加快，同为国务院国资委监管的企业在海外市场竞相角逐，为争夺订单频繁展开激烈的价格战。这种内耗式竞争既不符合市场经济规律，也难以简单归咎于某一家企业，客观上倒逼央企加速整合。从央企整体布局来看，重组整合成为必然选择。2014 年，我从国药集团卸任董事长后，根据上级领导的指示，主动推动"两材"重组。2016 年 8 月，"两材"重组获国务院批准，8 月 26 日，新中国建材集团正式宣告成立。"两材"重组的推进有条不紊，得益于采取了"三步走"的策略。第一步，根据集团及二级板块层面的战略定位，实施"大两材"合并。第二步，推进中国建材股份和中国中材股份有限公司两家 H 股公司的吸收合并，也就是"小两材"合并。第三步，进行业务整合、市场整合。

并购重组的"三盘牛肉"

并购重组的核心是互利共赢。在并购重组过程中，要考虑别人的利益和感受，实现利益均沾。如果一天到晚总是想着算计别人，就没人愿意与你合作。大企业并购重组小企业，不能一味地甩包袱，要把相关利益人的利益处理好。中国建材集团的并购重组都是把公平公允放在前面，不占大家的便宜，还处处为对方利益着想，当然，前提是必须按照国家相关规定办事，绝不能造成国有资产流失。

水泥是一种区域性产品，要做水泥业务，必须按照区域组建不同的水泥公司。中国建材集团在淮海经济区整合中国联合水泥集团有限公司（简称"中国联合水泥"）的时候，着手组建了南方水泥。这次组建，我选择的突破口是浙江。之所以选择浙江，主要有几点考虑。首先，浙江水泥企业当时群龙无首、市场陷入恶性竞争；其次，浙江民营经济发达，迅速淘汰了落后的小立窑生产线，全省水泥工业基本实现了向新型干法先进工艺技术的转型；最后，浙江民营投资相当分散，有上百家独立的水泥企业参与竞争，激烈的价格战把水泥价格从每吨 400 多元压到每吨 180 元，几乎所有的水泥企业都发生了亏损。

中国建材集团在筛选浙江水泥企业时发现，其中四家企业的水泥总量占浙江水泥市场份额的 50%，分别简称浙江水泥、三狮水泥、尖峰水泥和虎山水泥。这让我们做出判断：要组建南方水泥，就必须先整合这四家企业。当时，这四家企业各有合作对象：浙江水泥与一家欧洲水泥公司签订了合作协议并支付了定金，会计师事务所进场正在做尽职调查；三狮水泥正在和一家我国香港地区的一家公司谈判；尖峰水泥董事长已买好机票，要去马来西亚签署合资协议；虎山水泥正计划加入当地的一家化工企业。恰好在这时，我邀请了四家企业的掌门人。

那是 2007 年春天的一天，我把这四位掌门人邀请到杭州的西子宾馆，在西湖边上的一个茶室里进行了会谈。西子宾馆之前名叫汪庄，所以我把这次会谈趣称为"汪庄会谈"。这次会谈，我是怀揣战略蓝图而来的，那就是要说服这四位掌门人放弃与其他企业之间的合作。因为那种合作相当于他们分别请"雇佣军"对打，并不能解决实质性问题。而中国建材集团则有更宏大的目标，希望把大家联合在一起，不再进行恶性竞争。会谈并不轻松，我们从早上 8 点一直谈到了傍晚。为了说服他们，我逐步端出了早就准备好的"三盘牛肉"，以让并购重组方案稳健落地，让合作企业实实在在地获得收益。

"第一盘牛肉"是价格公允。中国建材集团一律请中介机构进行价值评估，不算计合作企业，确保这些企业的原始投资得到回报。

"第二盘牛肉"是分享股份。中国建材集团给这些企业的掌门人留有 30% 的股份，尽管他们过去拥有企业 100% 的股份，但并不赚钱，甚至可能亏损到"活不下去"，今后虽然只有 30% 的股份，却能分得不少钱。

"第三盘牛肉"是保留经营层。保留这些企业符合条件的原有经营层，充分信任并继续留用那些有能力、有业绩、有职业操守的经营人员，使他们经过培训转变为新企业的职业经理人。

我们的"三盘牛肉"打动了这四位掌门人，他们最终决定接受中国建材集团的水泥业务重组方案，尖峰水泥的负责人退掉了去马来西亚的机票，浙江水泥退掉了意大利公司的定金，虎山水泥拒绝了化工集团，三狮水泥则终止了改制计划。整合听起来很难，实际上，只要真正做到互利共赢，为大家切实解除后顾之忧，人心齐了，再难的事情也能做成。

中国建材集团在做水泥业务重组时得到了中国水泥协会以及浙江水泥协会的关心和支持，此外，集团还得到了浙江省政府的支持，双方签署了战略合作协议，这对后来完成上百家水泥企业并购重组起到了重要的推动作用。

2007 年 9 月 26 日，南方水泥在上海正式宣告成立。南方水泥成立时，时任上海市委书记习近平专门发来贺信：祝愿南方水泥有限公司早日实现战略整合的既定目标，为国有企业的改革发展不断探索新路，为促进区域合作、联动发展做出更大贡献。这封贺信不仅肯定了南方水泥的工作，还为南方水泥乃至中国建材集团指明了发展方向。中国建材集团在南方地区原本一两水泥也没有，南方水泥成立后，集团在浙江、上海、江苏、安徽、湖南、江西、福建、广西迅速重组 300 余家企业，成为产能规模突破亿吨、位居行业前列的特大型水泥集团。把那么多所有制成分不同、大小不一的企业整合在一起，需要强大的整合能力，中国建材集团在特定时间里抓住了机会窗口，把它做成了。

并购重组的原则

并购重组绝不是"拉郎配"，也不是见企业就收，而是既要符合产业政策、行业和企业的发展规律，又要有恰当的方式方法，还要重视并购重组之后的整合，更好地发挥出并购重组的协同效应。否则，多并购一个企业就等于多一道枷锁，很容易被规模拖垮。虽然规模优势很重要，但并购重组之后企业的质量是我更看重的。我认为，并购重组至少要明确四大原则：服从企业战略，产生明显效益，实现协同效应，风险可控、可承担。

服从企业战略

并购重组是企业战略中的关键一环，企业并购重组应与自身的长期发展战略契合，明确并购重组的目的和目标企业的选择标准。中国建材集团的并购重组就在建材领域，且锁定特定的战略区域，而国药集团的并购重组则在医药领域。实践表明，在行业整合中，并购重组后的企业规模与市场话语权呈正相关关系——规模越大，对产业链上下游的议价能力及市场规则的影响力越强。

中国建材集团在并购重组的战略区域选择上有三大标准：一是这些区域符合国家产业政策与中国建材集团的整体发展战略目标，地方政府和行业协会大力支持中国建材集团通过重组推动地方产业结构调整；二是这些区域内没有领军企业，市场竞争激烈；三是这些区域恶性竞争的行业现状使得区域内的企业非常迫切希望进行并购重组。例如，当年中国建材集团组建南方水泥时，在以浙江为核心的东南经济区域，水泥企业虽多，但没有具有重大影响力的企业，异常激烈的市场竞争使得水泥价格极低，整个行业处于亏损状态。浙江水泥企业多为民营企业，企业生存压力巨大，纷纷寻找出路。当时已有国际资本进入浙江，但是政府和行业协会并不希望浙江的水泥资源被分割，分散进入不同的外国大公司，而是希望能由国内的大公司牵头重组。所以，中国建材集团的重组模式，得到了政府和行业协会的大力支持与欢迎。

紫金矿业集团股份有限公司（简称"紫金矿业"）也始终围绕主业开展并购重组，获取了大量优质矿产资源，不断提升自身的市场份额和行业影响力，实现了迅速成长。2005年，紫金矿业收购了加拿大顶峰矿业公司——位于加拿大不列颠哥伦比亚省的铜金矿。这是紫金矿业的首次海外并购，通过这次并购，紫金矿业积累了跨国矿业运营经验，增加了约50万吨铜资源量，为后续海外扩张奠定了基础。2015年，紫金矿业以3.6亿美元收购了巴布亚新几内亚波格拉金矿50%的股权，权益黄金储量大约增加了100吨，进而跻身全球十大金矿企业行列。值得注意的是，紫金矿业的战略执行能力非常强，确定发展目标后就会通过各种方式来尽力达成。为进入锂矿等新能源领域，紫金矿业2021年以9.6亿加拿大元（约合50亿元人民币）收购了加拿大新锂公司100%的股权，切入新能源金属赛道。近几年，这一新开辟的锂矿业务受到行业供需、产品价格波动等因素影响，紫金矿业自2023年以来多次调整2025年的产量指引，但是2028年锂产量达到25万～30万吨的中远期目标却保持不变。同时，在2025年锂产量目标实现难度加大的背景下，紫金矿业于2025年上半年又完成了对藏格矿业股份有限公司控制权的收购，这不仅使紫金矿业增加了在巨龙铜矿的权益，也对其实现中远期锂产量目标提供了帮助。大量的资源储备为紫金矿业的长期发展提供了坚实基础，也为其未来的业绩增长创造了条件。自上市以来，紫金矿业的股价持续稳健上涨，市值由上市之初的1740亿元增长至2025年年初的4400亿元。

京东方是我国CRT（阴极射线管）显示器的主要供应商之一，但它敏锐地看到了未来显示器发展的方向是平板液晶化，并清楚地意识到国内TFT-LCD（薄膜晶体管液晶显示器件）产业存在的空白和巨大的市场潜力。于是，京东方明确提出"进军液晶显示领域"的战略，但它缺乏核心技术专利与量产经验，自主研发周期过长可能错失市场窗口期。2003年，京东方看准机会，成功收购了韩国现代显示技术株式会社（Hynix）的TFT-LCD业务，通过收购海外企业的技术、市场及人才，消化、吸收、再创新，从高起点迅速切入液晶显示领域。通过这次收购，京东方跳过了研发试错阶段，直接获得了量产能力，同时突破了日韩企业对我国的技术封锁，还吸纳了韩国的团队，搭建了本土的研发体系。同年，京东方将Hynix的生产线设备迁至北京，新建了国内首条TFT-LCD生产线（即5代线），2005年实现量产，反向工程优化工艺，产品良率从70%提升至92%。京东方不仅在TFT-LCD市场中占据领先地位，还在OLED市场中表现突出，是我国OLED市场占有率最高的企业。它自主开发第6代至第10.5代线，还依托显示技术拓展智慧医疗、物联网等新场景，转型"屏之物联"生态。

产生明显效益

并购重组对象要有潜在的效益和价值。当然，开始并购重组的时候不见得有效益，但是一定要确定并购重组后可以看到它的效益。并购重组者看重的是长远利益，被并购重组者看重的是眼前利益，它们结合起来就比较容易。我经常和大家分享"老母鸡理论"：只收购重组之后能够明显产生效益的企业，如果这家企业特别好，收购价格就可以高一点。换句话说，如果收购对象具备盈利能力或潜力，那就是一只会下蛋的"老母鸡"，企业可以通过多给一两个月的鸡蛋钱，也就是支付合理溢价来实现收购。那么，溢价由谁来支付呢？它实际上是由市场支付的。企业通过并购重组扩大了市场占有率，提高了市场竞争力，扭转了恶性竞争、竞相压价等引发的价格结构性过低的局面，保证了并购重组之后行业价值与企业利润的提升。也就是说，并购重组的溢价实际上是由市场健康化后企业获得的效益增量支付的，从而弥补了并购重组过程中多付出的代价。归根到底，被并购重组者得到的是公允价格，并购重组者买到的是并购重组后的利润，这是"老母鸡理论"的核心逻辑。

不赚钱的并购重组是不宜做的。能赚钱的企业，价格公允就可以考虑收购。当然，效益应在合法合规的基础上取得。并购重组的责任主体应是并购方和标的企业，所有并购重组活动都必须严格遵循相关法律法规，保障交易的合法性、合规性。上市公司在并购重组过程中需要在规定时间内披露相关信息，权益变动报告书、收购报告书等文件的披露时点也要遵守具体的规则。交易各方应切实履行充分的信息披露义务，确保市场参与者能够获取准确、完整的信息。

并购重组从来都不应是为大而大、为多而多，而应紧紧围绕盈利这个目的，从利润出发，这是前提。每次并购重组前，中国建材集团必须明确三个关键问题：能否获取盈利？盈利点在哪里？盈利模式如何？除了要形成可量化的盈利预期外，我们还主张只有盈利逻辑清晰明确才能实施并购重组，如果盈利路径复杂、模糊，则需要认真研究。2015 年 4 月，中国建材集团旗下的凯盛科技以 5.3 亿元收购了深圳市国显科技有限公司（简称"国显科技"）75.58% 的股权，成为控股股东。国显科技是一家 TFT 液晶显示模组制造商，2014 年凭借全球平板电脑显示屏 20% 的份额成为"隐形冠军"。但是，过度依赖"白牌"客户导致公司抗风险能力弱。2015 年，公司受到大客户破产的冲击，亟须资本支持。凯盛科技考虑到国显科技的触控显示一体化技术可以为己所用，还可以给产业链带来新的利润增长点，于是决定并购。重组后的几年里，国显科技显示模组的市场占有率从全球第五跃居第二，凯盛科技的显示全产业链从 10 亿元的产值增长到 60 亿元以上，材料毛利率从 12% 上升至 18% 以上。2024 年，凯盛科技的显示板块净利润超过 3.05 亿元，而在并购前合计还不足 0.8 亿元。

后来，我还用"老母鸡理论"指导了国药集团的并购实践。医药流通企业收购比较关注市盈率，因为这类企业的价值在于销售渠道与客户关系，而非净资产。国药控股股份有限公司（简称"国药控股"）刚开始收购时价格不算高，往往是 10 倍左右的市盈率，但也碰到一些开价较高的情况。当年，国药控股深受收购价困扰，既怕出价高被人指责为国有资产流失，又怕出价低项目被竞争者抢走。为此，我跟国药控股总经理讲了"老母鸡理论"，对于价格偏高的企业，建议签三年对赌协议，并以对方 30% 的股权做抵押，既能避免国有资产流失争议，又能防止优质标的流失。"老母鸡理论"打消了国药控股高管的一些顾虑，实现了对一些关键省会企业的收购。实际上，国药控股总的收购价格并不高，平均市盈率仅为自身市盈率的一半。

洛阳栾川钼业集团股份有限公司（简称"洛阳钼业"）是一家国内一流的有色金属矿业公司，为了在全球范围内寻找和收购优质资源，公司于 2016 年分别花费 15 亿美元和 26.5 亿美元收购了巴西的铌、磷业务以及刚果（金）的铜、钴业务。在并购前，洛阳钼业进行了充分的市场调研和资源评估，对目标资产的储量、品位、开采条件等进行了详细的分析。同时，洛阳钼业在矿业领域拥有丰富的运营经验和专业技术团队，能够有效应对海外矿业资产在开采、加工、销售等环节可能遇到的问题。通过合理的融资安排，洛阳钼业确保了并购资金的及时到位。并购完成后，洛阳钼业通过优化资源配置、提升运营效率，使得营业收入和净利润实现了显著增长，营业收入从 2017 年的 241.48 亿元增长至 2024 年的 2130.29 亿元，净利润从 2017 年的 35.96 亿元增长至 2023 年的 251.24 亿元。

实现协同效应

企业经营的本质不是零和博弈，而是创造共生价值。协同效应绝非简单的资源叠加,而是通过战略整合、利益共享等,将对立转化为统一,最终实现"1+1>2"的系统价值再造。并购重组需要兼顾并购重组企业与被重组并购企业的效益提升,以实现整体利润增长的协同效应。也就是说,不仅要确保新收购项目赢利,还要带动原有业务价值提升。企业要想快速切入一个新行业、布局新产业,一旦发现该行业内某企业在重大创新方面取得突破或形成一定核心专长,就可以迅速通过收购方式,用资金支持它发展壮大起来。

2006年3月中国建材股份在香港上市后,急需做大水泥业务,但当年仅拥有一家水泥公司——中国联合水泥,而且在它的核心区域内,徐州海螺却建起了一条国际先进的万吨生产线。随着这条万吨生产线的投产,中国联合水泥旗下的江苏巨龙水泥集团有限公司(简称"巨龙水泥")在徐州的市场被极大地压缩。当时,巨龙水泥和徐州海螺之间的价格战异常残酷,供应高速公路的高标号水泥售价从每吨400多元降至200元以下,价格低于成本,两家企业都严重亏损。在竞争最激烈的时候,巨龙水泥原来的9个商混搅拌站客户被徐州海螺"吃掉"了6个半,情况十分危急。

徐州是中国建材集团水泥战略的重地,失去徐州就会全盘皆输。怎么办?想来想去只有并购重组。两家企业必须合并成一家企业,要么巨龙水泥收购徐州海螺,要么徐州海螺收购巨龙水泥。关键时刻,中国建材集团派人和对方进行谈判,希望能够收购徐州海螺。弱者收购强者?不合常理。当时,由于两家企业的激烈竞争,徐州海螺的利润大受影响,但徐州海螺觉得巨龙水泥不理想,不愿被它收购。

对徐州海螺来说,只是一条线该怎么做的问题,而对中国建材集团来讲,则关系到水泥这个业务到底能否做下去。我觉得我们必须重组徐州海螺,一是保住中国建材集团在淮海区域的市场,产生协同效应;二是向行业和市场宣示,中国建材集团有重组水泥行业的决心。在中国水泥协会的支持下,中国建材集团最终重组了徐州海螺。重组徐州海螺是一个转折点,从此,中国建材集团在水泥行业拉开了大规模并购重组的大幕，短短六七年的时间，发展成为全球水泥大王。

在做好现有业务的基础上，企业应根据发展需要，顺着上下游产业链进行纵深延伸，实现协同效应。宁德时代2015年收购了广东邦普循环科技有限公司（简称"广东邦普"），后来还持续增资控股。广东邦普是我国动力电池回收领域的龙头企业，镍钴锰回收率超过99%。为应对原材料（锂、钴、镍）成本波动和ESG要求，宁德时代想要通过动力电池回收业务降本增效。并购之后，广东邦普的"定向循环"技术被嵌入宁德时代的电池生产环节，将退役电池直接转化为前驱体材料，缩短了供应链。2023年，广东邦普回收处理量超过10万吨，对应碳酸锂当量2.5万吨，占宁德时代锂需求的15%。回收金属成本较采购原生矿降低了30%。2023年，宁德时代电池毛利率达22%，而行业平均毛利率是18%。当前，国内强制要求车企承担起电池回收责任，宁德时代通过广东邦普获得了合规优势，绑定了车企客户，如特斯拉、蔚来等。广东邦普2023年营业收入超过200亿元，净利润达25亿元，成为宁德时代第二大利润来源。2024年，碳酸锂价格较2023年高点下降65%，宁德时代的净利润仍在增长，它的市净率是5倍，而行业平均市净率是3倍。

风险可控、可承担

任何商业决策都伴随着风险，没有风险的并购重组是不存在的。在并购重组前，企业需要对目标企业进行全面的尽职调查，包括财务状况、经营情况、法律风险、市场前景等，以充分评估并购重组风险。同时，要组建专业的尽职调查团队，确保调查结果的准确性和可靠性。企业还应建立风险预警机制，对并购重组后可能出现的财务风险、整合风险、市场风险等进行实时监测和预警。此外，企业应加强对并购重组资金的全程监控和动态管理，确保资金使用安全高效。

中国建材股份当年在我国香港地区上市的时候，在大约100页的招股说明书中，有关风险披露的内容就有10页。只有说清楚风险，投资者才敢买我们的股票。有风险并不可怕，关键在于风险是否可控、可承担。每一次并购重组必须考虑它的边界条件，即万一出现风险能否切割，对企业的影响有多大？这是中国建材集团判断和应对风险的原则，即要把风险损失降至最低，而不是没有风险。在并购重组后，中国建材集团实施了清晰的"三步走"战略。

第一步，合理布局。对区域市场内的项目进行填平补齐，如果区域内还没布局，就不要走扎堆布局的老路；如果已经布局，就要在区域内积极自律；如果正在布局，就要把工厂间距拉开，不能一哄而上。通过优化布局，规避重复建设与恶性竞争。

第二步，以销定产。破解产能过剩问题是当时整个水泥行业发展的关键。中国建材集团所进行的并购重组，着眼点恰恰是化解水泥行业产能过剩带来的恶性竞争、企业亏损等问题。所以，中国建材集团不是靠新增产量，也不是靠压价竞争，而是通过以销定产、保证产品质量和增强企业话语权，成功化解了原燃材料涨价的影响，推动了价格理性回归，实现了企业价值创造与提升，也为行业健康发展做出了贡献。

第三步，整合融合。对企业来说，并购重组本身不是目的，最终目的是取得效益。单纯的并购重组解决了资源配置的有效性问题，回应了规模问题、资源问题，但是没有完全回答如何使资源发挥更大作用、产生更大效益的问题。只有整合融合与并购重组同时起作用，才能充分产生效益。为此，中国建材集团对并购重组企业实施了深度的整合融合，涵盖管理体系、技术标准、文化理念等。多年的实践表明，企业经营不仅不能犯大的战略性错误，也不能犯大的战术性错误。整合融合直接关系到并购重组的成败，只有做好整合融合，才能最终提升企业效益。

海尔在谋求产业转型升级、推进国际化战略的背景下，斥资约54亿美元收购了通用电气的家电业务。在并购过程中，海尔通过详细的市场调研和尽职调查，充分评估了目标企业的市场地位、技术实力、品牌价值以及潜在的运营风险。同时，海尔还制订了详细的整合计划，包括人员安置、品牌管理、供应链优化等，确保并购后的业务能够平稳过渡。

并购重组后的整合与融合

并购重组后的整合工作是决定并购重组成败的核心环节，直接关乎重组并购能否实现预期的协同效应与价值创造。并购重组后的整合工作主要涉及机构整合、业务整合、市场整合、管理整合、文化整合等。其中，最难的是文化整合。文化是一个企业的集体记忆，企业要融合各方优质文化元素，整合出适合企业发展的新文化，增进对企业新文化的认同。只有将整合与融合工作落到实处，企业才能充分释放并购的协同效能。

机构整合重在精干化

每一次并购重组都是一个资源集中的过程，而不是一个"摊大饼"的过程，因此，一定要同步推进机构与人员优化。机构整合是并购重组企业第一时间就要开展的首要工作，后续的业务整合、市场整合等都高度依赖于此项工作。为何要这么说呢？因为并购重组通常是出于扩大规模、共享资源、扩张市场和互补能力的目的，而机构整合是并购重组后的企业实现上述目的的重要保障，通过消除重复职能、优化资源配置、统一管理流程等来实现成本节约和效率提升，从而最大化协同效应。

在机构整合时，人员的定员配置由机构设置而定，而且一定要讲究整体的精干化原则。机构精简、人员精干、效率优先，这是机构整合追求的理想目标。精干化原则强调的是"少而精"，即在确保组织能够有效完成自己目标和任务的前提下，尽可能减少不必要的层级、部门和人员，避免机构臃肿和资源浪费。所以，要确保每一个岗位都能配置最适合且可充分发挥潜能的人员，避免人浮于事，提倡因事设岗、因岗定人。中国建材集团内部有个"五三三"定员原则,这个原则极大地促进了机构的精干化。集团总部所属企业按"五三三"原则定员,即诸如南方水泥等业务平台公司定编50人,南方水泥下的片区公司上海南方区域运营中心定编30人,而片区公司下的水泥厂日产5000吨水泥熟料生产线定编300人。现在,随着智能化的快速发展,同等生产能力的智能工厂只需要50人。

精干化原则强调人员具备高度专业性,一家企业如果能有一批具备专业水准的干部、员工,就能组成一个事业平台。企业的岗位分工虽然不同,但是每一名员工都要踏踏实实做好本职工作,成为专业领域的行家里手。大前研一在《专业主义》一书中指出,这个社会需要专家和专业人员。企业也需要有专业水准、对事业充满激情、能认真思考并举一反三的人。做水泥的要对水泥如数家珍,做玻璃的要对玻璃津津乐道,管生产的要对成本数字了如指掌,等等。

其实,机构整合的前提和本质是人的整合。人是企业里的核心资源,并购重组后人心的稳定性、人员工作的积极性直接关系到整合工作能否顺利进行,最终成效是否理想。企业要像经营客户那样经营员工的心,通过坦诚沟通让员工了解真实的企业状况与经营思想,赢得员工的理解与支持,确保每个员工都能快乐地在最能发挥效能的岗位上工作,进而提升整体工作效率和组织效能。"人心工程"做得好,机构整合才能顺利开展,并购重组后最开始的磨合阶段才能得到平稳过渡。

过去,央企重组采取的是国务院国资委引导、企业自愿的方式。可是,这些企业过去在央企层面都是一级公司,整合后有可能降为二级公司,因此这种整合有一定难度。国药集团当初重组的时候,以本集团为主,相继重组中国生物技术集团公司(简称"中生集团")、上海医药工业研究院有限公司、中国出国人员服务总公司,我那时就是一家一家地谈,给大家讲弥补短板、优势互补的道理和打造国家医药专业化平台的愿景,逐渐做通了这三家企业的工作。在国药集团与中生集团的整合中,我们在公司结构上采用的是吸收合并方式，在人员安排上则与新设合并类似，也就是保留中生集团等作为国药集团的所属企业，公司领导层则到集团层面任职。这种做法照顾了方方面面，推进起来比较顺当。

机构整合旨在实现三个目标。第一，消除冗余的层级、部门与人员，合并相似职能或强化关键业务单元，更高效地配置人力、资金和技术等资源，减少浪费，提高整体运营效率。第二，建立更流畅的沟通机制和协作流程，促进资源共享和最佳实践的推广，增强组织内部的协同效应，提高响应市场的速度和创新能力。第三，清晰定义各部门和各业务单元的角色与责任，确保每一部分的工作都朝着实现企业长期战略目标的方向努力。例如，在"两材"重组过程中，中国建材集团以精干化为原则，开展了"减层级、减机构、减冗员"的三减行动。

业务整合重在调整优化

并购重组不是简单地扩大企业规模，而是要让并购重组的这些企业产生优势互补的协同效应。能否把业务重新归集、重新划分，实现业务整合，成为企业并购重组后能否实现最大经济效益的关键一环。就业务而言，首先要分清楚哪些是主业，哪些是非主业。对于实施整体并购重组的企业，并购重组后需要尽快完成战略定位重塑，并围绕新定位做强主业，同步推进非主业剥离。当然，一些企业有时在并购重组之前就有了明确的并购重组原则，只选择同类业务或与主业关联的公司实施并购重组，以确保聚焦主业，做强主业。并购重组企业在剥离非主业后，即使对于主业，也要遵循"先聚合而后重构"的路径：聚合就是合并业务同类项，重构就是建立起专业的业务平台。主业不在于多，一般有三个就行，可以形成三足鼎立的业务格局。

业务整合的核心在于对同一集团内涉及同业竞争的业务板块进行优化重组。中国建材集团在完成"大两材"与"小两材"的总部合并后，随即启动集团内业务大整合。以工程技术服务板块为例，合并前"两材"旗下共有14家涉及工程技术服务的公司，这些公司过去在竞争中容易"打乱仗"，大量内耗，收益也有损失。合并后，新中国建材集团成立协调工作组，明确"精耕市场、精准服务、精化技术、精细管理"的要求，提出减少家数、划分市场、集中协调、适当补偿、加快转型的思路，多次组织工程技术服务业务协同会议，确定统一经营理念、统一竞合、统一对标体系、统一协调机构的"四统一"原则，让各企业相互借鉴、深入交流，发挥各自优势，扎实有效开展合作。

后来，中国建材集团以平台企业中材国际为主体，整合了集团内矿山工程与采矿服务资产，完成了4家工程服务企业整合，打造出水泥工程服务领域的隐形冠军。通过加快工程技术服务板块全球化布局，中国建材集团在水泥、玻璃及余热发电工程服务等领域深度拓展全球市场，连续14年市场占有率居全球首位，累计总承包近400个水泥或玻璃项目，运营管理全球近70家水泥工厂，成功打造了建材行业的"国家新名片"。同时，境外工程数字化、智能化、平台化发展初见成效，一批代表国际先进水平的"一带一路"典范项目相继落地。

自2019年10月国有资本投资、运营公司改革试点方案获批以来，中国建材集团明确了定位，围绕建设世界一流材料产业投资公司的战略目标深化改革，加快从"管企业"向"管资本"转型，加强产业投资的资本运作和流动，大力实施非上市资产证券化。与此同时，中国建材集团积极推进外部专业化并购和内部战略性重组，玻璃新材料、防水材料、涂料、锂电池隔膜、检验检测等业务在各自产业链上快速并购，以资本扩张占据优势地位，盈利能力、综合竞争力和可持续发展能力不断增强。

重组后的新中国建材集团拥有26家国家级科研设计院所和3.8万名科技研发人员，具有雄厚的科技创新资源优势。中国建材集团组织召开了一系列的专题会，在集团层面进行统一部署，并以中国建材总院、南京玻璃纤维研究设计院、山东工业陶瓷研究设计院为平台，打造行业"中央研究院"，加强基础性、共性、前瞻性技术研究和多元化新兴产业研究，构建具有国际竞争力的技术创新体系。

在业务整合中，重点是要确保整合后的业务模式与企业整体战略保持一致，强化核心竞争力。在业财融合方面，中国建材集团搭建统一的IT系统，实现数据共享和业务流程的无缝对接。企业重组后，合并各方的IT系统可能存在技术不兼容或数据标准不一致的问题，不同企业也可能对同一业务有着不同的理解和操作方式，难以达成共识。企业要采取灵活的策略来克服这些困难，稳妥地推进业务整合工作。一方面，企业要继续做好经营工作，确保良好赢利的连续性；另一方面，合并过程中不能出现乱象，要春风化雨般地把业务同类项合并做好，让各方都满意。

市场整合重在打造核心市场与利润区

在市场整合过程中，企业一定要树立理性竞争的观念。要明白市场竞争并非零和博弈，行业竞争也绝不是"你死我活"。实际上，竞争体现在诸多方面，如技术创新、精细管理、品牌塑造等。而合作同样具有重要意义，它体现在：在产业政策的执行上，企业共同遵守和落实相关政策，确保行业发展方向的一致性；在健康市场的维护上，携手抵制不正当竞争行为，营造公平、公正的市场环境；在管理和技术上，分享先进的管理经验和技术，相互促进、共同提升。从竞争到竞合，是市场经济进步的结果。在整个行业中，重要的不是哪家企业能做好，而是如何把行业做好，产业链、供应链、价值链上的企业要共同维护行业的健康，让大家都有效益。改变竞争者的思维模式，从竞争到竞合，从红海到蓝海，做到适可而止、各适其位，是过剩行业必须完成的跨越。如果说市场竞争是对低效的校正，那么市场竞合就是对过度竞争的校正。我们应从系统和全局的角度出发，把和谐包容的思想引入竞争中，把竞争目标从打败敌人变为和竞争对手一起变好，齐心协力摆脱恶性竞争，实现共生共赢。

任何单个企业的能力都是有限的，都不可能包打天下。企业要根据自己的战略目标，在通晓全局的基础上，为准备达到的目标设定边界，获取一定的资源，选择适合自己的市场空间。在发展水泥业务上，因为水泥受运输距离限制，只有250公里左右的合理经济运输半径，中国建材集团按照"三分天下"的原则，构建起淮海、东南、北方、西南四大核心市场区域，即以山东、江苏为主的淮海区域，浙江、江西、福建、湖南、广西与上海等地所在的东南经济区，以东北三省为主的北方区域，重庆、四川、云南、贵州所在的西南地区，形成了中国联合水泥、南方水泥、北方水泥、西南水泥四大水泥产业集团。

中国建材集团最初划定四大核心市场区域时，主动退出了西北、京津、华北和中部等地区。实际上，中国建材集团在西北市场是有基础的，因为无论是天山水泥还是祁连山水泥，原来都有自己拨改贷的股份。但是，中国建材集团都撤了出来，转给了另一家兄弟央企。当时，有的干部想不通为什么要把地盘让给其他企业，我用了巴顿将军的名言来解释："战略就是占领一个地方。"这句话启示我们：一是占领必须占领的地方，并巩固对领地的控制权；二是不要占领所有地方，应有进有退、有得有失。

我告诉大家，中国建材集团从西北等市场撤出是战略问题，只有把一部分市场让给竞争对手，让竞争对手把主要精力放在那些市场上，才会减少它们对中国建材集团所经营市场的冲突。中国人有个成语叫"网开一面"，你网开一面，他就会朝着那个方向走。如果你把路全堵死，反而对我们不利。按照这个思路，中国建材集团不在西北做水泥，因为那里有兄弟央企；不在安徽做水泥，因为那里有海螺集团；不在京津冀做水泥，因为那里有冀东水泥；不在湖北做水泥，因为那里有华新水泥；

在河南，中国建材集团只在南阳和洛阳做了水泥，与天瑞水泥、同力水泥三足鼎立。

在核心市场区域里，中国建材集团精耕细作，围绕地级市建立核心利润区。水泥企业想要有竞争力，就必须提高市场占有率，提高议价能力。中国建材集团深入开展调整优化和管理整合，通过股权结构优化、盘活被收购企业的无形资产，以及输出成熟的管理模式，在区域市场打造了一批管理优秀、业绩优异的"明星企业"，将众多"小舢板"打造成"航母"。前些年，中国建材集团在核心战略区域内组建了45个核心利润区，这些核心利润区对水泥业务的利润贡献率超过了80%。建立核心战略区和核心利润区，目的在于建立自己的根据地、拥有自己的目标市场。市场那么大，不见得都是自己的，如此说来，做企业有两个问题很重要。

第一，要有分利的思想。不能只图自己挣钱，也得让别人赚钱。企业往往觉得赚钱越多越好，但也得让上下游企业和竞争对手都赚钱，这一点必须想通。所以，对于企业做全产业链，我是持保留态度的。现代市场是个相互服务的市场，谁也不能大包大揽，谁也不能不让别人挣钱，任何企业在产业链中只能占据一部分。北新建材的石膏板业务全球第一，但它的销售额是靠上千家遍布全国的经销商实现的，我一开始就制定了"让利经销"制度，数十年来始终坚持。

第二，必须各有主导地盘。企业在确立自身地盘的同时，也要让其他竞争者有生存空间，不要追求全盘占据，既没有这个必要，也有没这个精力。也就是说，是围追堵截把对手"赶尽杀绝"，还是给对方也留一块生存和发展之地，这是我们在制定战略时要思考的。每个人都有自己的偏好。我不喜欢跟人打仗，也很少跟人红脸，而是希望用智慧的方法，让企业获得生存发展。我觉得做企业，既要学习西方管理思想，也要融合中国优秀传统文化中的哲学智慧。《论语》《道德经》《易经》等经典著作里都蕴含着丰富的管理启示，《道德经》最后一章有两句话，"天之道，利而不害，圣人之道，为而不争"，讲的就是融合。如果企业家都能这么想，不是你争我夺零和博弈，而是聚焦自己的核心利润区，坚守自律，市场就会健康有序发展。

管理整合重在工法

不少企业领导者往往只注重企业规模的扩大，而不重视管理整合。实际上，管理整合才是并购重组成功的重要保障。作为一家由并购重组发展起来的企业，中国建材集团怎么破除无机成长的魔咒呢？其实，关键就在于管理整合，管理整合关乎并购重组的成败。中国建材集团提出了"通过并购重组做大，通过管理整合做强"的思路，而在管理整合过程中，中国建材集团又创造性地提出了一整套独具特色的管理理念与整合方法，这套工法可以为我国企业并购重组提供一定的经验借鉴。

2006年10月，中国建材集团收购徐州海螺仅仅3个月后，就在徐州召开了绩效管理现场会。在会上，我归纳了大家的一些思路和做法，提出了"五化"管理整合方法，即一体化、模式化、制度化、流程化和数字化。中国建材集团把这次会议称为"徐州会议"。后来，中国建材集团2008年5月在杭州召开了一次管理整合的内部会议，称为"杭州会议"。当时，全球金融危机的影响开始在中国显现，企业备感压力。大家都问：我们要做点什么呢？我说，那就做管理整合。因为收购了这么多企业，如果管理不好，就等于每多收购一家企业就给自己多戴一道枷锁，所以必须把管理整合做好。在那次会议上，会场外金融危机来势凶猛，会场内大家热火朝天地研究管理整合的办法，可谓是"外面雷声隆隆，屋里书声琅琅"。杭州会议最大的成果就是进一步归纳出"三五"管理整合模式，这一模式为中国建材集团实现有机成长奠定了基础。

第一个"五"是五化运行模式（5N），即一体化、模式化、制度化、流程化、数字化。其中，核心是一体化和数字化。所谓一体化，就是整合后企业要发挥整体合力与协同效应。中国建材集团的重组企业过去各自为战，采购、销售、融资成本都很高，技术资源不全面，管理基础参差不齐，还存在市场交叉、内部竞争的隐患，因此必须通过一体化管理，将重组进入的企业聚合为一个整体，解决组织的负外部性，实现规模效益、协同效应。数字化指的是从定性管理到定量管理，强调"从原理出发，用数字说话"。之所以强调这一点，其实有感于一些行政出身的管理人员习惯于宏观、笼统、定性地说管理，有的民营企业家对数字也不敏感。而一家企业的经营业绩、成本等都是由数字反映的，所以我一直要求管理人员必须看得懂财务报表，对KPI要倒背如流，必须紧盯经营数字。

第二个"五"是五集中管理模式（5C），即营销集中、采购集中、财务集中、投资决策集中、技术集中。其中，营销集中是指改变成员企业各自做市场、跑客户的状况，制定统一的营销策略，优化营销资源、组织和渠道，统一开展具体工作。采购集中是指不再完全由工厂采购原燃材料、备品备件，而是采取地采与直供相结合的方式，统一控制库存和最高限价。财务集中是指资金集中管理，做到统一调度、管理、使用和监控，通过整合资源盘活资金存量，通过集中融资降低财务成本。投资决策集中是指将投资决策权上移并集中到中国建材集团总部，确保全局战略的贯彻执行。技术集中是指解决各成员企业自身技术资源不全面、技术投入不集中的问题，加强集团资源共享，互通有无，并通过工厂间的对标优化提高运行质量，降本增效。

第三个"五"是五类关键经营指标（5I），即净利润、产品价格、成本费用、现金流、资产负债率。中国建材集团要求每家企业至少管好与自己相关的5个KPI。中国建材集团从总部到业务平台，再到区域公司，开的大多是对标会，年初制定KPI，月月对标、按季滚动、逐步优化。每次开会，各单位负责人都要先汇报KPI，用数字硬碰硬，做得好不好，大家一目了然。有了这个办法，各个层级的管理者都对自己公司的指标了然于胸。

在推行"三五"管理整合的基础上，我一直在思考一个问题：能不能从中国建材集团的管理模式中进一步提炼出简单易行的工法？它要听上去朗朗上口，用起来以一当十，便于一线管理者和员工记忆与使用。其实，这样的管理才能真正深入人心。2014年年初，我将过去多年的管理整合实践归纳为一套构架完整、提法精练的管理创新实践体系，并命名为"八大工法"。这是从企业管理实践中提炼出的一套组合拳，它的核心是围绕企业运营的关键环节，通过资源整合、机制创新和价值聚焦，让企业在市场竞争中既能"强身健体"，又能"舒筋活络"。具体而言，"八大工法"包括五集中、KPI管理、零库存、辅导员制、对标优化、"价本利"模式、核心利润区和市场竞合。

简单地说，五集中就是将重组进入的企业聚合为一个整体，解决组织的负外部性问题，实现规模效应和协同效应。KPI管理就是用数字说话，聚焦影响企业业绩的关键指标，围绕这些指标不断进行管理改进与提升。零库存就是向精益生产要效益，通过加强物流管理，使库存在时间和空间上尽可能接近于零，有效利用资源，降低成本。辅导员制就是复制成功之道，通过选派辅导员来帮扶能力较弱的企业，把优秀的企业文化和先进的管理理念复制过去，助推被帮扶企业尽快实现文化与管理的融合，步入良性发展轨道。对标优化就是以行业和内部优秀企业为标杆，以KPI为核心，定期对比主要经济技术指标，找出差距，做出改进。"价本利"模式是企业在买方市场下的选择，与"量本利"模式立足于单一企业的盈利相比，"价本利"模式更着眼于市场、企业全局以及整个行业。核心利润区就是从全局战略出发，有重点地重组区域内的一些关键企业，优化产业布局，实现核心区域内资源与市场的合理有效配置，增强对核心区域市场的影响力和控制力，在一定程度上获取定价权，从而提高企业的盈利能力。市场竞合就是要实现行业的可持续发展，企业必须转变观念，从恶性竞争变为市场竞合，大家共同培育和维护健康的市场。

企业坍塌的原因不在于规模大小，而在于管控混乱。中国建材集团是并购重组而来的企业，所属独立核算的单位有上千家。我常被问到一个问题：这么大的企业，你管理得井井有条，是怎么管理的？用什么办法控制住"行权乱"和"投资乱"？这倒不难回答，只要找到一套适合企业经营发展的管控模式就可以了。管控模式多种多样，而我从企业实战中总结出的一套方法是格子化管控。所谓格子化管控，就是把集团里的众多企业划分到不同的格子里，每家企业只能在自己的格子里活动，给多大的空间，就干多大的事。就像盒装巧克力一般会用隔板隔开，防止巧克力黏到一起，企业也是如此。格子化管控包含治理规范化、职能层级化、平台专业化、管理数字化和文化一体化，这五点解决了企业的治理结构、职能分工、业务模式等问题，平衡了结构关系，还为科学管理和集团式企业文化融合提供了具体方法。

对企业来说，组织、管理和经营三者缺一不可，它们是决定企业生死的三要素。组织是根基，是架构，决定企业能活多久、能长多大，根基坏了，架构有问题，企业必死无疑；管理是基础，是器官，决定企业产品的质量和竞争力，质量上不去，缺乏竞争力，企业很难存活；经营是核心，是灵魂，直接决定企业能否可持续赢利，经营不善，总是亏损，企业焉能生存？长期的企业实战让我逐渐厘清了决定企业生死的三要素，结合"三五"管理整合、"八大工法"、格子化管控等行之有效的管理方法，并通过不同企业的反复验证和完善，我最终总结出三精管理的方法论。

文化整合重在融合

并购重组不仅是厂房、土地、矿山等生产要素的简单组合，更重要的是人的联合与文化的融合，要给予人充分的尊重、理解和信任，让人的价值升华与企业发展和谐统一，这是并购重组的根本立足点。企业并购重组之后要进行整合，如果把萝卜、土豆、白菜放到一个麻袋里，再倒出来还是萝卜、土豆、白菜，这就没有发生化合反应，也就很难起到"1+1>2"的效果。全球知名咨询公司麦肯锡曾提出经典的"七七定律"：70%的并购重组没有实现预期的商业价值，而其中又有70%的失败是因为并购重组后的文化整合出现了问题。

基于多年来的实践经验和观察思考，我认为，正确的思想文化理念是并购重组成功的前提，共同的战略愿景是并购重组成功的动力，恰当的操作方式是并购重组成功的保证。只有这三个方面都做好了，大规模的并购重组才能平稳、快速地推进。那么，并购重组后的企业如何才能融入大集团，与其他企业形成合力呢？又应如何处理好各种利益关系呢？对此，我提出了"三宽三力"文化。所谓"三宽"，就是待人宽厚、处事宽容、环境宽松，通过对个人行为和企业环境的合理约束，来奠定文化整合的基础。"宽"不是没有原则，而是"宽而有度，和而不同"，要实现个性与共性的统一、和谐与规范的统一。所谓"三力"，就是向心力、亲和力、凝聚力。向心力是指子公司要有融入母公司的动力；亲和力是指母公司对子公司的感召力、吸引力与引领力；凝聚力是指单位之间、员工之间要和睦相处，团结一心。

"三宽三力"文化可以让并购重组企业营造"一家人"的浓厚氛围，由此在企业中植入强大的融合基因。事实上，在中国建材集团的并购重组过程中，被并购重组企业能否融入集团文化一直是我最担心的问题。如果并购重组后的企业在文化上不能统一，各唱各的调、各吹各的号，那么随着企业的盘子越来越大，加盟的企业越来越多，企业就会越发危险。正因如此，中国建材集团在文化建设上有严格要求，绝不允许任何企业在文化上另搞一套，形成"文化孤岛"。多年来，不少企业想学习中国建材集团的并购重组模式，但其中不少结果都不尽如人意，究其根源，就是没有建立融合包容的文化。

在企业里，文化必须是上下一致的，文化不能随意编造、随意更改，也不能各喊各调、各说各话。像百安居、肯德基、麦当劳等，它们的标识、员工的服装甚至货架上产品的摆放方式，在全世界都是一样的。中国的一些职业经理人往往好意做些改动和创新，结果大多数都被辞退了，因为大企业要捍卫文化的一致性。文化整合问题在海外并购中表现得尤为突出。在海外并购中，股权交割和资本并表只是最简单的一步。两家企业在业务、人才、组织和价值观上的全面磨合与融合，以及必然伴随着的文化冲突，才是最艰难、最痛苦和最磨人的，更是每一个中国企业在海外并购过程中无法绕过的难题。

海信的跨国并购之所以能做得如此成功，是因为它有并购"基因"。海信当年在国内并购各地家电厂，后来在并购广东科龙电器股份有限公司时吃尽了苦头，但也形成了它的并购"基因"，这个"基因"的核心就是文化整合。海信后来走到世界各地，这种"基因"就深深藏在它的"血液"里。海信在收购欧洲的企业时，派去的人与当时的管理层几乎天天在大车间里轮流给员工开会。比如，企业经营情况如何？这个时候为什么不能加薪？一条一条地向员工们讲清楚，让他们真正感受到，海信不是来攫取财富的，而是来救企业的，目的是发展、壮大它，让品牌更响亮，让他们更有获得感、价值感和尊严。这种方式是行之有效的，人心都一样，谁都希望企业好、品牌好，都希望在企业工作有获得感、价值感和尊严。

最佳实践案例：海信的并购重组式发展

海信在全球家电行业中占据着举足轻重的地位，是一家极具规模与影响力的公司。在海信发展壮大的进程中，国内外并购重组的持续推进起到了重要作用，尤其是在挑战性极强的海外并购中，海信几乎实现了"并购一家、成功一家"的佳绩。众所周知，并购往往是在标的企业处于极端困难的情况下进行的，因为这个时候容易抄底，但海信所做的并购无一例外都实现了扭亏为盈，这一表现备受行业瞩目。我曾到海信调研，与董事长贾少谦交流过,他详细讲解了海信"走出去"的历程和感悟。自上市以来,海信持续通过并购重组不断做强做优做大,逐步从区域性家电企业跃升为全球消费电子巨头,成为高质量发展的典范。海信在国内外的并购重组经验,值得其他企业学习借鉴。

并购重组的实践

海信成立于1969年,总部位于青岛,是一家大型综合性跨国企业集团,海信家电是海信旗下的重要上市公司之一。海信家电的前身最早可追溯到1984年创立的广东珠江冰箱厂,1992年改制为股份公司,更名为广东科龙电器股份有限公司(简称"科龙电器"),并于1996年、1999年分别在香港联合交易所和深圳证券交易所主板发行上市。2006年海信收购了科龙电器,2007年6月科龙电器更名为海信科龙电器股份有限公司,2018年8月正式更名为海信家电集团股份有限公司,也就是海信家电的全称。海信家电是以家电制造为主的国际化企业,主要从事冰箱、家用空调、中央空调、冷柜、洗衣机、厨房电器等电器产品及模具,以及汽车空调压缩机及综合热管理系统的研发、制造和营销业务,并提供以家电智能化升级为核心的全场景智慧家庭解决方案。公司产品涵盖海信、容声等八大品牌,销售网络遍布全球160多个国家和地区,拥有庞大的消费群体。

国内并购与业务整合

从20世纪90年代末到21世纪初,海信家电在全国各地成功收购了一些电视机厂、空调厂、冰箱厂,如贵阳华日电视机、辽宁金凤电视机、山东双喜牌电视机、南京伯乐冰箱、湖州的浙江先科空调等。科龙电器成立于1984年,是当时炙手可热的明星企业,但在经营上存在诸多问题。海信2006年以6.8亿元收购了科龙电器,形成了海信、科龙、容声三大品牌矩阵,进一步巩固了它在冰箱、家用空调等白电市场的地位。贾少谦董事长告诉我,这是海信收购史上最艰难的一次收购。海信从 2005 年 9 月开始入驻，到真正完成收购，用了 15 个月。为什么那么难？海信那时自身规模并不大，而科龙电器在深圳和香港两地上市，在广东乃至南方的影响力都特别大，它的容声冰箱在我国市场上连续 11 年销量第一。海信的老董事长后来回顾这段历史时曾说过一句话："当时要知道这么难，就不收购它了。"最终，海信成功收购了科龙电器。但是，科龙电器内部盘根错节，极其复杂，当时年营业收入仅 80 多亿元，负债却高达 70 亿元。海信花了三四年的时间进行整合，才让企业实现盈利，走向健康发展。国内并购重组的成功不仅让海信的布局更加稳固，也积累了宝贵的经验。

全球化破局与布局海外品牌

2015 年，夏普公司出现经营困难，海信以 2370 万美元收购了夏普公司在墨西哥的工厂。收购后，公司获得了夏普公司在北美地区 5 年的品牌授权，用夏普和海信的品牌一起经营美国市场，把最难的市场"啃"了下来。公司在北美地区的市场份额从 1.2% 提升至 2018 年的 10.3%，墨西哥工厂年产能达 300 万台，降低了出口关税依赖。2016 年，公司收购瑞典高端家电品牌 ASKO，进入高端洗护、厨电和冰箱领域，进一步丰富了自己的产品线，提升了高端市场的品牌影响力。

东芝因财务危机剥离非核心资产，但它的电视技术（如 REGZA 画质引擎）全球领先。海信 2017 年以 129 亿日元（约 7.5 亿元）收购东芝电视 95% 的股权，包括东芝电视 40 年品牌全球使用权（日本除外），海信还享有 5000 余项显示技术专利，以及日本的研发团队和东南亚销售网络。海信保留了东芝的日本团队，并联合开发 8K Mini-LED 技术，将海信 ULED 技术与东芝画质引擎融合，推出"东芝火箭炮电视"。2023 年，东芝电视在日本的市场份额达 18%，排名第二，全球高端电视市场占有率从 3% 提升至 12%。

2018 年，海信家电收购约克中国区中央空调业务，进一步拓展了它在中央空调领域的市场份额，提升了商用空调的市场竞争力。同年，海信还以约 2.9 亿欧元的价格收购了斯洛文尼亚的高端家电品牌 Gorenje，拓展了它在欧洲市场的业务布局，提升了品牌知名度和市场份额。Gorenje 作为斯洛文尼亚最大的工业企业，被中国企业收购了，其实影响很大。让被收购企业真正感受到海信是来救这个企业的，而不是来攫取财富的，这一点很重要。海信从来没有想过从被收购企业那里拿了钱就走，而是要发展被收购企业，让品牌更响亮，让员工更有获得感、更有价值感、更有尊严感。贾少谦给我讲过这样一个故事：有一次，他到斯洛文尼亚出差，与同事一起坐车从酒店去工厂，途中，因装载行李的后备箱没关好，抵达目的地后，他们才发现行李不见了，他的同事有点着急。当地公司副董事长问了一句："你的行李上有什么标志？"那位同事说："行李上印有海信的标识。"这位副董事长说："那不用着急，我推断会有人送来的。"果不其然，不到 20 分钟，同事的行李就被捡到它的路人送到了工厂的门口。在当地人的心目当中，海信不是外人，而是来一起建设工厂的伙伴，这个路人看到海信的标识就知道这是海信人的行李。海信用自己的行为融入了当地社会，奉献当地，形成了一种很强大的感召力。

海信在海外并购的企业，一般由本地 CEO 负责日常运营，国内外派 CFO（首席财务官）、COO（首席运营官）等二把手，把控财务合规与战略方向，形成"分权制衡"。让本地高管做一把手，是因为他们深谙当地商业文化、法律环境和消费习惯，可以避免"外行指挥内行"的尴尬。国内外派的二把手可以作为总部与子公司的"文化翻译官"，协调价值观差异，还可以负责引入母公司的技术或管理工具，提升运营效率。东芝、Gorenje 的核心研发和运营团队留用率超过 90%，相当于保留了原有的销售网络、客户关系和供应商体系，避免因管理层更迭导致的订单流失，保留技术骨干可避免关键技术流失。

在自主品牌建设方面，海信的体育营销带来了很大的正面效果。2010 年以后，海信陆续赞助了多项体育赛事。值得一提的是，海信 2016 年开始赞助世界杯足球赛。足球作为一种世界通用语言，深受各国人民喜爱。

当一个品牌与足球建立起紧密联系，往往能够极大提升品牌在众多群体中的好感度。海信在这一过程中赢得了众多渠道的青睐，也获得了当地政府、社区以及员工的认可。海信过去进不去的渠道，现在都主动向海信发出邀约。2024年，海信的自主品牌营业收入占比已经接近90%。

全产业链整合，驱动高端化转型

日本三电株式会社（简称"日本三电"）是全球领先的汽车空调压缩机和车用空调系统一级供应商，但因外部环境的诸多变化而陷入了亏损。海信家电2021年以约214亿日元的价格收购日本三电，将它的电动压缩机技术与海信家电热泵技术相融合，开发出车用热管理系统，并借助日本三电原有的丰田、特斯拉等头部客户资源切入了汽车零部件市场。2023年，海信的汽车电子业务斩获了比亚迪30亿元的热管理组件订单，全年该业务的营业收入突破50亿元，占海信总营业收入的5%，形成了海信的第二曲线。

2023年，海信共耗资16.05亿元收购LED芯片厂商厦门乾照光电股份有限公司（简称"乾照光电"）的控制权，进一步拓展了它在半导体领域的业务布局，加速推进了显示技术高端化，提升了它在高科技产业的竞争力。2024年，海信成功收购了石家庄科林电气股份有限公司（简称"科林电气"），进一步完善了公司在智能电网和新能源领域的业务布局。科林电气在配电网自动化、充电桩及储能系统等领域的技术积累，能与海信形成协同效应，推动海信完成全产业链整合，进一步向智能化方向转型。

海信逐步把自己的品牌、海外的品牌、海外的产业布局、海外的研发中心、海外的销售机构连接起来，形成了现在的"研产销服"一体化的模式。目前，海信家电拥有国家级企业技术中心、博士后科研工作站、工业设计中心，在顺德、青岛、武汉、扬州设立了研发中心，并在美国、日本等地设立了科研机构。生产基地分布于山东青岛、广东顺德、江苏扬州、浙江湖州、四川成都等多个国内城市，以及日本、南非、墨西哥、斯洛文尼亚等多个国家。公司三次获得国家科学技术进步奖二等奖，以及联合国节能明星大奖、中国专利奖外观设计金奖、IF 设计奖等。

实践启示

启示一：**国内并购的成功经验可以助力国际并购。**海信的国内并购经历让它形成了自己的并购"基因"和底层逻辑。一是技术补强，通过并购获取核心专利，如显示技术、压缩机技术。二是品牌升级，借助国际品牌进入高端市场，突破"中国制造"标签。三是渠道扩张，快速获得海内外成熟销售网络，降低自建渠道成本。四是产业链协同，通过整合面板、芯片等上下游资源，提升供应链自主权。

启示二：**采用"技术+品牌"的双轨收购模式。**海信既进行东芝电视、日本三电、乾照光电等技术型并购，也进行ASKO、Gorenje等品牌并购，助力自己快速获得高端市场入场券。在技术方面，海信积极主导制定行业标准，提升技术话语权，通过整合东芝、日立等品牌的技术，牵头制定新风空调、汽车热管理等领域的行业标准。海信收购的往往是过去比较好但如今因经营不善而出现问题的企业，它们的品牌很重要，拥有大量忠诚客户，海信将这一点利用了起来。从某种意义上讲，企业收购并沿用一些世界名牌，可以降低进入海外市场的壁垒。

启示三：**沿用本地一把手，国内外派二把手，保留核心团队，实现管理团队的全球化与本地化平衡。**本质上，这种模式是全球化思维、本地化行动的落地实践，不仅降低了跨国并购的排异反应，更是通过知识共享、资源互补实现"1+1>2"的协同效应。核心团队的留任也向社会传递出了一种"尊重专业"的信号，缓解了并购焦虑。对中国企业而言，这套方法在新能源、消费电子等出海热门领域具有一定的普适性。

第 8 章
Chapter 8

双循环市场

习近平总书记多次强调双循环的重要性，指出构建以国内大循环为主体、国内国际双循环相互促进的新发展格局是把握发展主动权的"先手棋"，构建新发展格局的关键在于经济循环的畅通无阻。在党的二十大报告中，习近平总书记又强调要增强国内大循环内生动力和可靠性，提升国际循环质量和水平。高质量的上市公司是积极利用双循环取得市场优势的企业，坐拥两个市场：一个是国内 14 亿人的大市场，另一个是企业经营了几十年的国际市场，哪个市场都不能放弃。

2022 年 12 月，中共中央、国务院联合印发的《扩大内需战略规划纲要（2022—2035 年）》提出，坚定实施扩大内需战略、培育完整内需体系，这提振了市场信心，让企业很受鼓舞。中央经济工作会议也提出，要充分挖掘国内市场潜力，提升内需对经济增长的拉动作用。现在，我国拥有完备的产业链和强大的制造业体系，产品质量、服务水平、旅游设施建设等都有了比较好的基础。实施扩大内需战略是充分发挥超大规模市场优势的主动选择，企业要精耕细作国内大市场，把自己的市场做好。

近年来，资本市场对外开放不断取得新进展，越来越多的上市公司"走出去"，加速全球化发展布局，在利用国际资本市场为公司注入新活力的同时，也为全球投资者参与中国经济、分享中国经济发展红利打开了新窗口。近年来，中国证监会积极稳妥推进资本市场制度型双向开放，平稳有序推进企业境外上市，积极拓展赴欧洲融资渠道，优化沪伦通和中瑞通互联互通存托凭证业务机制，持续提升跨境投融资便利度，更好地满足企业全球合理布局需求，为企业利用两个市场、两种资源健康发展提供有力支持。

深耕国内市场

我国绝大多数公司的主战场都在国内市场，只有在国内市场练好了内功，在国外市场才能赢得一席之地，因而以国内市场为主体，也是国内国际双循环互相促进的基础。上市公司尤其要充分把握住国家扩大内需和提振国内需求的产业政策，切实提升创新研发水平和高质量发展，为我国市场提供一流的产品和服务，这也是提高我国上市公司质量的重要市场基础。作为企业，要做好市场定位，进行差异化的竞争，要把产品和服务做好。过去，有些企业习惯把好产品销到国外，而在国内销售普通产品；今后，这些企业要改变这一惯性思维，在国内销售好产品。

做好市场定位

经过40多年的改革开放，我国居民如今的整体消费水平相较以前有了明显提高。我国中等收入群体目前已超过4亿人，还在持续增加中，这是一个很大的市场。对我国企业来讲，国内市场是大有可为的，企业要做好市场定位和布局。企业可以从以下四个方面进行市场定位：一是消费者需求定位，二是产品特性定位，三是价格区间定位，四是情感价值定位。

第一，消费者需求定位。既然选择了深耕国内市场，那一定要深入了解本土消费者的需求，这是企业立足本土布局业务的核心。本土消费者有着独特的消费习惯、审美观念和价值取向，企业只有精准把握这些需求，才能开发出适销对路的产品和服务。诸如全聚德、同仁堂等中华老字号品牌，之所以能历经百年而不衰，是因为它们始终坚守本土消费者的需求，传承和发扬独特的技艺与文化。国内市场也是企业创新的源泉和试验田，因为企业可以更加方便地获取创新所需的各种资源，如人才、技术、资金等，进而对新产品、新服务、新模式进行试验和验证，不断优化和完善。不少互联网企业在国内市场积累了丰富的创新经验和用户基础后，便开始向海外市场拓展。

上海晨光文具股份有限公司（简称"晨光文具"）创立于1989年，当时国内文具市场还处于小、散、乱的状态，充斥着大量质量参差不齐的产品。晨光文具聚焦国内市场，深入研究学生群体和办公人群的不同需求，决心改变这一局面。学生群体规模庞大，学习场景丰富多样，晨光文具推出了涵盖书写工具、绘画工具、本册等全品类产品，还设计了印有卡通形象、流行元素的笔杆等。针对办公人群的需求，它推出了一系列办公文具套装，包含文件管理用品、办公桌面用品等，搭配合理，严格把控品质。作为深耕本土的文具品牌，时至今日，晨光文具已发展成为全球最大的文具制造商之一。

第二，产品特性定位。就产品特性而言，企业要突出产品的独特功能或技术优势，直接击穿消费者认知。比如，为解决传统三元锂电池易燃问题，降低消费者对电动汽车安全性的担忧，比亚迪于2020年发布了刀片电池，通过磷酸铁锂材料与蜂窝结构创新，实现了"针刺不起火"，还将电池包能量密度提升了50%，成本降低了30%。通过公开针刺实验对比视频，比亚迪直观展示了刀片电池的安全性，迅速为自己打造了"最安全电动车"的标签。2023年，搭载刀片电池的比亚迪汉EV单月销量突破3万辆，成为中高端市场爆款。

第三，价格区间定位。价格是市场定位中最直接的杠杆，企业要明确是做高端化产品，还是做大众化产品，并通过"高端化"或"性价比"策略占据特定市场。北新建材从生产管理、技术研发到市场推广，每一个环节都力求做到极致，成功打造了龙牌石膏板这一高端化产品，许多标志性建筑的内墙吊顶装饰选用的都是龙牌石膏板。好多企业想做高端化产品，有些企业在进行高端化转型，但是大众化产品在现实中也有很大的需求。当然，即使企业做的是大众化产品，也要保证质量。优衣库的服装并非高端化产品，但是却以实用性和高质量赢得大众认可。蜜雪冰城是做下沉市场的，以"极致性价比+小镇青年社交"定位，截至2024年年底，蜜雪冰城门店数超4.6万家，单店日均销量为367杯。

第四，情感价值定位。企业要通过传递品牌价值观或文化符号，与消费者建立情感共鸣。比如，可口可乐长期以"分享快乐"为品牌核心，通过广告、公益活动强化情感联结。尽管健康饮品不断地冲击市场，但从2024年凯度BrandZ数据来看，可口可乐仍稳居全球饮料品牌价值榜首。作为中国运动品牌代表，李宁通过"国潮+运动"的情感价值定位，将品牌从"传统运动服饰"升华为"民族文化符号"，成功与Z世代消费者建立深度情感共鸣。回望李宁品牌的发展历程，运动员李宁的那些难忘画面大多发生在国际大赛的舞台上，这让李宁品牌不仅承载着一定的民族情怀，更传递着人们对于胜利与家国荣誉的追求。金牌、领奖台、胜利以及运动员精神，构成了曾经李宁品牌的大众认知。时过境迁，李宁品牌在努力将运动员李宁的品牌故事换成当下的语境、换成当下的运动员，重新再讲一遍。值得一提的是，李宁品牌2025—2028年再度成为中国奥委会及中国体育代表团的合作伙伴，支持中国体育代表团征战2026年米兰-科尔蒂纳丹佩佐冬季奥运会、2026年爱知·名古屋亚运会以及2028年洛杉矶奥运会等顶级赛事。

本土化发展并非故步自封，而要以国内市场为核心，积极拓展国外市场，实现国内外市场的协同发展。企业应在充分挖掘国内市场潜力、巩固竞争优势的基础上，根据自身发展战略和国际市场需求，稳步推进国际化进程。在国际化过程中，企业要充分利用本土业务积累的经验、技术和品牌优势，结合当地市场特点，制定合适的市场策略，实现全球化布局。

进行差异化竞争

我国市场规模庞大但竞争高度饱和，消费者需求分层明显，同质化竞争导致企业陷入"价格战泥潭"，难以实现可持续增长，进行差异化竞争是破局的关键。差异化不是简单的标新立异，而是建立在深刻市场洞察基础上的价值创造体系。简单来说，差异化竞争就是企业提供差别化的产品或服务，以期让顾客愿意为独特的产品或服务支付更高的价格，企业的这种选择往往需要秉持长期主义。大多数企业一般通过地理区域、品牌定位、产品品种、目标顾客等层面的细分，沿着产业链和价值链延伸，实现产品和服务的差异化，提高它们的附加值，进而找到自己的生存和发展空间。

就地理区域而言，有的企业专做区域市场，有的则布局全国市场。中国建材集团在水泥业务领域有个特色做法，就是"三分天下"，而不是"包打天下"。所谓三分天下，就是通过明确水泥的区域化发展战略，形成大企业主导各自战略市场区域的格局。由于水泥受到有效经济距离的限制，运输半径只有250公里左右，是典型的"短腿"、非贸易产品，因此企业需要在一定的地理区域内分销，按区域成片布局，形成一定的市场话语权。按照"三分天下"的原则，中国建材集团构建起淮海、东南、北方、西南四大核心战略区域；华中、安徽、北京等地的水泥业务则由海螺集团等兄弟企业经营。

大的区域划好了，还要在区域市场内精耕细作，中国建材集团的做法是围绕地级市建立核心利润区。我国水泥企业的竞争力主要来自自身的市场占有率和议价能力，因此，只有进行更加精准的市场细分，将战略区域从省一级划分到市县级，才有可能用最少的资源获得最高的利润回报。比如，中国建材集团将四川雅安的五个水泥厂纳入麾下，其他水泥企业若想进入雅安，每经过200公里就会产生100元的运费，而中国建材集团相当于在当地赚取了这笔运费钱。

全国市场的业务开展需要企业确保产品能够及时、高效地供应到全国各地，这离不开完善的供应链体系。例如，电商巨头京东在全国范围内建立了庞大的物流网络，包括多个大型仓库和配送站点，实现了对全国主要城市的快速配送服务。京东的供应链管理系统能够实时跟踪库存水平、订单状态和配送进度，确保产品从仓库到客户手中的整个流程高效顺畅。这种强大的供应链管理能力，不仅提高了客户满意度，还增强了企业在市场中的竞争力，使它能在全国市场中占据重要地位。

在品牌定位上进行细分，有助于企业占据更多市场。比如，北新建材的石膏板业务中有两个品牌比较知名，分别是龙牌和泰山。泰山石膏曾是一家独立的公司，该公司与北新建材联合重组后成为北新建材的全资子公司。北新建材采用的是多品牌策略，龙牌和泰山有所不同，前者定位高端，主要服务于一些高端用户，比如城市里的重点工程，并与国外的品牌竞争；而泰山定位为大众化品牌，价格相对便宜，主要服务于广大城镇市场用户，与行业内的其他中小企业竞争。泰山的石膏产量和销量都很大，企业效益一直不错。

在产品品种上，企业做产品要像厨师做菜肴一样，从满足顾客需要、提升体验出发，把产品做出花样来，不断提高顾客满意度。比如，佛山市海天调味食品股份有限公司（简称"海天味业"）建有规模超大、面积超过60万平方米的玻璃晒池和发酵大罐，专门用于高品质酱油的阳光酿晒。它做出了100多种酱油，味道和用途各不相同，有的用于炒菜，有的用于做海鲜，有的适合老人，有的适合孩子。企业只有深耕细分领域，持续丰富产品种类，增加产品的附加值，才能不断提高顾客的满意度。

就目标顾客而言，我国现在呈现"K型消费"的趋势，既有消费升级也有消费降级，4亿多人的中等收入群体追求品质、体验与文化认同，而下沉市场的6亿人注重极致性价比。顺丰控股股份有限公司（简称"顺丰控股"）是中国及亚洲最大、全球第四大综合物流服务提供商，在国内多个物流细分领域都处于领先地位。它进行了差异化定位，通过提供高品质履约服务，吸引对时效与安全敏感的高价值客户，以高质量供给激活内需，同时借助规模效应与生态闭环增强抗风险能力，成为内循环经济的物流标杆企业。顺丰控股上市后成长迅猛，营业收入从2016年的574.83亿元增长至2024年的2844.20亿元，其中国内市场的营业收入占比超过80%。

差异化竞争主要表现在四个方面：一是功能的差异，二是文化的差异，三是模式的差异，四是体验的差异。大疆将专业级飞控技术下放至消费级市场，用"到手即飞"降低使用门槛，还推出了教育编程无人机（Tello）、农业植保无人机，覆盖多元场景，走出了一条功能差异化的道路。泡泡玛特将盲盒从玩具升华为"年轻世代情感寄托"，通过Molly、Dimoo等IP构建潮玩文化，独具特色。盒马鲜生的模式融合了"超市+餐饮+即时配送"，主打"30分钟达"生鲜体验，通过消费数据反向定制商品。体验的差异主要表现为在交付产品的基础上，提供不可复制的附加体验。蔚来汽车的NIO House提供咖啡、图书馆、亲子空间，它的用户社区app日活超过30万，还会举办线下活动（如NIO Day），它还通过电池租用服务降低购车门槛，用户推荐购车占比超60%。

要在国内销售最好的产品

我国企业过去一般将好产品推向国际市场,而将普通产品推向国内市场,但随着国内市场的不断升级和消费需求的日益多样化,这种"内外有别"的产品经营思路已经难以适应新时代的发展需求。作为我国经济的中坚力量,上市公司应该责无旁贷带好头,要立足国内市场,提升实物消费质量,改善服务消费品质,不断打造新产品、新场景和新热点。

作为我国家电行业的领军企业之一,海尔过去也曾在国内外市场上采取差异化的产品策略,但海尔智家近年来全面转向高端化、智能化和场景化,致力于为国内消费者提供与国际市场同等品质甚至更优质的产品和服务。海尔智家通过持续的技术创新和产品升级,推出了卡萨帝等高端品牌,不仅在国内市场上获得了广泛认可,还在国际市场上树立了良好的品牌形象。海尔智家转型成功的关键在于,它深刻洞察了国内消费者对品质生活的追求。通过智能化的家电产品和场景化的解决方案,海尔智家为消费者打造了更加便捷、舒适和个性化的家居体验。这种以用户为中心的高端化转型,不仅提升了国内市场占有率,也增强了全球市场竞争力。

深耕国内市场绝非闭门造车,而是构建内外联动的创新生态。作为我国新能源汽车行业的佼佼者,比亚迪早期以高性价比的产品迅速占领了中低端市场,但随着持续的技术创新和研发投入,比亚迪逐步向高端市场进军。比亚迪的高端车型不仅在国内市场上获得了消费者的青睐,还在国际市场上展现出了强大的竞争力。通过自主研发的电池技术、智能驾驶系统和新能源动力系统,比亚迪为消费者提供了高性能、高安全性和高智能化的汽车产品。这种以技术创新为驱动的高端产品布局,不仅满足了国内消费者对高品质汽车的需求,也推动了我国新能源汽车产业的升级。

我国很多政策往往会先于市场需求布局，政策工具既是市场运行的"指挥棒"，也是企业战略的"加速器"，它不仅塑造了行业格局，更成为企业构建竞争优势的关键变量。对深耕国内市场的企业而言，能否精准识别、高效运用政策工具，已经成为决定企业能否跨越周期、实现可持续增长的核心能力。企业要密切关注国家和地方政府的政策支持，利用政策红利推动自身发展。

扎实做好营销渠道

在我国这个规模庞大、区域差异显著的市场中，营销渠道不仅是商品流通的管道，更是企业触达消费者、建立品牌认知、实现价值交付的核心战场。尤其在消费分级、流量分散的当下，渠道能力的强弱直接决定企业能否将产品优势转化为市场胜势。渠道是深耕国内市场的"毛细血管"。未来，中国市场的渠道竞争将呈现两大趋势：一是全域融合，打破线上线下界限，构建"场景即渠道"的生态；二是敏捷响应，通过数字化实现"千人千面"的渠道策略。企业要扎实做好营销渠道建设，实现"深蹲扎根，枝繁叶茂"。

经销模式与直销模式是两种不同的营销模式。经销模式借助中间商的力量，能够迅速铺货，扩大市场覆盖范围，但对渠道的掌控力相对较弱。直销模式则直接面对消费者，能够更好地把控客户资源和销售过程，提升客户忠诚度，但是前期投入较大，对企业的销售团队和客户服务能力要求较高。经销模式与直销模式并非对立，而是互补的策略工具，企业需要根据产品特性、市场阶段、资源能力进行综合决策。

作为全球最大的石膏板生产企业，北新建材现在的销售额仍是靠1300多家遍布全国的经销商实现的。从一开始，北新建材就制定了"让利经销"的制度，给予经销商们更多生存和盈利的空间，多年来始终坚持，从而维护了营销网、维系了用户，使得产品畅销不衰。我常想，北新建材有上千家经销商，每家经销商有 10 个销售员，那么每天就有上万人在帮助推广产品，一想到这点我心里就很踏实。现在，北新建材的很多经销商已由家族的第三代人接手经营，变成了销售龙牌石膏板的世家，这让我很感动。龙牌产品能销售全国，这样一批忠诚度高的经销商功不可没。每次的经销年会我都会做演讲，演讲的内容大多是鼓舞士气，这也成了会议的标配。有时候竞争者会说，听说你们宋厂长又赤膊上阵了，他们把我描述得像撸胳膊挽袖子似的。不过，听过我演讲的人都知道我是娓娓道来的类型，甚至语速也比正常人慢半拍。但有一点是对的，我始终认为从事经营销售的领导者必须站在台前。

在渠道建设方面，晨光文具也是做得比较扎实的。我国地域广阔，城乡差异明显，传统的营销渠道难以做到全面覆盖，晨光文具构建了庞大的"伙伴金字塔"式销售网络。在大城市，通过与大型办公用品经销商合作，进驻办公用品批发市场和商业超市，保障产品在繁华商业区的铺货；在中小城市和乡镇，发展众多的区域代理商和零售商，深入每一个角落。无论在一线城市的写字楼，还是偏远乡村的学校小卖部，消费者都能轻松买到晨光文具的产品。这种精细化的渠道布局，让晨光文具随处可见，形成了强大的渠道壁垒。

线下销售与线上销售并非对立，而是逐渐走向融合，形成优势互补的良性循环，共同塑造着市场的格局。它们各有千秋，在不同维度上为企业开辟了通往成功的道路，也为消费者提供了多元化的购物选择。线下销售能够提供真实的体验场景，增强消费者对产品的信任感，便于提供及时的售后服务，但是需要应对覆盖范围、运营成本等方面的挑战。线上销售则突破了时间和空间的限制，能够快速触达大量潜在客户，通过大数据分析实现精准营销，但是面临售后服务、客户体验等方面的挑战。在线上，珀莱雅通过天猫、京东主打大单品（双抗精华），同时通过抖音达人矩阵实现爆款破圈；在线下，珀莱雅通过化妆品专营店渠道聚焦三四线城市，单店月销超过 10 万元，2024 年线上营业收入占比 95%，但线下渠道净利率高出行业均值5%。

To B（面向企业客户）与To C（面向个人消费者）相互补充，企业可灵活布局，或者专注其中一个领域精耕细作，或者双线并行拓展版图。To B业务侧重于与企业客户建立长期稳定的合作关系，注重解决方案的定制化和售后服务的可靠性，销售周期较长，但一旦达成合作，订单金额较大，能为企业带来稳定的收入来源。To C则满足广大消费者的个性化需求，注重品牌建设和产品创新，通过广告和促销活动吸引消费者，销售量大且分散。深圳市汇川技术股份有限公司是工业自动化龙头企业，它是专做To B的，核心业务包括伺服系统、变频器、PLC（可编程逻辑控制器）等工业自动化产品，2023年，该公司国内伺服系统市场占有率超过20%，位居本土品牌第一。在技术方面，它突破了外资垄断，以高性价比抢占新能源、3C制造等赛道，针对锂电、光伏等新兴行业开发专用解决方案，客户包括宁德时代、隆基绿能科技股份有限公司等。2023年，该公司营业收入超过300亿元，净利润同比增长约10%，研发投入占比超过8%。To C的企业有贵州茅台、美的、拼多多等，To B与To C双轮驱动的企业有比亚迪、小米等，它们都做得很好。

积极开拓国际市场

企业要继续发挥配套齐全、产品性价比高、整体成本低等综合优势，巩固和扩大我国企业在海外市场的竞争力。一方面要抓住出口机会，让企业的产品"走出去"，另一方面要鼓励企业"走出去"，走深走实。今天的国际贸易摩擦和国内激烈的市场竞争倒逼着我国企业加速"走出去"，"不出海则出局"，国际化是我国企业的一个必然选择。海信、TCL等企业的国际化程度很高，它们在海外建厂或收购了不少海外企业和品牌。近年来，浙江、江苏、广东等地不少外贸企业抱团出海，很是振奋人心，可以想接下来走出国门的企业会越来越多。今后，我们要从"中国是世界的工厂"转变为"世界各地都有中国的工厂"，也要从注重 GDP 转变为既重视 GDP 也重视 GNP（国民生产总值），形成国内国际双循环互相促进的格局。

从产品"走出去"到企业"走出去"

中国建材集团很早就开始探索全球化经营，并跟随着改革开放的市场化浪潮，不断摸索前进，历经了"产品出口—EPC—海外投资"三部曲，现在已经逐渐形成了一套成熟的国际化思路。从 20 世纪 80 年代开始，中国建材集团大规模引进国外先进的技术和装备，随后根据国家贸易政策，尝试出口石膏板、矿棉板、玻璃等产品。当时为了给国家多创外汇，中国建材集团同时积极开拓国际市场。随着生产制造和技术水平的不断进步，尤其进入 21 世纪之后，中国建材集团实现了从以建材产品出口为主向以建材成套技术装备出口为主，并大规模承担国外工程项目的转变。中国建材集团不仅培育了玻纤、新型建材等一批出口超千万美元的核心业务，水泥、玻璃、新型建材等 EPC、成套装备和技术出口业务也实现了快速增长。

2011 年 4 月，国务院国资委首次召开中央企业"走出去"工作会议，紧接着，我就随中国企业家代表团赴印度尼西亚访问。在此期间，我对中国建材集团"走出去"战略进行了梳理和思考，明确了从推动产品出口、开展 EPC 向重视资源和产业投资转型的国际化新思路。一方面，加大木材等资源类产品的进口，同时重视在全球战略资源方面的投资，为我国经济的长期发展打下基础。另一方面，将国际业务向技术改造延伸、向生产管理延伸、向投资延伸，成熟一个投资一个，投资一个做好一个。2013 年 9 月，我国提出"一带一路"倡议后，中国建材集团在国家政策的引导和支持下，加速进入以国际产能合作、海外投资为特征的国际化阶段。国际产能合作不是简单地做 EPC，也不是简单地卖设备、卖技术，而是在海外投资建厂，通过全资、控股、参股、租赁等方式进行全方位投资。过去是贸易人员"打前站",而大多数产业人员并不熟悉海外市场;今天,产业人员也要"走出去",自己"上战场",把工厂建在海外。

企业"走出去"要大力发展跨国公司,实现本地化经营。中国建材集团旗下企业中国巨石在美国南卡罗来纳州和埃及建了玻璃纤维厂,分别满足美国和欧洲两大市场需求。集团管理跨国工厂时既保留中国技术标准,又培养当地团队,这种"两栖化"能力是企业全球化的核心竞争力。无论企业从国内走向全球,还是从全球走向区域,都必须坚定地"走出去"。

企业"走出去"有两条路线。一条路线是向东南亚、东南非等市场的发展中国家投资。因为这些国家本身就有发展中的市场,可以带动我国的产业链和供应链发展,加大半成品和零部件出口。在这方面,我国一些大企业可以带着中小配套企业一起"走出去"。当然,我们也要重视一些跨国公司的传统供应链,像苹果公司在越南建厂,带去了不少中国供应商;特斯拉公司在墨西哥建厂,周围也几乎是中国的供应商。在"一带一路"倡议下,中国建材集团采用"切西瓜"模式,将国际工程业务所涉及的市场划分成东南非洲、中东欧、中东、中亚、南亚、东南亚、南美七个重点区域。这种"切西瓜"模式可避免相互杀价,化解竞争冲突,使企业更专注市场和坚守长期主义,进入一个市场就要深耕那片市场。截至2023年年底,中国企业在"一带一路"国家设立境外企业1.7万家,直接投资存量超过3300亿美元。

另一条路线是直接进入欧美市场投资。现在,美国在搞"回归实业",欧洲在搞"再工业化",长远来看会对我国形成挑战,但同时也是机会。我国目前的工厂装备,无论是智能化程度还是性价比,都颇具优势。我国企业可以因势利导加大在这些国家的投资,这样既可以保住当地客户,还可以扩大企业市场。比如,福耀玻璃在美国建立玻璃厂,中国巨石在美国建立玻纤厂,万华化学在匈牙利建立化工厂,宁德时代在欧洲建立动力电池厂,等等。我国企业今天"走出去",从长远来看是件好事，经过 10～20 年，我国有望实现从"中国是世界的工厂"到"世界各地都有中国的工厂"的转变，以及从重视 GDP 到重视 GNP 的转变。

海外并购与海外建厂

企业出海是一种战略安排，而不是企业基于短期选择而做出的权宜之举。大规模出海是我国企业实现持续成长的重要方式，在海外建厂，进而成为跨国公司是历史的必然，也符合企业发展的规律。当然，关税壁垒、市场内卷，以及"一带一路"倡议下加大与发展中国家的产能合作，也是我国企业加速出海的一个重要原因。海外并购是企业出海的一种重要方式，主要有两个目的：一是通过海外并购获取先进技术、品牌和市场渠道，推动产业升级和业务多元化，这是最常见的；二是通过海外并购获取稀缺资源。中国建材集团的海外并购，并不只是并购工厂，早些年还并购过技术研发中心。

成功的海外并购需要以产业逻辑为根基，以管理智慧为纽带，通过整合与融合，最终实现"1+1>2"的全球化价值。未来，随着双循环战略的深化，中国企业的海外并购将更加聚焦核心技术、品牌与渠道，成为推动产业升级的关键引擎。2010 年，吉利以 18 亿美元收购了沃尔沃 100% 的股权，获得了沃尔沃安全技术、发动机等专利，推动了吉利研发体系升级，还孵化出领克品牌，定位于高端市场。吉利保留了沃尔沃的独立运营，通过中欧汽车技术中心实现了技术协同。沃尔沃全球销量从 2010 年的 37 万辆增至 2023 年的 76 万辆，2024 年，吉利成为首次进入全球车企前十的两个中国品牌之一，2024 年吉利海外营业收入占比超过 20%。

潍柴动力 2012 年以 7.38 亿欧元收购德国凯傲集团 25% 的股权，后来增持至 45%，获得全球领先的液压技术与叉车业务，凯傲集团拓展亚太市场，潍柴动力切入欧洲高端供应链。凯傲集团分拆上市后，市值超过百亿欧元，潍柴动力投资收益超 10 倍。潍柴动力 2024 年海外营业收入占比约 56%。

现在，海外建厂也已成为众多企业拓展国际市场、优化资源配置、提升竞争力的重要战略举措。随着国际市场与形势的不断变化，越来越多的中国企业选择在海外投资建厂，其中不乏上市公司。近年来，海外建厂主要集中在劳动密集型、海外市场前景广阔的制造业，如电子、电力设备、机械设备、汽车、化工、医药和轻工制造等。东南亚和北美是中国企业海外建厂的首要选择，在东南亚建厂主要是为了控制生产成本，在北美建厂则更多是为了拓展市场。

海外建厂不仅是规避关税壁垒、贴近终端市场的战术选择，更是整合全球资源、重构产业链话语权的战略布局。海外建厂的前提是，当地或它的周边有市场需求和企业的客户。福耀玻璃、vivo、比亚迪等，采取的就是"海外建厂海外卖、国内建厂国内卖"的模式。福耀玻璃的出海历程可以分为三个阶段。1987—2010 年是国内生产、出口海外阶段，公司主要利用国内成本优势，通过出口拓展海外市场，实现产品销售的全球化。2011—2015 年是海外产能筹备阶段，公司在海外建设工厂，为本地化生产做准备。2016 年至今是海外产能释放阶段，公司的海外工厂正式投产，本地化配套收入占比持续提升。福耀玻璃通过在美国、俄罗斯、德国等国家建立研发中心和生产基地，实现了从设计到生产的本地化，同时保持了全球供应链的协同。

vivo 的出海之旅始于 2014 年。公司在东南亚等市场建立了生产基地，通过本地化生产降低成本，同时满足当地市场需求。vivo 跳过了出口阶段，直接进入海外建厂的模式。它通过与当地运营商合作、开设线下门店等方式，逐步建立全球化的品牌和渠道网络。vivo 在印度尼西亚设立了全球智能制造中心，并通过举办当地粉丝会、文化活动等方式，提升品牌知名度。它在东南亚市场表现突出，2020 年一度登顶东南亚地区的销量榜首。

然而，海外并购与海外建厂仍面临着文化差异、法律法规、供应链整合等挑战。其实，即便跨国公司的总部设立在某一个国家，人们未必将其视为那个国家的公司。比如 ABB 集团的总部在瑞士，但是它并不认为自己是一家瑞士公司，而是一家跨国公司。西门子的总部在慕尼黑，它也不认为自己是慕尼黑的公司，而是一家跨国公司，甚至有 CEO 说西门子是一家中国本土公司，因为中国业务的比重非常大。这给我留下了比较深的印象。未来，中国企业在发展过程中也要转变观念，逐渐演变成跨国公司，在目标市场设立子公司或办事处，进行属地化管理。比如，在德国的公司不见得非要派中国人去不可，可以让德国人负责德国公司的经营管理，以更好地理解和服务当地市场。实际上，企业要尽量少外派员工。中国巨石在埃及的公司有两千多名员工，其中只有几十个中国人，其他都是当地人。减少外派员工的数量不只是中国企业出海需要面临的问题，还是所有跨国公司都会遇到的问题。

抱团出海的三大策略

早些年，我跟三菱社长有过一次比较深入的交谈。他跟我说，当年日本企业一窝蜂地"走出去"，但真正成功的很少，绝大多数都失败了，希望中国企业吸取这个教训，不要认为外边什么都好，一定要做好准备，想清楚到底该怎么"走出去"。当然，日本企业"走出去"比较早，一些好资源被日本企业或其他国家的跨国公司先到先得了，中国企业"走出去"相对较晚，好资源、好地盘已经不多了。三菱社长的观点很中肯，我国企业在"走出去"的过程中，有成功的也有失败的。那么，企业怎么才能成功地"走出去"呢？中国建材集团的做法是划定一些区域后，就在区域内精耕细作，真正了解和理解这些区域，一点点地做，不要着急，这对企业来说很重要。另外一点也很重要，就是可以与国内合作伙伴一起"走出去"，抱团出海，合适的合作伙伴可以提供市场见解、渠道资源和本地网络，加快市场入驻速度。具体而言，我国企业抱团出海主要有三大策略。

第一，国企和民企抱团出海。在很多场合，国企和民企采用组团合作形式，尤其在参与国际竞争时，民企利用它们在市场开拓方面的灵活性去"打前站"，做好"探路人"，提供大量一手信息。国企好比是"航空母舰"，一出手就有规模、资金、技术等优势，可以带动大量民企参与其中。中国建材集团在赞比亚的工业园就是这么发展起来的。前期，民营企业家在那边"打前站"，他们的商道消息虽多，但依靠自己的力量很难做大，中国建材集团提供资金、技术等支持后，工业园就迅速就做起来了。国企与民企深度融合，携手参与国际竞争，这是我国企业"走出去"的优势。

建设海外工业园现在已成为我国企业抱团出海的成熟模式之一。截至 2021 年年底，中国企业在 46 个国家建设有海外工业园。截至 2024 年 7 月，埃及的泰达工业园共吸引 170 家企业入驻，实际投资额超 21 亿美元，累计销售额近 49 亿美元，缴纳税费超 2.7 亿美元，直接解决就业近万人，带动就业约 7 万人。此外，印度尼西亚的青山工业园、泰国的罗勇工业园、白俄罗斯的中白工业园在招商引资、经济贡献及带动就业方面均成效显著。这些园区的建设不仅为中国企业提供了抱团出海的平台，还促进了当地经济发展，成为"一带一路"倡议的重要成果。

第二，大企业带动中小企业抱团出海。政府积极推动大企业与中小企业融通发展，2024 年开展的"百场万企"大中小企业融通对接活动，为大企业与中小企业搭建了交流、展示、服务、对接的平台，推动更多中小企业融入大企业的创新链、产业链、供应链。工业和信息化部《关于开展中小企业出海服务专项行动的通知》提出，组织服务机构与有出海意向的中小企业精准化对接，提供专业化服务，帮助中小企业开拓国际市场、畅通信息渠道、提升风险防控能力，有力促进中小企业国际化发展。

除在国内寻找合作伙伴外，企业也可以在国外寻找合作伙伴，一起抱团出海。目前，企业主要通过与当地经销商、服务商合作，共同开发市场，实现互利共赢。中国建材集团在埃及建立了一个世界最大的水泥厂，配备了六条日产6000吨的新型干法水泥生产线，我曾去做过调研和指导，做得非常不错。这个项目的土建工程全部包给了当地的公司，由8家当地公司一起来做，工地上最多的时候有1.2万人，其中当地公司有10 000人，中资公司有2000人，假定1.2万人都是中资公司派去的，光食堂就要建100个，出海难度可想而知。

其实，我国企业"走出去"还可以与其他国家的跨国公司联合开发第三方市场。比如，非洲有很多讲法语的国家，中国建材集团就跟法国的施耐德、拉豪、法孚等公司联合开发市场；在东南亚，中国建材集团主要跟日本三菱合作开发市场。在当今世界，不应认为一方生存就必然要以牺牲他方为代价，应倡导美美与共，联合共生。

第三，主机厂带动零部件厂抱团出海。主机厂与零部件供应商应从契约合作向战略合作转变，从短期零部件合作向长期产品合作开发转变，共同承担风险，实现共生互生。上汽旗下的联创汽车电子有限公司、长城旗下的诺博汽车科技有限公司和毫末智行科技有限公司、吉利旗下的亿咖通科技有限公司等零部件企业，通过与主机厂的深度绑定，实现了共同发展。主机厂负责顶层设计，零部件供应商负责产品的研发、制造并提供质量保证，双方共同开发产品，在需求分析、技术研发、样品试制、小批量生产、量产和持续改进等阶段紧密协作。

企业抱团出海，需要注意四个方面的事情。一是要尊重和积极参与国际分工，与跨国公司共同整合产业链，发挥各自所长，让大家都有生存和发展机会。二是主动联合跨国公司开发第三方市场，不搞"我来你走"。不少市场原来就有跨国公司，现在中资公司进入，必然会引发竞争，但可以共同开发市场，把蛋糕做大，让大家都受益。三是严格遵守国际规则，尊重和保护知识产权，这是我们企业提升自主创新能力、与其他国家企业打交道的基础。四是把"走出去"与"引进来"结合起来，既要到国外投资建厂，又要引进跨国公司在国内合资合作，做到你中有我、我中有你、深度融合。我国进一步开放市场，对现有企业会形成一定压力，但应该看到，我国企业和其他国家企业产品互补、产业链相互依赖，如果能够公平竞争，以市场换市场，可以实现双赢，这对我国企业来说也是好事。

双循环互相促进

经过 40 多年的改革开放，我国企业坐拥国内大市场，同时深耕海外市场，对外贸易总体上保持平稳。面对关税壁垒等外部环境的不利影响，我国企业应向何处去？市场在哪儿？该怎么做？其实，企业还是要充分发挥国内国际双循环相互促进的作用。我国有超大规模的市场优势和巨大的市场需求，以国内大循环为主体的市场对我国企业来说，是一个稳定、长期的市场，必须深耕细作，拉动需求。同时，企业也要巩固和拓展国际市场，研究国际市场新变化，因势利导、积极布局。最后，企业还要加强国内国际两个市场之间的联动，有效发挥自身在其中的价值。

强化国内大循环的主体地位

中国经济发展充满活力。2025 年 3 月 23 日，国务院总理李强在中国发展高层论坛上指出，2025 年春节前后，电影、冰雪、文旅等消费市场热点纷呈，展现了国内经济循环的巨大潜力。以"杭州六小龙"等初创企业为代表的科技突破不断涌现，展现了创新创造的巨大能量。绿色家电、新能源产业等绿色经济蔚然成风，展现了转型发展的巨大空间。不同领域的新动能不断积蓄壮大，必将为中国经济带来持久旺盛的发展动力。

强化国内大循环的主体地位，能使中国经济在面对外部环境的不确定性时，保持稳定和自主发展。我国拥有超大规模的国内市场和完整的产业体系，畅通的国内大循环可以减少我国企业对外部市场的过度依赖，增强经济的内生动力和韧性。特别是在当前国际形势复杂多变的背景下，强大的国内循环能够确保经济基本盘的稳定。那么，如何强化国内大循环的主体地位？我认为有以下五个方面的做法。

第一，扩大内需。扩大内需是强化国内大循环的重要基础，要通过激活城市和农村消费市场，稳定增加汽车、家电等大宗消费，发展新消费，如绿色家电、智慧养老等，推动消费新业态、新模式发展，充分释放消费潜力。同时，要积极扩大有效投资，进行产业升级投资，在半导体、工业母机、生物医药等方面加大投资力度。

第二，重视创新驱动和攻克核心技术。要注重科技创新和制度创新，推动新质生产力发展，促进产业结构升级。强化企业科技创新主体地位，发挥科技型骨干企业引领支撑作用，营造有利于科技型中小微企业成长的良好环境，大力支持"专精特新"企业的发展。

第三，推动高水平对外开放。强化国内大循环并不意味着"闭关锁国"，而是要通过高水平对外开放，提升国际循环的质量和水平。要继续扩大商品和要素流动型开放，吸引全球资金、技术、人才等优质要素和产品。同时，要稳步扩大规则、规制、管理、标准等制度型开放，营造市场化、法治化、国际化一流营商环境。

第四，建设全国统一大市场。建设全国统一大市场是强化国内大循环的重要举措，国家要清理废除妨碍全国统一大市场建设的地方行政法规和政策，促进商品要素资源在更大范围内畅通流动。同时，要加快全国统一大市场建设，提升需求侧管理能力和水平。

第五，提升产业链供应链自主可控能力。要通过实施产业基础再造工程，推动制造业高端化、智能化、绿色化发展，巩固新能源汽车等优势产业的领先地位。同时，要强化能源资源、重要产业链供应链的安全保障。现在，宁德时代、比亚迪等企业已构建起自主可控的产业链，有效突破技术和贸易壁垒，实现国内和国际市场"双丰收"。

上市公司应不断培育和拓展国内市场，为国内消费者生产高品质产品，形成需求牵引供给、供给创造需求的更高水平动态平衡。上市公司应通过发挥内需潜力，使国内市场和国际市场更好地联通起来，以国内大循环吸引全球资源要素，合理利用国际国内两个市场、两种资源。

企业"走出去"的原则与注意事项

当年，中国建材集团在南京的一家水泥工程公司（简称"南京公司"），因为员工持股机制，多年来没有一个项目亏损，发展势头强劲。2005年，它承接了德国海德堡水泥公司在土耳其的一个日产5000吨水泥生产线的建设项目。为了这个项目，我去过土耳其两次，也因此对中国企业"走出去"有了一些想法。海德堡水泥项目是德国海德堡水泥公司和土耳其当地最大的私营企业萨班吉公司合作的，又被称为萨班吉项目。海德堡水泥公司是全球著名的跨国公司，对萨班吉项目的要求十分苛刻，采用欧洲标准，燃料要用石油焦。海德堡水泥公司经过招投标选择了南京公司，招标价格并未按照从低原则，而是质量为上。海德堡水泥公司的确是一家有经验的公司，事实证明，选择南京公司是正确的。

在南京进行项目谈判时，我出面接待了海德堡水泥公司的管理团队，他们邀请我出席了项目的动工典礼。因为拿下一个欧洲大公司的项目不容易，南京公司又是一家员工持股公司，再加上海外项目难度大，当时公司上下都有些压力，我对他们给予了鼓励和全力支持。在前往土耳其的路上，公司负责人给我讲了这个项目的思路：一是确保质量，采用一流生产工艺和设备，一些关键设备从全球采购；二是和当地公司合作，这个项目采取了EP模式⊖而不是传统的EPC模式，也就是只负责成套设备的交钥匙，基础和厂房配套交由当地公司分包施工，这样可以降低工期风险。虽说这个项目水准高、难度大，但我并不担心南京公司的团队，

⊖ EP模式是EPC模式的变换形式，EP模式仅包含工程设计和设备采购。

一是因为他们做项目有经验，二是因为他们的内部机制很好。最终，萨班吉项目进展顺利，质量也很好，海德堡水泥公司顺利验收，还多次表扬南京公司的施工水准。

中国建材集团到土耳其做项目秉持三个原则：一是为当地经济发展做贡献，二是和当地公司合作，三是和当地人民友好相处。其中，"和当地公司合作"是指南京公司在萨班吉项目中把基建部分外包给当地公司。企业"走出去"要发挥自己的长处，不能"吃独食"，不要连挖土的工人都从国内带过去。这段讲话得到了当地媒体的重点关注，土耳其的媒体以"昔日竞争对手，今日合作伙伴"为题进行了报道。我国驻土耳其商务参赞说，如果我国企业都像中国建材集团这样做，"走出去"就更顺利了。

现在，我们常讲"不出海则出局"。企业出海是带着资本、技术、装备、品牌、管理等出海进行并购或建厂，这背后是企业成长的逻辑：企业发展到一定程度后就会扩张，从本土化企业发展成为跨国公司。据统计，战略性新兴产业公司成为积极引领上市公司出海浪潮的"领头羊"，上市公司出海结构已经从附加值较低的传统行业逐步拓展至信息技术、医疗健康、先进制造、汽车交通等更多元和附加值更高的行业。2024年以来，我国资本市场先后出台了"科创十六条""科创板八条"等一系列政策文件，服务优质科技创新公司能力进一步增强。

当然，现在的企业要"走出去"，也有要着重研究和注意的事项。一是总结企业以前出海的经验和教训，调研在先，投资在后。不少企业选择出海是为了不在国内继续"卷"，但出海之后又开始在国外相互"卷"起来。前些年，我国摩托车企业曾经占据了东南亚市场的主导地位，后来企业之间打价格战，导致摩托车质量下降，许多企业直接退出了东南亚市场。在"走出去"的过程中，我国企业必须吸取这样的教训。二是抱团出海，大企业带中小企业，主机厂带零部件厂。三是因地制宜"走出去"，密切关注各地区的具体情况。四是注重和防范风险，如政治风险、政策风险、法律风险、汇率风险、安全风险等。出门在外，要多长几双眼睛，多长几个心眼，注重人身财产安全。五是站在道德高地上做企业，企业出海要遵守国际市场规则，为当地经济做贡献，与当地企业合作，为当地人民做好事，注重融入当地社会，真正"走进去"。

根据中国上市公司协会2024年的统计数据，作为高质量共建"一带一路"的耕耘者与亲历者，已有超过2156家上市公司积极响应国家号召，参与共建"一带一路"建设。过去10年，共设立海外办事处近3800个，开展海外项目近16万个，新增海外员工超240万人，为共建"一带一路"提供了重要支撑。同时，在上市公司参与的共建国家项目中，有7944个采用中国标准，累计建立超594个科研合作项目，在推动共建国家科技水平提升的同时，助力全球经济高质量发展。

增强两个市场的联动

国内国际双循环的联动不仅是简单的"内外并行"，还是通过制度开放、产业协同、要素流动和技术互鉴，形成"以内促外、以外强内"的良性互动。它有三个核心目标：一是以内需升级吸引全球资源，通过国内市场的高质量需求，吸引国际资本、技术、人才；二是以国际竞争倒逼国内改革，通过参与全球产业链重构，推动国内产业升级与制度创新；三是以内外协同对冲风险，平衡"自主可控"与"开放合作"，增强经济韧性。

在双循环背景下，有以国内市场为主的，也有以国际市场为主的，还有兼顾两个市场的，因企业而异。中国巨石就是一个双循环相互促进的典型代表，它以国内市场为主体，也重视国际市场。中国巨石早年发展主要依靠出口，随着国内市场的不断发展，它的产品现在70%销到国内、30%销往国外。近年来，它还在美国和埃及建厂，产品覆盖北美、欧洲、非洲市场。福耀玻璃、vivo、海信等头部企业在国内和国外的生产布局已趋于均衡，国内生产国内卖，国外生产国外卖，中国越来越多的大型制造企业开始研究这种半对半的发展模式。其实，这种模式可以促进中国的装备业和中间品出口，我国企业可以把研发、核心技术等放在国内。

海尔智家通过全球化与本土化相结合、资源整合与产品优化，实现境内外市场融合发展。海尔智家实施跨境并购，提升海外影响力。并购后，整合品牌、渠道、技术、人才等资源，快速获取当地市场份额。它还针对不同国家和地区的消费层次与需求，推出高端、中端、低端的品牌产品，覆盖细分市场。此外，海尔智家搭建全球协同平台，在研发、产品开发、采购、供应链、营销及品牌推广等方面协同合作，提升运营效率。同时，它打通上下游产业链，搭建全链路绿色循环生态体系。比如，它建立再循环互联工厂，从回收、拆解到再生利用，实现废旧家电资源循环，提升资源利用率，降低成本，推动行业绿色发展，在全球市场实现高效、绿色、可持续的发展。海尔智家2024年营业收入为2859.81亿元，同比增长4.29%；归母净利润为187.41亿元，同比增长12.92%；扣非归母净利润为178.05亿元，同比增长12.52%；基本每股收益为2.02元。如此亮眼的数据，背后是境内外市场融合发展的必然结果。

在两个市场的人才互通方面，北京中关村试点放宽外籍人才永久居留限制，吸引海外科学家；大疆设立硅谷研发中心，国内团队与海外专家联合开发无人机避障算法。在数据跨境方面，北京国际大数据交易所试点"数据海关"，合规传输医疗、金融数据；阿里云在印度尼西亚建设数据中心，为东南亚电商提供合规云服务。

双循环联动的本质，是以国内市场的"深度"换取国际市场的"广度"，以国际竞争的"高度"倒逼国内创新的"强度"。对内，通过品牌升级、智能化转型和消费驱动夯实基础；对外，通过区域化布局、抱团合作与风险管控实现全球化突破。通过以上措施，上市公司可以在国内国际市场双循环的格局下，以国内大循环支撑国际竞争力，以国际循环反哺国内升级，最终推动中国企业从规模扩张转向高质量发展。

最佳实践案例：海尔的全球化发展

海尔创立于1984年，是我国较早实施国际化与全球化战略的企业之一，是全球领先的美好生活和数字化转型解决方案提供商。海尔旗下拥有海尔智家、海尔生物、盈康生命、上海莱士、雷神科技、众淼控股6家上市公司。其中，海尔智家于2021年和2024年跻身《财富》世界500强，并连续7年（2019—2025年）荣登《财富》全球最受赞赏公司榜单。历经40余年的发展，海尔在国内外市场上都取得了显著成就，现在世界上每卖10台高端冰箱，就有7台来自海尔。我曾到海尔调研过，与创始人张瑞敏及他的继任者周云杰都交流过，也参观过它的卡奥斯工业互联网平台，这是中国首个被国际权威机构认证的"灯塔工厂"孵化平台。

双循环市场的实践

海尔在国内外市场呈现出了双螺旋上升的态势，国内主要通过场景生态建立高价值壁垒，海外主要凭借本地化经营实现深度渗透。它成功的本质是全球资源本地化重组能力的胜利，这种既保持竞争内核又尊重市场特性的平衡艺术，正是中国企业走向世界的最佳注脚。

管理模式创新

1985年，收到用户投诉冰箱质量问题后，张瑞敏带着员工去库房查验，从库存的400台冰箱中查出了76台不合格品，在那个工人月薪不足百元的年代，他抡起大锤砸毁价值10万元的不合格品。这一事件深深触动了海尔员工，员工自此树立了"质量第一"的意识，公司内部建立起"零缺陷"标准。2009年，张瑞敏当年砸冰箱的那个大锤被中国国家博物馆收藏，成为改革开放的文物，这是企业重视质量的象征。海尔除了重视质量管理，还实现了管理模式创新。

第一，OEC管理法。OEC管理法是一种全方位优化管理法，由海尔于1989年创立，它的核心理念是"日事日毕，日清日高"，日事日毕就是当天的事情当天解决，日清日高就是要求员工坚持每天提高1%，70天后工作水平可提高一倍。海尔将企业的整体目标分解为具体的日常任务，确保每个员工都能明确自己的职责和目标，这些目标都是具体、可以度量的指标。海尔还将量化值编成小册子，做到管理不漏项，事事有人管，人人都管事。1995年，海尔的OEC管理法获得了国家级企业管理现代化创新成果一等奖。

第二，激活休克鱼法。20世纪90年代，国家鼓励企业并购重组。1995年，海尔收购了连续亏损8年的红星电器厂。收购之后，海尔并没注入大量资金，而是派去了管理团队，通过推行OEC管理法和海尔文化，红星电器厂迅速扭亏为盈，成为海尔洗衣机事业部。海尔把这种并购硬件良好但管理不善的企业，通过注入先进管理理念而实现快速扩张、资源整合的模式，称为激活休克鱼法。后来，这种方法被复制到了它的并购业务中。1998年，"海尔文化激活休克鱼法"案例入选了哈佛商学院案例库。

第三，人单合一。这是张瑞敏在2005年提出的一种管理理念，它的核心是将员工（"人"）与用户价值（"单"）紧密结合，实现员工价值与用户价值的统一。当年，海尔面临两大困境：外部是家电行业利润率跌破5%，电商冲击传统渠道；内部是10万名员工的大企业病显现，市场响应速度落后于互联网公司。张瑞敏这时提出"自杀重生"，砍掉了1.2万名中层管理者，将企业拆分为4000多个自主经营小微企业，实行用户付薪机制。用户付薪就是员工的薪酬不再由企业直接支付，而是根据用户对员工创造价值的认可来决定。

此外，海尔强调员工不仅是执行者，更是决策者和创业者，赋予员工更多的自主权和决策权，这催生出创客激励平台，涌现出众多创业"小微"。2013年，海尔笔记本电脑部三名85后员工通过对网上3万多条相关差评的挖掘整理，产生了开发一款游戏笔记本电脑的创业意向。于是就有了雷神小微（即雷神科技），它从名不见经传发展成为行业"头雁"，并于2022年12月23日在北京证券交易所挂牌上市。海尔对投资小微实行"三权下放"：在决策权方面，500万元以下投资由小微自主决定；在用人权方面，小微主可跨部门组队；在分配权方面，利润的20%用于团队激励，80%用于再投资。海尔平台至今已涌现出200多个创业小微，其中23个小微估值过亿元，33个小微实现了融资。

深耕国内市场与拓展国际市场

20世纪90年代初，海尔并购了青岛空调器厂、冰柜厂等，进入了多元化发展的战略阶段。1995年，海尔以品牌入股方式，低成本收购了红星电器厂。1997年，海尔进入黑色家电、信息家电生产领域。与此同时，它先后并购了广东顺德洗衣机厂、莱阳电熨斗厂、贵州风华电冰箱厂、合肥黄山电视机厂等18家企业，自此进入了一个更广阔的发展空间。这些年，海尔通过自建筑牢根基，以智能化、绿色化升级巩固家电龙头地位，通过并购与孵化延伸到了医疗、农业、新能源等万亿级赛道，构建跨行业多元化发展格局。

海尔从1991年开始进军国际市场，最初是出口产品，有了市场之后便开始在海外建厂，后来也进行了海外并购。与其他大部分企业不同，海尔选择先进入欧美等发达国家，再进入东南亚、中东非等发展中国家。现在，海尔集团拥有100多个生产基地、100多个贸易公司以及35个工业园。建设工业园不仅是空间布局的优化，更是企业构建"资源－市场－技术"三角竞争力的核心抓手。海尔国内工业园直接提供10万多个岗位，间接带动上下游就业50多万人，还吸引了很多配套企业入驻，如芯片封装厂、模具制造厂等。海外工业园贴近市场，不仅降低了成本，还能快速响应当地市场需求。除此之外，海外工业园也能促进国内外技术的双向循环，意大利的科莫工业园技术被引入国内卡萨帝，提升洗衣机能效30%；青岛AI算法导入了印度工业园，开发出了智能语音空调。

海尔在海外市场实行的是本地化经营策略，主要体现在四个方面：一是进行本土化研发；二是进行本土化生产；三是进行本土化营销；四是坚持"3个70%"原则，即保留70%原团队、保留70%决策权、投入

70%资源升级。

自主品牌与全球化品牌并行

1985年，海尔就开启了自己的名牌战略布局，一直坚持主打自己的品牌，立志要打造成名牌。1987年，海尔冰箱战胜十多个国家的冰箱产品，第一次在世界卫生组织这样的国际招标中中标，海尔的发展逐渐引起了社会各界的关注。1988年，海尔冰箱在全国冰箱评比中，以最高分获得中国电冰箱史上的第一枚金牌，从此奠定了它在中国电冰箱行业的领头地位。1992年，美国通用电气计划收购海尔，要求控股并放弃海尔品牌，海尔果断拒绝了这一提议。戏剧性的是，海尔2016年成功反向收购了通用电气的家电业务。在品牌打造上，海尔制作的212集《海尔兄弟》动画片于1995年播出，以海尔兄弟的冒险故事为主线，穿插科普知识，深受儿童的喜爱，极大地提升了海尔的品牌形象，也深入了未来品牌使用者的心智。海尔还通过体育营销不断提高品牌知名度，曾是我国第一家在海外冠名体育俱乐部的企业。

2005年，海尔推行了全球化品牌战略。在海外并购中，海尔一般保留原有企业的品牌。2012年，海尔收购了新西兰的斐雪派克，斐雪派克拥有几千项专利，直驱电机技术全球领先，填补海尔在澳大利亚和新西兰高端市场的空白。收购后，海尔仍保留斐雪派克品牌，定位高端市场，还把它的技术引入自主品牌卡萨帝中。海尔创造性地提出了三级品牌体系，即高端品牌、场景品牌、生态品牌。传统时代靠产品品牌，互联网时代靠平台品牌，物联网时代海尔要打造生态品牌。如今，集团既有海尔、卡萨帝、Leader、三翼鸟等自主孵化品牌，也有美国的通用家电（GE Appliances）、新西兰的Fisher & Paykel、日本的AQUA、意大利的Candy等海外并购品牌，还有卡奥斯、日日顺、盈康一生、海创汇等生态衍生品牌。

在品牌影响力上，截至2025年5月底，海尔连续7年作为全球唯一物联网生态品牌蝉联"凯度BrandZ最具价值全球品牌100强"，连续

8年入选"谷歌&凯度 BrandZ 中国全球化品牌"十强，连续16年稳居"欧睿国际全球大型家电品牌零售量"第一名，连续21年入选世界品牌实验室"世界品牌500强"。

物联网时代的生态转型

在全球范围内，海尔已建立10个研发中心、71个研究院、35个工业园、163个制造中心和23万个销售网点，具备强大的产业链布局能力。X11系列洗干组合，由海尔的中国、欧洲、美国等研发中心共同研发，集成了各方优势。海尔在全球建立"10+N"创新中心，深入了解不同国家和地区消费者需求，研发差异化产品。比如，在沙特推出停电100小时仍能锁鲜的冰箱，在日本研发500L超薄冰箱，在巴基斯坦开发大容量全自动洗衣机等。海尔将有条件的工业园升级成为产业园，整合供应链上下游资源，逐步打破企业边界，联合供应商等利益相关方，共同围绕用户需求打造企业开放性的供应链、产业链。

海尔搭建的HOPE创新生态平台已链接全球专家超过25万人，持续不断地输出创新成果。海尔在技术创新方面表现卓越，参与制定100多项国际电工委员会（IEC）等国际标准，成为家电行业规则制定者，实现科技标准"逆输出"。海尔不仅将国内先进技术推向国际，提升国际竞争力，还将国际先进技术引入国内，推动国内产业升级。海尔创造的百余项对行业有重大影响的原创技术，全部创新成果均快速转化至产业链，为用户带来全新体验。海尔坚持技术专利化、专利标准化、标准国际化，在产品、场景、生态标准及管理模式方面走在了世界前列。海尔的海创汇平台打造了"科技助力创业，创业加速科创"的融合创新模式，截至2025年5月底，该平台已孵化出12家上市公司，115家瞪羚企业，223家专精特新"小巨人"。

海尔以生产电冰箱起家，通过自建与国外建厂、并购，公司产品现在囊括冰箱、冷柜、冰吧、酒柜、洗衣机、空调、电视、热水器、厨房电器、电脑及外设、各类小家电等。海尔的三翼鸟品牌，提供厨房、阳台等全场景解决方案，实现了从单一产品到场景生态的跨越。目前，海尔布局三大生态赛道，即智慧住居生态、大健康产业生态、数字经济生态。在智慧住居生态中，海尔构建了三条发展曲线，第一曲线是智慧家庭和智慧生活，第二曲线是暖通产业，第三曲线是智慧康养与家庭机器人。大健康产业生态包括生命科学、临床医学、生物科技。数字经济生态包括工业互联网平台与行业解决方案，比如，海尔的卡奥斯工业互联网平台赋能 15 个行业的数字化转型，公司可通过该平台实现定制化生产，交货周期能缩短 50%。

实践启示

启示一：管理模式创新。OEC 管理法、激活休克鱼法、人单合一等都是海尔行之有效的管理工法，大大提升了海尔的运营效率。在企业里，人是最重要的企业资本。海尔的小微自治、用户付薪、创客平台等模式，都极大地激发出员工的积极性与创造性。同时，海尔通过制度设计让每个员工成为自己的 CEO，创造出员工与企业、社会共赢的局面。

启示二：海外本地化运营与多元品牌矩阵。海尔采取的是国内生产国内卖、国外生产国外卖的模式，进行本地化研发、生产和营销，并坚持"3 个 70%"原则，增强国际市场适应性，提高市场响应速度。海尔通过强势的自主孵化品牌、国内外并购的品牌和生态衍生品牌，构建起多品牌矩阵，并形成三级品牌体系，精准触达不同市场，提升海尔的全球影响力。

启示三：生态转型。当其他企业还在讲产品、产业的时候，海尔率先一步布局三大万亿级生态赛道。其实，工业互联网平台、工业园、生态品牌等都是海尔生态转型的重要举措。通过将国内市场的生态模式复制到国际市场，同时吸收国际市场反馈完善国内生态，海尔实现了国内市场与国际市场的深度融合，提升了整体竞争力。

第 9 章
Chapter 9

防 范 风 险

———

习近平总书记多次强调，坚持底线思维，增强忧患意识，提高防控能力。习近平总书记在2024年1月的省部级主要领导干部推动金融高质量发展专题研讨班上指出，要坚持把防控风险作为金融工作的永恒主题，着力防范化解金融风险。新"国九条"在强监管、防风险、促高质量发展方面提出了具体措施。国务院国资委在2024年12月召开的中央企业负责人会议上强调，中央企业要切实抓好重大风险防范化解，坚决履行维护国家安全责任，强化内控执行刚性约束，确保自身发展安全。此外，中央企业还要持续做好重大风险评估监测和及时处置，防控重点领域风险，化解财务风险，强化合规管理体系。

中国证监会相继出台了《关于加强上市公司监管的意见（试行）》《关于严把发行上市准入关从源头上提高上市公司质量的意见（试行）》《上市公司监管指引第11号——上市公司破产重整相关事项》等文件，提出了多项政策措施，以防范上市公司运营风险，从源头上提高上市公司质量，全面从严加强对企业发行上市活动的监管，并规范了上市公司破产重整程序，防范系统性金融风险。

做企业，无论是制定战略决策，还是开展日常经营活动，风险始终如影随形。风险是客观存在的，企业经营必须在发展和风险之间做出平衡。如果只顾发展而忽视风险，企业可能会轰然倒下；如果只考虑风险而不顾发展，企业可能会止步不前。做企业，有风险不可怕，怕的是对风险视而不见，遮遮掩掩。面对风险，关键要做到"三有"：有清醒认知、有防范预案、有处置能力。上市公司首先要识别风险，知道有哪些风险是企业经营必须重视的；在识别风险的基础上，构建起完整风险管理体系，设立好风险的"防火墙"；在处置风险时，企业要遵循一定的原则。

风险管理的框架

企业要做好风险识别、风险评估、风险规避和应对、风险监控，建立完整的风险管理框架。企业要针对这些环节制定明确的标准和流程，确保风险管理的系统性和有效性。优秀的风险管理者既要有扎实的专业知识，又要有敏锐的直觉和决断力。

风险识别

风险识别是一项千头万绪的复杂系统工程，头脑风暴法、德尔菲法、情景分析法等传统风险识别方法，在现代社会中依然发挥着重要作用。然而，现代社会充斥着各种认知偏差，这些偏差常常导致我们对风险的误判，可能让我们高估那些容易被想起的风险，而忽视那些不常被提及但同样重要的风险。现在，大数据、人工智能等技术为风险识别带来了革命性变化，通过海量数据的分析和机器学习算法的应用，我们能够发现平时难以察觉的风险。例如，中国农业银行2023年运用AI预警系统拦截可疑交易，使不良贷款率降至1.33%。

我们也许无法预知所有风险，但至少能让企业在暴风雨来临时，稳稳地握住救命的桅杆。企业衰落的迹象并不是孤立的，往往与管理不善、员工的不满情绪、战略上的失误等紧密相关。领导者要能根据企业里的蛛丝马迹，及早地识别企业衰落这一风险。吉姆·柯林斯在《再造卓越》一书中揭示了大企业为何会走向衰落，为何有的企业一蹶不振，有的却能重整旗鼓、再创辉煌。尽管书中讲述的是企业失败的"黑暗史"，但柯林斯也告诉我们，失败有规律可循，及早有效应对问题，仍能扭转乾坤，再造卓越。

通常，企业衰落会经历五个阶段。第一，狂妄自大。一家企业获得成功后变得目空一切，甚至放弃了最初的价值观和管理准则。第二，盲目扩张。之前的成功让企业觉得自己无所不能，在资本市场或个人英雄主义的推动下，企业开始不停地扩张业务，什么都想试一试。第三，漠视危机。由于盲目扩张、摊子铺得过大，潜在危机逐步显现，但企业领导者采取鸵鸟政策，把困难和问题归因于客观环境而不是自身，使得事态一步步恶化。第四，寻求救命稻草。危机出现后，企业慌乱中"抱佛脚"，采取聘请空降兵紧急救场、激进重组、财务粉饰等不切实际的招数。第五，被人遗忘或濒临死亡。由于屡屡受挫以及代价颇高的犯错，企业的财力大受影响，企业领导者放弃为打造卓越未来而努力；有的企业领导者干脆把企业一卖了事；有的企业慢慢衰落直至被人遗忘；如果碰到一些极端情况，企业马上就"寿终正寝"了。

企业衰落的五个阶段不一定依次出现，有可能跳过其中的某一阶段。企业的衰落周期不尽相同，有的企业走完五个阶段耗时30年，有的仅用了5年，像雷曼兄弟等大企业更是一夜间倒闭倾覆。当然，企业衰落是可以逆转的。企业如果在前三个阶段不自暴自弃，就有生还希望；如果深陷第四阶段，就要赶紧中止寻求救命稻草的行动，转而重拾稳健的管理模式和坚定的战略思维。纽柯、IBM、迪士尼等公司都曾陷入过低谷，后面也都再铸辉煌。企业命运掌握在自己手中，面对失败和困难，企业绝不能丢弃理想和激情。正如柯林斯所言，即便受挫，也要再次昂起高贵的头颅，永不低头，这就是成功。

企业衰落可以避免，即便陷入困境，也可以翻盘，只要没有深陷第五阶段，仍可能起死回生。企业要想避免衰落、再造卓越，就要把握以下关键点。一是居安思危，有忧患意识，企业不能在规模做大以后就沾沾自喜，被暂时的胜利冲晕头脑。二是在扩张时突出主业，有所取舍，不做与企业战略和自身能力不匹配的业务，避免与核心能力脱节。三是抓早抓小，防微杜渐，出现危机时，不能掉以轻心，要防止风险点和出血点扩大。风起于青萍之末的时候，就应该去解决，千万不能大意，更不能采取鸵鸟政策，如果不直面危机，危机就会越来越大。四是精准施策，对症下药，解决问题时不能抱着"病急乱投医"的侥幸心理，切勿因一个项目失败就仓促转向下一个，因一个目标落空就草率设定新目标，那样只会将企业拖垮。世界上没有强者恒强的道理，即便是最好的企业也可能倒下。因此，做企业必须保持清醒的认识，尽早察觉问题，建立风险预警机制，找到避免衰落的"自救工具箱"。

风险评估

风险评估是风险管理的重要组成部分。通过科学的风险评估方法和工具，企业可以较为全面地识别、分析、评价和监控风险，从而制定有效的风险管理策略。作为全球领先的视频监控产品及解决方案提供商，海康威视通过内部审计部门定期对内部控制进行评估，识别潜在风险点，同时通过风险预警机制，对市场变化、政策法规调整等外部风险进行实时监控。例如，面对国际贸易摩擦带来的风险，海康威视提前进行了布局，通过多元化供应链和本地化生产，降低了这一风险对公司的影响。

风险评估应该与企业战略相结合。企业需要根据自身的战略目标和发展规划，确定风险评估的重点和方向。一家处于扩张期的企业，可能更关注市场风险和投资风险；一家处于稳定期的企业，则可能更注重运营风险和财务风险。风险评估涉及企业内部多个部门，比如财务部门提供财务风险数据，市场部门提供市场风险信息，技术部门提供技术风险评估等。通过跨部门的沟通与协调，企业可以形成较为全面的风险评估报告，为决策提供有力支持。

企业可以利用各种专业的风险评估工具、软件来提高评估效率和准确性。例如，风险矩阵、蒙特卡罗模拟、敏感性分析等工具可以帮助企业更好地量化风险。同时，企业也可以借助会计师事务所、咨询公司等外部专业机构的力量，获取专业的风险评估意见和建议。比亚迪在风险评估方面采用了多维度方法，不仅关注财务风险和市场风险，还特别重视技术风险和政策风险。在新能源汽车领域，比亚迪密切关注国家新能源汽车补贴政策的变化，及时调整产品策略和市场布局。同时，它还加大研发投入，保持技术领先优势，降低技术被替代的风险。

当前，随着数字化技术的发展，企业风险评估将更加智能化、可持续化和全球化。企业需要不断更新风险评估方法，提升风险管理能力，以应对日益复杂多变的商业环境，实现可持续发展。宁德时代高度重视数据在风险评估中的作用，通过大数据分析技术，对生产过程中的质量风险、供应链风险等进行实时监控。它通过分析生产数据，提前发现潜在的质量问题，及时调整生产工艺，确保产品质量。此外，它还利用数据分析优化供应链管理，降低原材料供应中断的风险。

中国平安是一家大型金融保险集团，建立了完善的风险评估与内部控制体系。它通过内部审计和风险管理部门，定期对各类风险进行评估。同时，中国平安将风险评估结果与内部控制措施相结合，确保内部控制的有效性。在保险业务中，它通过精算模型对保险风险进行量化评估，制定合理的保险条款和费率。在投资业务中，它通过风险评估确定投资组合的风险敞口，优化投资策略。

风险规避和应对

2008年金融危机发生后，一家投行把欧洲一家水泥巨头的资料翻译成中文放到我的办公桌上，希望我们收购它。当时只要拿出20亿美元，我们就能成为这家企业的控股股东。我将几本厚厚的资料抱回家研究，一开始很兴奋，如果成功收购，中国建材集团就能一步成为大型跨国公司。但后来，有一个问题让我冷静了下来，那就是收购的风险。这家企业在全球有400家子公司，以中国建材集团当时的管控能力实在难以驾驭，硬吃下去只会拖垮整个公司。快天亮时，我终于做出决定：放弃这项收购。

在企业经营过程中，这样的艰难抉择常会遇到。一些企业由于对风险判断不足或处理不当，无法对项目的风险点以及如何规避和应对风险做出精准的判断，结果轰然倒塌。所以，企业领导者不能只想着"鸡生蛋、蛋生鸡"式的发展，还应想清楚怎样防范风险，以及发生风险后该怎样处置。企业的每一个决策、每一场博弈都会有风险，零风险的情况从来都不存在。正是因为风险无处不在、无时不在，大家讲得更多的是如何管理风险，而不是预防风险。

企业的风险与利润是一把"双刃剑"，管理者可以把利润当成平抑风险的边际效益。因此，海外招股说明书中的很大篇幅是用来披露风险的。如果一家企业连自己的风险都说不清，或者干脆说"我的企业没有风险"，那没有人敢买你的企业的股票；企业对风险的认识越深刻，披露的风险越全面，越可能得到成熟投资者的信任。与投资一样，任何经营行为都是一场风险管理，最高超的经营艺术就是把风险降到最小，即使有风险也要可控、可承担。"风险可控、可承担"是我一直坚持的经营原则之一。

有风险是正常的，关键是要知道风险可能发生在哪儿、企业的承受力有多大、有没有强大的"防火墙"和"灭火器"。那么，到底应该如何应对风险呢？这个问题不能一概而论，应该具体情况具体分析。就战略性风险而言，企业的业务选择、重大投资等要依靠科学化的决策，避免"一言堂"和盲目决策。对战术性风险来说，像企业运营过程中的风险，往往需要规范管理来防范，而在这方面，最需要防范的是某一个环节或某一位管理者的失误造成的大的系统性风险。此外，火灾、地震等偶发性风险，往往不可预测，但可以通过购买商业保险来应对。鉴于此，风险应对策略应该具有灵活性和多样性，常见的策略包括风险规避、风险转移、风险减轻和风险接受。选择何种策略，取决于风险的性质和组织的承受能力。

顺丰控股是国内领先的综合物流服务提供商，面临着复杂的内外部风险环境。为了有效规避和应对风险，顺丰控股采取了一系列系统化的风险管理措施。在治理结构方面，它根据监管规则与指导，搭建公司治理架构，并在董事会下设战略、薪酬与考核、风险管理、提名、审计等专业委员会，形成权责明确、运作规范的分工与约束机制。2019年，公司董事会特别设立了风险管理委员会，搭建了由该委员会领导的风险管理组织架构。该架构包括风险工作委员会、首席风控官、风控合规处以及各职能部门、事业部、业务组织和地区负责人，明确了各级职责，确保了风险管理工作的有序开展。

顺丰控股将大数据建模、AI算法等科技手段，深度融入风险管理领域。它对运营过程中的潜在风险进行全面甄别、筛选与分类，将内外部风险拆解为四大层级、上百个细分风险类别，并将风险解决方法汇总形成线上"管控措施库"，构建了数智化风险管控体系。此外，顺丰控股通过关联交易管理系统实时监控与管理关联交易，有效降低违规风险。同时，它还注重强化员工风险意识，2023年围绕风险合规领域开展了29门课程培训，覆盖产品与服务质量、反垄断与不正当竞争、出口管制与贸易制裁、知识产权等多个风险维度。

风险监控

风险监控是风险管理的重要环节，目的是通过持续监测和评估风险的变化，及时采取措施，以降低风险对企业的负面影响。企业唯有构建具有自我进化能力的监控体系，方能在不确定性中把握确定性增长机遇，通过持续迭代的风控能力构筑竞争壁垒。企业进行风险监控需要综合运用多种方法和技术，当前主要有下面三种举措。

第一，建立风险监控指标体系。企业需要根据自身业务特点和风险类型，设定一系列关键风险指标，如财务指标、运营指标、市场指标等，通过对这些指标的定期监测，及时发现潜在风险。比如，金融机构一般会监控不良贷款率、资本充足率等指标，以评估信用风险和流动性风险。企业可以为一系列关键风险指标设定风险预警的阈值，当任一关键指标超过阈值时，就会自动触发预警信号，以便管理层及时采取措施。通过这样的风险预警平台，企业可以实时监控自身的财务状况和市场动态。

第二，利用数字化工具和技术。随着大数据、人工智能和机器学习等技术的发展，企业可以利用这些技术进行风险监控，比如通过数据分析平台实时收集和分析业务数据，利用机器学习算法预测风险发生的可能性。2024年，京东物流重点探索将尖端科技、算法与日常运营相结合，在物流网络布局、场地操作流程、自动化应用和运力调度等方面不断进行变革。作为行业最早应用大模型的物流公司之一，京东物流目前已在数十个业务场景中实现了大模型的落地应用，在异常管控、流程自动化等场景实现了降本增效。大模型在前置识别并防范异常、提升人效等方面持续发挥效用。

第三，定期进行内部审计和风险评估，检查风险管理措施的有效性。通过审计，企业可以发现内部控制的薄弱环节，并及时加以改进。中材国际在全球范围内承接EPC项目，它的水泥成套装备在全球市场的占有率世界第一，这一数据在众多行业中实属罕见。不过，它的不少项目分布在"一带一路"沿线，涵盖非洲、中东等地区，各类潜在风险不容忽视。中材国际很多业务都在境外，面临着比一般企业更多的风险。要应对这些风险，首先要从源头上把好关，做趋势分析，建立良好的风险评估预警系统。一旦通过分析预判到风险，就要加强管控力度。所以，对于部分客户的合同邀约，中材国际会视情况拒绝。

在商务合作上，中材国际也做了风险防范工作。它有一套预防机制：先进行风险识别与评估，然后建立风险防范体系，还将内部的三精管理设置为抵御机制。长期的战略合作关系是降低风险的有效途径，中材国际现在的很多客户都是国际大公司，或者是当地的大公司，彼此长期合作，发生问题可以协商解决，从而降低了风险。在境外经营，保险是不可或缺的风险对冲工具。如果评估下来某个地区有隐患，那一定要买好保险。当风险真正发生了，而企业自己没有能力解决，业主也没有能力解决时，就可以借助保险机制来化解危机。为了控制一个项目的投资风险，中材国际会同时安排可行性研究团队和不可行性研究团队，最后的决策要依靠这两个团队的辩论，这个辩论过程就是在做各种风险分析。

企业如果能够基本控制住用人、投资、经营这三大类风险，就能规避掉很多风险，但有些风险还得去面对和承担。通过建立科学的认知体系，运用先进的技术手段，采取系统的管理方法，企业完全可以在风险管理中找到自己的节奏。风险管理的终极目标不是消除风险，而是学会与风险共处，在不确定性中寻找确定性，在变化中把握机遇。

应对五大常见风险

在企业发展过程中，风险一旦超过一定的限度，就会给企业带来危机。因而，企业要建立好风险防火墙，及时发现风险，重视危机的早期应对，在风险处于萌芽状态时积极化解、妥善处理，实现风险可控、可承担，防止小危机演变成大危机。

防范周期性风险

企业一般会面临两个周期性风险：一是经济周期风险，二是产业周期风险。通常，经济周期包括繁荣、衰退、萧条、复苏等阶段，这些阶段会对企业产生一定的风险。在一般情况下，经济繁荣时，大部分产业需求会扩大，大家对此会信心十足；而经济萧条时，绝大部分产业需求会面临萎缩，企业如果不能顺着经济周期优化产能，就会出现经营危机，特别是企业如果没有预测到经济萧条期的来临，依然盲目扩大产能，就会更危险。

从第二次世界大战后到1965年，欧美经济经历了20年的繁荣发展。但进入1965—1985年的经济结构调整期后，欧洲经济开始衰退，而美国经济依旧繁荣，成功打破了康德拉季耶夫长周期理论的"魔咒"。究其原因，德鲁克将美国经济的繁荣归功于美国进入了企业家社会或创新型经济的时代。从1992年到2012年，我国差不多也经历了20年的经济高速增长期，而后进入了新常态。党的十八大报告明确提出"实施创新驱动发展战略"，用创新的驱动力来缓解经济增速放缓的压力，激发经济增长的动力，创造就业的机会。

金融危机带来的风险也算是经济周期风险。2006年，中国建材股份在香港上市后，股价一路走高，从每股2.75港元上升至每股39港元。中国建材股份公告增发3亿股H股，计划融资约100亿元支持南方水泥的并购重组。然而，从2007年下半年开始，美国爆发了次贷危机，并且很快演变成一场大规模的金融危机。这场金融危机迅速波及全球，许多投行和基金公司的资产大规模缩水，股指也应声大幅下跌。在这场金融危机中，个别基金公司在香港资本市场上进行卖空中国股票的投机操作，中国建材股份也被严重做空，股价最低时为每股1.4港元。有香港媒体援引不负责任的投行分析师的话说，中国建材股份的股价跌到每股0.5港元就会破产。那时，大家压力都很大，我也常常到中国建材股份去给干部员工鼓舞士气，因为我知道我们企业的情况，必须用自信心顶住资本市场的压力。

受金融危机的影响，中国建材股份再融资计划被搁置了。南方水泥的重组资金来源没了着落，许多到期的应付收购款项无法支付，并购重组陷入困境。但是，这场金融危机并没伤及中国的银行系统。银行系统看好中国建材集团的水泥重组项目，一家与我们有长期业务关系的银行在此关键时刻一次性提供了100亿元人民币的贷款，使我们度过了南方水泥重组的资金危机。经过这件事，我们有两点体会。第一，企业要提前研判，做好风险应对，以免错失千载难逢的发展机会。第二，企业一定要与金融机构建立良好的合作关系，关键时刻银行能够雪中送炭。

产业的周期性波动也会给企业带来一定的风险。从产业链角度来看，上游的石油、天然气、煤炭、有色金属等，中游的钢铁、水泥、化工等，下游的汽车、房地产、航空等，以及金融业、服务业等，都具有明显的产业周期性波动特征，它们的发展与经济周期、宏观调控、市场需求等因素密切相关。应对产业周期风险是上市公司管理中的重要课题。国电南瑞科技股份有限公司是国内智能电网及信息化全产业链的龙头企业，它通过多元化业务布局降低对单一业务的依赖，公司业务涵盖电网自动化、电力系统保护、智能电表、调度系统、特高压等多个领域。此外，公司还积极拓展储能系统集成、智能设备、工业互联网等新兴业务领域，开拓海外市场，减缓国内经济周期波动的影响。通过技术优势和品牌影响力，它在东南亚、南美、中东等地区布局电网自动化、AMI（高级计量基础设施）整体解决方案等。

企业一定要辩证地看待经济周期和产业周期，重视周期性变化，在发展中做到有进有退，把握自己的发展节奏。当周期上行的时候，企业可以走得快一点；当周期下行的时候，企业要走得慢一点，无论快和慢都要突出一个"稳"字。做企业，勇往直前、冲锋陷阵、攻城略地，那当然好，但学会战略转移、保存发展实力也非常重要。

企业发展本身也遵循周期性规律：当一项业务如日中天时，就要布局新业务，用老业务的利润去培育新业务，新业务做起来后会逐渐代替老业务，成为增长主力。这就是我们常讲的穿越企业生命周期、实现持续增长的"第二曲线"。2016 年，我对中国建材集团的原有战略做了调整，将产业升级的路径概括为传统业务的结构调整和技术进步、发展新技术和新产业、发展新业态的"三条曲线"，构建起水泥、新材料、工程技术服务"三足鼎立"的业务格局，形成了一大批新技术、新成果、新模式，为产业升级提供了强劲的支撑和强大的动能，引领了产业科技进步和创新发展。

降低决策性风险

在企业里，做决策不是一件容易的事。企业领导一旦决策错了，可能满盘皆输。企业领导同意一个错误的决策或否定一个正确的决策，对企业来说同样有害，甚至后者的危害性更大，因为这可能使企业错过一个重要的发展机遇。企业在发展过程中，决策失误可能引发重大危机。因此，企业需要建立科学的决策机制，对重大事项的决策进行充分论证，减少因决策失误带来的潜在风险。

多年来，我一直坚持决策要见人见物。2002 年，北新建材与三菱商事株式会社、新日铁和丰田三家日资公司合资设立北新房屋有限公司，中方出资 1.5 亿元，日方由集团总部出资 0.5 亿元。虽然日方出资不多，但他们认真负责的工作态度和见人见物的投资理念对我产生了很大的影响。记得那时为了这个项目，日方专门安排我在东京新日铁总部拜会当时的千速社长。千速先生是日本著名的实业家，我走进他的办公室后，发现他的办公桌上放着一份我的简历。千速先生说话语速很慢，他对我说："宋先生工作这样忙，听说还在攻读管理博士学位，这很不容易。我的部下都认为宋先生不错，我想当面验证一下，现在见到你本人，我决定投资了。"同样是这个项目，丰田公司的副社长立花先生居然带着十几个人的代表团在北新建材考察了整整一天，还与我进行了长谈。其实，日方只是小股东，但为什么做事这样细致？后来，我才知道丰田公司做任何投资决策都要见人见物，出发点正是为了规避风险，避免重大的投资失误。

俗话说，百闻不如一见。在中国建材集团大规模并购重组的过程中，我总提示大家要见人见物，不能纸上谈兵，集团重组的企业领导我大都见过。后来，我到国药集团当董事长，也把见人见物的决策原则带了过去，大型项目、重要合资和收购项目，我都要与外部董事一起深入企业做实地调研和考察，对项目进行充分评估。刚到国药集团的第一年，主要的成员企业我几乎都走了一遍。通过对文本材料的研读，加上现场的直接观察和感受，以及决策讨论中的头脑风暴，我们才能做出正确的判断。

面对一个选择、一个决策，我经常反反复复地思考。有的时候本来做了决策，但是突然出现了新的重要信息，或是环境发生了重大变化，导致决策出现了问题，这时得学会悬崖勒马，即使在决策前的最后一分钟，也要随势改变主意。所以，企业领导者不仅要有定力，还得有应变力。

企业在经营决策层面的风险，主要表现为经营失误，包括战略、用人、决策、管理等方面的失误。公司治理的目的是防范风险和提升价值，定战略、做决策、防风险，是董事会的职责。所以，降低决策性风险，就是要提高公司治理水平和董事会的决策水平。董事会的决策是集体决策，要平衡好风险和发展、风险和效率。我的体会就是，既要让董事们民主地发表意见，又能有效地做出重大决策，这真是一门艺术。决策性风险源于战略选择的不确定性，企业可以通过提升决策的科学性、优化决策机制、强化执行反馈等方式降低风险。

2020年，比亚迪遇到了一个重大决策挑战：在动力电池技术路线选择上，是继续改进磷酸铁锂电池，还是全面转向三元锂电池。比亚迪进行了技术双轨验证，并行研发刀片电池（即磷酸铁锂电池）与三元锂电池，投入巨额资金建立对比测试数据库，收集了大量实车数据，验证出刀片电池的安全性优势，针刺不起火。它不仅对供应链进行了压力测试，模拟镍价暴涨情景，测算三元锂电池技术路线的成本波动，还对锂资源供应稳定性做了评估，锁定了西藏盐湖提锂技术。最后，比亚迪还对市场做了反向验证，联合滴滴出行定制D1网约车，实测刀片电池在实际运营场景中的续航表现，通过B端客户反馈优化技术路线选择。2023年，比亚迪的刀片电池装车量达105.41吉瓦时，国内市场占有率为40.38%，规避了三元锂电池技术路线原材料波动风险。

警惕资金链风险

现金是企业的血液，一个企业能否维持下去，不取决于它的账面是否盈利，而取决于它有没有正常运营所需要的现金，现金流动状况更能客观地反映企业的经营情况和真正实力。华为任正非当年到日本大阪调研，望着大阪城中的一口古井出神。大阪城曾遭遇围攻，多亏有井水才守住了城，任正非说，企业的"井水"就是现金流，现金流就是企业"过冬的棉袄"。很多企业突然倒塌，往往源于资金链断裂、现金流告急。因此，企业必须坚持"有利润的收入、有现金流的利润"原则，一定要警惕资金链风险，守护好自己的资金链安全。

我刚到中新集团任职时，企业真是困难重重。中新集团的债务主要是中国建设银行、中国工商银行等国有银行和信达、华融等资产管理公司的各类贷款。这些债权人都有法律相关部门，动辄就拿起法律的武器与中新集团兵戎相见。当时，我觉得躲债不是办法，硬扛也不行，只能与对方坦诚协商，找出一个合理的债务处理方案。

那时，我一天到晚都在跟银行、资产管理公司打交道，一家一家地商讨债务处理方案。有的方案是把地方支行的债务通过做工作划转到总行保全部，这样既能为下属企业缓解一些压力，也便于中新集团和总行直接沟通协商；有的方案是用资产抵债，当时，浩良河水泥有限责任公司的资产一次性抵消掉信达10亿元的债务；有的方案是把债务转化为后来上市公司的股本等。当然，中新集团也得还些现金，这是比较难的一件事，需要多方筹措。比如，信达冻结中新集团在中国化建○这家上市公司的股权并启动拍卖程序后，公司只好向北新集团借了9000万元，一次性还清了信达的贷款，解决了那场危机。

我常想，在企业经营过程中，风险是常伴左右的，化解风险的能力和处置危机的能力是做企业的基本功。就像人免不了会生病，但如果免疫力强再加上有效治疗，很快就能康复。

企业在经营中有债务危机的，要抓紧想办法化解，可以进行债务重组，绝不能让企业走到资金链断裂的地步。为了资金链的安全，我觉得企业要注意以下四点：第一，要重视财务预算，量入为出；第二，要合理利用财务杠杆，资产负债率不能过高，一般在50%左右比较合理；第三，要控制好"两金"占用；第四，要学会归集资金。做企业往往会存贷双高，既有大量的存款又有大量的贷款。企业应把有限的资金归集起来，不要分散在各个子公司的不同"角落"。

由于石油、天然气属于资金密集型行业，中国石油发展资金需求巨大，如何统筹使用资金资源、提升资金使用效率和效益至关重要。正是在这一需求的推动下，从20世纪90年代开始，中国石油结合各发展阶段的不同特点，探索了内部结算中心、财务公司、商业银行等方式，经过反复权衡，最终选取了财务公司与结算中心并存的组合管控模式。在这一模式下，财务公司承担中国石油的集团理财职能，目标是通过资金运营，保证企业资金供应，提高资金使用效率和效益，创造利润；成员

○ 中国化建，后来更名为中国玻纤，现在叫作中国巨石，是全球最大的玻璃纤维供应商。

企业通过财务公司与结算中心，在整个集团公司需求总量平衡的基础上调节结构差异，将暂时闲置的资金集中起来，在整个集团公司范围内统筹合理调配。这样，不仅提高了中国石油的整体资金运营效率，还大大缓解了外部资金需求压力，从总体上降低了筹资成本。

规避大企业病风险

很多民营企业、中小企业的经营者可能认为，大企业病与自己无关。其实，并不是只有大企业才会得大企业病，只要企业有成长，就可能会得大企业病。因为一个企业在成长过程中往往会有盲目性，如果不去干预它，它就会疯长，甚至出现机构臃肿、人浮于事、效率低下、士气低迷、投资混乱、管理失控等状况，这是我给大企业病归纳的六大特征。

那么，企业该怎么防范大企业病呢？企业要通过管理有意识地控制机构膨胀、缩小人员规模，给企业"瘦身健体"，在"减"字上下功夫。企业的逻辑是成长的逻辑，不成长就会消亡。一方面，我们必须让企业长大；另一方面，在企业成长过程中，我们要对其进行"剪枝"，这与对果树进行剪枝的道理是一样的。企业在成长过程中不"剪枝"就会"膨胀"，所以企业要不停地"剪枝"，控制组织层级、机构数量、人员规模。这样不仅可以降低成本，更重要的是可以提高组织竞争力，激发组织活力。

2016年以来，中央企业按照国务院国资委的要求，一直在推进"瘦身健体"、提质增效的活动，企业不断"减肥消肿"，增强主业的核心竞争力，显著提升自身的运行效率。而反观这段时间，个别民营企业却借助影子银行和银行表外业务快速举债发展，最后陷入债务的泥潭。有不少民营企业总结认为，它们的主要问题是发展速度超过了自身的可承受能力。

今后，我们可能不需要刻意地去追求企业的规模了，或者说那个追求规模的时代已经过去了。"大而不倒"和"大到不倒"的逻辑有着根本性的错误，企业应该追求适度的规模，而不是把规模作为攀比的砝码。做企业要根据市场空间、自身能力等量力而行，无论规模做到几亿元、几十亿元还是几百亿元，都是不错的。企业要稳健成长，不宜总讲跨越式发展，更不能拔苗助长。企业越大，风险越多，一旦倒下对社会的危害也会越大，就像多米诺骨牌那样，一家企业倒下会影响一连串的企业。因此，企业当大则大，当小则小，不一定非要做成"巨无霸"，得心应手才叫最好。追求活得更好、活出质量，这才是企业存在的真正意义。

现代社会注重专业化细分，在企业里也是如此，企业中不仅有各个不同的部门，有的还下设不同的分公司、子公司和所属工厂。这些分工提高了工作效率，但也增加了协调成本。英国《金融时报》专栏作家吉莲·邰蒂在《谷仓效应》一书中将社会组织中的一些各自为政、缺乏协调的小组织称为谷仓，把这些小组织之间的不合作行为称为谷仓效应。企业如何避免谷仓林立，如何破除谷仓效应，对我国企业提高内部协同能力、外部市场竞争力来说非常重要。

谷仓效应有点像我们常讲的本位主义，只不过本位主义更关注传统的行为动机和权力平衡，而谷仓效应是针对大企业病诊治提出的新视角。比如，谷仓只有垂直性管理，而没有水平性协同。即使垂直性管理，也常因看不清谷仓内部情况而忽视问题，一旦打开谷仓发现问题，已悔之晚矣。试想，一家大企业的各个组织单元都在一个个封闭的谷仓里运作，坚固高耸的谷仓隔离了内外联系，大家彼此看不到，也不知别人在做什么，这样各自为政往往会造成资源的巨大浪费和巨大的风险。谷仓效应影响了人们的全局观，削弱了企业的整体效益，甚至可能引发组织溃散。

当然，谷仓效应有它形成的客观性，那就是细致的分工。现代大型企业规模庞大，如果不进行深入细致的分工，实在难以想象企业要如何才能稳定且高效地运转。由于制度上缺乏协调性，跨部门问题无人负责，人们存在"人人自扫门前雪，岂管他人瓦上霜"的心理，便会出现分工易、合作难的现象。既然分工无法避免，那就要处理好科学分工与良好合作的关系，做到分工而不分家。

第一，破除谷仓效应要解决认识问题。要从战略层面认识谷仓存在的客观性和谷仓效应的危害性，避免让部门分工成为利益壁垒。在企业中，既要看到部门的局部利益，又要看到企业的整体利益，树立为整体利益甘愿牺牲局部利益的大局观。

第二，防范谷仓效应要在企业制度层面精心设计。在战略布局和组织设计中，要取得集团统一管控与所属单元自治活力的最佳平衡，并通过强化垂直纽带与关键部位确保集团必要的战略控制和信息掌握。各单元间要归并、联合相关业务，减少部门间过度分工，通过部门业务适度交叉和分工合作体制建设来降低复杂度，增强协同性，还要通过加强横向协同机制和信息共享平台建设，减少信息壁垒和消极竞争。

第三，破除谷仓效应的最佳办法是建立强大的企业合作文化。Meta公司采用开放式办公和开放式网上沟通，使内部融合度大大增强。大型企业集团要重点加强管理层的团队意识，通过团队学习、人员交流、机制建设，强化各单元的文化纽带。中国建材集团每年举办所属企业干部培训班，旨在增进集团企业间干部的交流和友谊，微信群等沟通网络的建立对破除谷仓效应来说十分有效。另外，人员适当流动，换换谷仓，也有利于大家转换角度，继而增强企业的协同性。

化解"走出去"风险

当下，大家常讲"不出海则出局"，但出海之路常伴随诸多风险。企业在"走出去"时，要关注和防范政治、经济、法律、安全等方面的风险。在政治方面，不同国家的政治环境、政策导向差异较大，可能会对企业的运营产生不利影响。在经济方面，经济衰退、通货膨胀、汇率波动等宏观经济因素会影响企业的财务状况和盈利能力，尤其对于以外币结算的交易，汇率的不利变动可能导致成本增加或收入减少。在法律方面，不同国家的法律体系差异显著，企业在"走出去"的过程中可能会面临知识产权侵权、合同纠纷、劳动争议等问题。此外,企业还要注意遵守当地的数据保护法规,避免数据跨境传输产生的合规风险。

实际上,中国建材集团在"走出去"的过程中也曾遇到过不少风险。2005年前后,由于油价上涨,中东地区的经济和基础建设发展迅猛,水泥市场十分火爆,中国建材集团的合肥院、进出口公司和中国建材国际工程公司都加入了在中东地区投标建设水泥厂的行列。进出口公司与合肥院合作在中东地区拿下的第一个水泥项目是沙特的纳吉兰水泥生产线建设项目,这是一项日产6000吨全套生产线的交钥匙工程。此前,合肥院只在河南南阳做过一条日产3000吨的水泥生产线。不过,合肥院十分有把握,认为这是发展上台阶的重要机会。

其实,纳吉兰水泥生产线建设项目进展并不顺利。我去过该项目工地两次,那个地方距离纳吉兰省会200多公里,位于"前不着村后不着店"的戈壁滩上。之所以选在那里建厂,主要是因为那里有丰富的石灰石矿,还是白色的氧化钙含量极高的优质石灰石。合肥院的工程技术人员用几个集装箱搭建宿营地,用小柴油机发电作为临时电源,人住在集装箱里。戈壁滩风沙很大,中午十分炎热,空气对流会引发沙尘暴天气,我在工地上遇到过这种情况,深感施工人员之艰辛。尤其是项目后期,施工人员要到100多米高的塔架上焊接,有时气温高达50摄氏度,他们把湿毛巾盖在头上作业,既辛苦又危险。

纳吉兰日产6000吨的水泥生产线耗时约两年建成,我受邀参加投产仪式。当看到戈壁滩上矗立的大型水泥生产线时,我由衷地感到高兴,从做这个项目开始就悬着的那颗心终于放下了,看着项目现场合肥院的工程技术人员,我心中感慨万千。在中东地区这样的条件下,中国企业吃得了这样的苦,在"走出去"这条路上,洒满了众多工程技术人员的心血和汗水。在工厂门口,我看到许多采购水泥的车辆排队拉货,由于水泥厂生意兴隆,合肥院又拿到了建设日产3000吨的水泥生产线和在省会城市建一座大型粉磨站的合同。

当时在中东地区做项目有两大困难：一是当地的各种材料都很贵，水泥和钢材的价格是中国的几倍；二是当地缺乏基本的配套零部件，常常为了几颗螺钉、螺栓，不得不乘飞机去迪拜购买，以致很难控制造价和工期。所以，在项目谈判时，我方觉得合同工期绰绰有余，但真正做起来才知道时间远远不够；我方还觉得合同额够大，怎么算都赚钱，但做下来却常常事与愿违。

纳吉兰水泥生产线建设项目虽然完成得很好，但工期还是延迟了一些，对方提出要依据合同罚合肥院1600万美元。本来这个项目赚钱就不多，罚款必然导致亏损，于是，我决定去纳吉兰和对方代表面谈。谈判时，我感慨道：我方人员在酷似蒸笼的环境下帮助你们建起了赚钱的工厂，你们理应感激我们，可你们却要罚款，这就是你们信奉的理念吗？这番话说得对方哑口无言。正是因为我方据理力争，对方最后取消了罚款。也正是从这个项目开始，合肥院的员工慢慢地跟当地政府、当地人熟悉起来，一年以后都成了当地的专家。没有谁天生就熟悉国外情况，大家都是逐渐成长起来的，国际化人才也是在我国企业"走出去"过程中成长起来的。

处置风险的原则

风险如同达摩克利斯之剑，始终高悬于每个决策者的头顶。华尔街的金融风暴、互联网的数据泄露等，说明了风险处置能力已经成为现代社会、企业的一项重要能力。处置风险不是简单的危机应对，而是一门需要深厚功力的管理艺术。它要求决策者在复杂多变的环境中，准确把握风险本质，科学运用处置原则，将潜在危机转化为发展机遇。企业要用制度来防范风险，因此制度正确是规避风险的重要基础。在处置风险时，应该早发现、早处置，并将损失降至最低。

用制度来"治未病"

从源头上说，任何风险的防范、应对和处置都有赖于制度建设，制度被用来发现风险、防范风险、化解风险，将风险预设在安全可控的范围之内。企业规模大了，层级多了，风险有时会防不胜防，只靠口头提醒或简单的惩罚来增强风险意识还不够，关键要靠内部机制的规范和约束，企业建立健全组织与各项制度，才能提高效率，减少随意性和盲目性。中国传统医学认为，"上医治未病，中医治欲病，下医治已病"。其实，高明的医生不是擅长治病的人，而是防止病发的人。在企业里，这个"治未病"的良药就是制度。企业要靠规范的制度约束行为，制度是应对风险最好的"防火墙"和"灭火器"。

任何一家大企业如果在制度建设上出了问题，就一定好景不长。这是为什么呢？第一，企业人员多了、点位多了、幅度宽了，就必须有统一的制度，没有规矩不成方圆。第二，做任何事都有个过程，有了制度大家才知道每一步该怎么做，没有制度过程就会走样。回想起来，我刚接手北新建材和中国建材集团时，两家企业都处在生死边缘，之所以后来反败为胜，实现快速成长，是因为我们坚持了"四不做""四不能""四大忌""四不准"的原则，形成了符合企业自身发展的制度体系。

在业务选择上，坚持"四不做"，全力构建核心技术、拳头产品和服务方向。一是过剩产能的项目不做，要在品种、质量、产业链上精耕细作，而不是在数量、规模、速度上做文章。二是不赚钱的项目不做，一个项目能不能赚钱、盈利点在哪里、赢利模式是什么，这些问题都必须事先明确。三是不熟悉的项目不做，像企业里没人熟悉情况、没人说得清楚、没人能够做出清晰判断的项目，十有八九会亏损。四是有明显法律风险的项目不做，不注重法律风险的企业，很容易陷入泥潭。

在发展模式上，坚持"四不能"，从规模速度型粗放增长转向质量效率型集约增长。一是不能经验主义，要认真研判形势，充分了解经济运行规律、行业发展规律、市场变化规律、企业成长规律，顺势而为，遵循规律做企业。二是不能一味贪大，市场经济讲求规模效益，但规模是手段不是目的，最终目的是提质增效。三是不能忽视基础，做企业是慢工细活，必须从点滴做起，苦练内功、强基固本、久久为功，急于求成、拔苗助长是做不好企业的。四是不能只顾眼前，企业要以发展为主线，以实力和承受力为原则，追求企业综合效益与发展互为促进，这应该成为企业发展的基本前提。

在风险管控上，明确"四大忌"，强化忧患意识和责任意识。一是"忌"用错人，不懂经营的人做企业是企业最大的风险。二是"忌"盲目搭设平台，没有合适的人，平台要缓搭。三是"忌"贸然与陌生企业做生意，尤其是经济下行时期，与熟悉的、信誉好的企业合作更安全。四是"忌"做高风险业务，企业要专注各自所长，做与自身能力相匹配的业务，加大对贸易、担保、债务、垫资等风险的管控，不轻易参与高风险业务。

在文化建设上，明确"四不准"，彻底消除"集而不团"和"文化孤岛"现象。一是不准在文化上另搞一套，积极践行集团的企业文化。二是不准犯自由主义，要坚决服从大局，全力维护集团整体利益，小道理必须服从大道理。三是不准搞一言堂，要集思广益、民主管理、群策群力，营造宽松和谐的工作氛围。四是不准未经批准滥设公司，要强化集团管控的权威性，令行禁止，凡是投资项下的事情都要履行集团核准备案程序，盲目设立的企业要自行清理。

早发现、早处置

就风险而言，企业应当早发现、早处置，避免风险演变成大危机。风险预警系统是企业"早发现"的基础，现代风险预警系统需要整合大数据、人工智能等先进技术，实现对风险信号的实时监测和智能分析。在金融领域，机器学习的异常交易监测系统可以及时发现市场操纵行为，类似这样的预警系统也会大大提升风险发现的及时性和准确性。例如，中信建投证券建立了较为全面完整的风险防范管理体系，并在风险数据治理及系统建设等方面持续优化，公司坚持强化"早识别、早预警、早发现、早应对、早处置"的工作机制，积极防范和化解证券市场的潜在风险。

快速反应机制是企业"早处置"的关键，这需要企业具备明确的责任分工、畅通的信息传递渠道和高效的决策流程。比如，日本企业为应对地震风险而建立的"黄金72小时"机制，就是快速反应机制的典范，日本企业通过预先制定的应急预案和定期演练，确保在地震发生后能够立即启动救援和恢复工作。其实，风险处置的核心不在于预警系统的先进性，而在于企业能否打破决策惰性，在风险信号出现后立即启动响应程序。2022年，宁德时代发现锂价从每吨5万元涨至每吨50万元这一异常波动后，一周内做出决策，在锂资源领域积极布局，避免了成本上升造成的巨额亏损。一般来说，风险处置窗口期不超过3个月，需要建立"预警即行动"的硬性机制。

做任何决策都要评估风险是否可控、可承担，所以，风险的可控性评估是风险处置的第一道防线。在金融领域，压力测试就是评估风险可控性的重要工具，通过模拟极端情景检验机构的风险承受能力。这些模拟场景并不是天马行空，而是基于历史数据、市场规律以及各种可能的变量因素，经过严谨的数学建模和复杂的数据分析而得出来的，旨在帮助金融机构提前预知潜在风险，做好应对准备，避免遇到真正风险时手足无措。在工程领域，可靠性分析则是评估系统性风险的关键方法，通过量化分析找出系统的薄弱环节。

信息透明与决策效率的平衡是"早处置"的难点。过度的信息保密可能导致错失处置良机，而过度的信息公开又可能引发恐慌。在2008年全球金融危机中，雷曼兄弟破产事件的惨痛教训为我们敲响了警钟。当时，美国联邦储备系统未能及时向市场传递准确的危机程度，又在关键决策节点因信息滞后错失了最佳救助时机。其实，适度的信息透明与快速决策在危机时刻同等重要，企业必须在两者之间找到微妙的平衡点。

实际上，风险承受能力决定了处置策略的选择空间。不同主体对风险的承受能力存在显著差异，这取决于它们的资源禀赋、组织结构、文化传统等多重因素。大型企业可以建立风险准备金，通过内部消化来承担风险；中小企业则更适合采用风险转移策略，通过保险等方式分散风险。政府部门作为最后的风险承担者，需要建立多层次的风险分担机制。在企业里建立起风险缓冲机制是实现风险可控的重要保障，如制度缓冲机制（包括应急预案、风险管理制度等）、心理缓冲机制（包括风险教育、危机演练等）。多层次缓冲机制的建立，能够有效提升系统的抗风险能力。

将损失降至最低

当风险发生时，企业必须直面问题，迅速切割风险部位来降低损失，切忌投入更多资源盲目补救，避免风险点与"出血点"扩大化，引发"火烧连营"式的连锁反应。事实证明，任何一个大企业如果在风险控制问题上出了纰漏，一定会险象丛生，甚至瞬间崩塌。作为企业的领导者，一个重要的特质是要有发现和判断风险的能力、防止企业发生系统性风险的能力，以及出现风险后减少损失的能力。

企业的领导者要有发现和判断风险的能力，要时刻保持警觉，对市场动态、政策变化、行业趋势等诸多因素进行全方位、多角度的观察与分析，如同在黑暗中寻找微弱的光亮，提前察觉风险的蛛丝马迹。防止企业发生系统性风险的能力，是领导者守护企业稳定发展的坚固盾牌。系统性风险犹如一场突如其来的风暴，具有极强的破坏力和广泛的影响范围，领导者需要构建完善的风险预警机制和防控体系，将潜在的系统性风险拒之门外。而当风险不幸降临时，如何最大限度地降低损失，考验着企业领导者的智慧与决断力。企业的领导者要能迅速制定有效的应对策略，组织协调各方资源，有序开展风险处置工作。

将损失降至最低，这是风险处置的终极目标。而要实现这一目标，建立科学的损失评估体系是不可或缺的前提条件。损失评估体系如同精准的天平，能对风险造成的损失进行客观、公正的衡量。在构建这一体系时，企业需要精心制定科学的评估指标和方法。一方面，要充分考虑直接经济损失，这是最为直观且容易量化的部分，如资产的损毁、资金的流失等。另一方面，间接社会影响也不容忽视，企业的声誉受损可能导致客户流失、合作伙伴信任度降低，进而影响企业未来的市场拓展和业务合作，此外，对当地就业、产业链上下游的影响，可能引发社会层面的连锁反应。同时，企业既要精确计算当前损失，为当下的决策提供数据支持，也要高瞻远瞩，预估风险可能带来的长期影响，以便为企业的长远发展规划提供参考。

止损策略的选择直接关乎风险处置的最终效果。常见的止损策略有隔离策略、转移策略、对冲策略等，它们各有独特的适用场景。

隔离策略就像是在熊熊燃烧的火势周围筑起一道坚固的防火墙，明确风险的边界条件至关重要。企业需要深入思考，万一出现风险，能否迅速且有效地进行切割，以及切割操作会对企业的运营情况、财务状况、市场地位等方面会产生多大程度的影响。这是判断和应对风险的重要原则，只有对风险边界有清晰的认知，才能在风险来临时果断采取行动，将损失限制在可控范围内。

转移策略如同巧妙地将风险的"接力棒"传递给他人。企业可通过购买保险的方式将部分风险转移给保险公司。当风险发生时，保险公司按照合同约定承担相应的赔偿责任，从而减轻企业自身的损失。企业还可以通过与合作伙伴签订风险分担协议，在业务合作中明确双方在面对特定风险时的责任与义务，实现风险的合理分担。

在金融风险管理领域，对冲策略犹如在波涛汹涌的海洋中为企业这艘航船调整航向，以降低市场波动带来的损失。运用衍生工具进行风险对冲，是一种常见且有效的方式。例如，企业可以通过期货合约锁定原材料的采购价格，避免原材料价格大幅上涨导致的生产成本飙升；也可以利用外汇远期合约规避汇率波动风险，确保企业在国际贸易中的利润稳定。

最佳实践案例：工商银行——防范风险的典范

中国工商银行股份有限公司（简称"工商银行"）是中国金融体系的核心机构之一，我曾与一些企业家去参观工商银行的数据中心，那个场景让我十分震撼。当时，数据中心一天的结算数据就有8亿笔之多。工商银行的风险防控体系一直被外界视为全球银行业的标杆之一，穆迪评价工商银行拥有极强的基础信用实力，风险缓冲能力位居全球大行前列，标准普尔强调工商银行数字化转型显著提升了风险识别精度，不良贷款管理优于同业。目前，工商银行连续12年蝉联《银行家》全球银行1000强榜首，它的资本实力与资产质量评分均列第一梯队。工商银行在年报中提到，风险防控不是成本，而是核心竞争力，从中可见它对风险防控的重视与自信。

防范风险的实践

工商银行成立于1984年1月1日，历经40多年的发展，已经成为国内乃至全球银行业的龙头企业。截至2024年，工商银行的总资产规模达到48.82万亿元，稳居全球银行资产规模首位，实现营业收入8218.03亿元，净利润达3669.46亿元，在国内拥有近1.6万家分支机构，在全球49个国家和地区设有408家境外机构，公司员工总数约41.5万人。工商银行主要有八大业务板块：公司金融、个人金融、金融市场、资产管理、投资银行、金融租赁、信用卡、电子银行。在A股"健康指数（HI）"评估中，工商银行长期稳居公司治理第一名。对如此大规模的金融企业来说，风险防范是企业稳健发展的关键。工商银行坚持风险为本，牢牢守住底线，将控制和化解风险作为不二铁律。

建立风险治理架构

在工商银行的风险治理架构中，董事会承担最终责任，监督风险战略与政策；高级管理层负责执行，推动风险管理措施落地；风险管理部门统筹协调；内部审计部门进行监督与评估。如此形成分工明确、相互制衡的高效的风险治理架构。除常见的审计委员会外，工商银行的董事会还下设了风险管理委员会、关联交易控制委员会等，负责审批风险管理战略、政策，监督风险管理有效性。工商银行的高级管理层下设了两个专委会：一个是信用风险管理委员会，审议信用风险管理的重大事项；另一个是市场风险管理委员会，负责市场风险管理。

为了辨识、量化和控制风险以及完善风险分类与评估，工商银行成立四大风险管理部门：一是全面风险管理部，统筹协调全面风险管理工作；二是信贷与投资管理部，牵头管理信用风险；三是市场风险管理部，负责市场风险的识别、评估和监控；四是操作风险管理部，负责管理操作风险。此外，工商银行下设独立的内部审计局专门负责内部审计，并向审计委员会汇报，也向高级管理层汇报。通过实行岗位责任制，工商银行确保员工遵守规章制度和操作程序，及时发现和纠正潜在的风险问题。

完善风险管理制度

完善的制度体系是风险管理的重要保障。工商银行制定了明确的风险偏好陈述，确定可承受的风险水平，清晰设定了各类风险的限额，充分控制风险暴露。工商银行制定了六大类风险管理制度：信用风险管理制度涵盖了信贷审批、贷后管理、风险分类等；市场风险管理制度包括交易限额、止损机制、风险对冲等；操作风险管理制度涉及内部控制、员工行为管理、业务连续性计划等；流动性风险管理制度主要管理资金流动性，确保支付能力；声誉风险管理制度用来维护银行声誉，应对负面事件；法律合规风险管理制度确保业务合规，防范法律风险。这些制度共同确保了风险管理工作的规范化、标准化，使风险管控有章可循。

建立"三道口、七彩池"风险管理模式

"三道口"是指入口、闸口、出口。在入口端，严格客户筛选，防范高风险客户。在闸口端，实施"七彩池"管理，动态调整客户风险等级。在出口端，加强不良资产处置，提升回收效率。"七彩池"管理是指按照不同的风险程度，将贷款客户划入相应的池子里进行动态管理。池子的颜色按照风险级别分为七种，所以被称为"七彩池"：蓝色池是风险最低的客户池，绿色池是资产质量、风险分类为正常、关注类的客户池，灰色池是重点移出客户池，黄色池是风险程度较高的客户池，橙色池是风险程度要比黄色池高一点的客户池，红色池是风险最高的客户池，紫色池是特殊风险客户池。"七彩池"管理的目标是通过风险分层和精准管理，防止贷款劣变，同时通过缓释措施使客户风险颜色迁徙，最终实现风险的有效管控。

塑造风险防控文化

工商银行严控业务边界，对重点关注行业进行限额管理，对房地产、过剩产能行业设定了授信"天花板"。同时，工商银行严格落实金融机构合规要求，常态化开展合规培训，每年组织多场反洗钱、数据安全等专题培训，实现全员覆盖。在绩效考核体系中，分支机构KPI中的风险指标权重占比达30%，高管绩效薪酬实行延期支付机制，与长期风控表现深度绑定。此外，工商银行还组织全员系统学习"风险案例100例"，每季度开展信贷审批沙盘推演，强化实战化风险防控能力。在海外，工商银行推动落实本土化合规政策，例如，工商银行马来西亚分行积极融入当地金融市场，注重本地化经营。

智能化预警与控制风险

第一，技术赋能风险识别和预警。2013年，工商银行研发了外部欺

诈风险信息系统，陆续在全集团（境内外所有机构）、全渠道（线上和线下渠道）、全业务（接入16大业务系统）投入应用。截至2023年，该系统累计拦截欺诈交易超100万笔，避免客户损失超10亿元。工商银行通过外部欺诈风险信息系统筛选出风险人员和风险企业，多部门联动采取相应的风险处置措施，有效规避了资产损失。

工商银行的"融安e防"平台借助先进的数据挖掘与分析技术，对信贷业务全流程进行实时监测，精准识别潜在风险。在信贷审批环节，该平台能够基于客户的多维度数据进行综合评估，自动判断信用状况和风险水平，有效避免因信息不完整或人为主观判断导致的风险误判，从而提高风险识别的准确性和效率。有关数据显示，"融安e防"在网银、自助终端等渠道，自动拦截可疑电信诈骗汇款超60万笔，为客户避免损失超170亿元。

第二，精准风险调控。2020年，国内房地产贷款激增，部分房企出现杠杆率过高的问题。工商银行的压力测试显示，若房价下跌20%，行业不良率将突破8%。为此，工商银行立刻调整策略，施行名单制管理，将12家高负债房企列入"限制类客户"，暂停新增授信，对已放贷项目要求追加抵押物，并加速回款，当时对某一头部房企的贷款压缩了60亿元。后来，工商银行的风险预警模型被原中国银保监会[一]采纳，成为行业调控参考。

第三，技术赋能风险处置。2014年，青岛港发生铜、铝仓单重复质押骗贷案，涉及多家银行损失超过10亿美元。尽管工商银行因未参与而逃过一劫，它仍对此进行了风控反思。2018年，工商银行推出基于区块链的贸易融资平台，实现了仓单信息实时上链、不可篡改。它还在合作仓库部署摄像头和RFID芯片，进行物联网监控，实时追踪大宗商品位置。2021年，有客户试图用同一批钢材在工商银行和另一家银行质押，该平台实时报警进行了拦截。现在，工商银行做到了零重复抵押。

[一] 2023年5月，国家金融监督管理总局正式挂牌，取代中国银保监会。

2021年，犯罪团伙通过多家空壳公司，以"虚假贸易"名义向境外转移资金。工商银行反洗钱AI系统标记出"同一IP控制多账户""上下游企业无实际业务"等异常特征，并联动公安机关，冻结涉案账户并协助抓获犯罪嫌疑人。工商银行自主研发的反洗钱AI模型，被中国人民银行反洗钱局纳入全国可疑交易监测系统，为全行业构建更严密的反洗钱防线提供了技术支撑，充分展现了科技赋能在防范金融犯罪、守护金融安全中的关键作用。此外。工商银行搭建了全球风险信息共享平台，实时传递全球各国政治、经济、金融动态及政策变化，共享企业内部风险管理经验、典型案例及最佳实践，打破了地域壁垒，提升了风险协同防控能力。

实施分类管理策略

针对不同类型的风险，工商银行采取了差异化管理策略。针对信贷风险，工商银行采用内部评级法，结合企业财务数据、行业趋势、管理层能力等200多项指标，动态评估违约概率、违约损失率。在2023年斯里兰卡债务危机中，工商银行通过信用违约互换对冲与债务重组，将损失率控制在2%以内。针对市场风险，工商银行运用风险价值模型和压力测试，量化利率、汇率波动对投资组合的影响。针对操作风险，工商银行建立风险事件数据库，累计分析案例超过10万件，提炼风险点嵌入业务流程。2023年，尽管工商银行在美全资子公司工银金融服务有限责任公司（ICBCFS）遭受勒索软件攻击，它最后还是成功完成了关键交易，核心业务未受严重影响。此次事件未对ICBCFS的日常运营造成重大影响，是因为公司商业和邮件系统保持了独立运营。后来，工商银行进一步加强了网络安全措施，提升了应对网络攻击的能力。

实践启示

启示一：风险防控的核心逻辑是精准识别风险、科学定义风险、主动管理风险。 工商银行坚持"主动防、智能控、全面管"的管理理念，对风险做到早识别、早预警、早暴露、早处置。

启示二：建立科学的风险治理框架和风险管理制度。工商银行在董事会层面设立风险管理委员会，在高管层中设立信用风险管理委员会和市场风险管理委员会，并单独设立内部审计局，明确各主体汇报路线与权责边界，形成相互制衡的治理格局。这一架构确保风险决策的专业性与独立性，为企业整体风险防控奠定了组织基础。同时，工商银行通过完善的制度和流程，将风险管理融入日常经营决策，实现实时监控与有效应对。

启示三：用技术赋能风险管理。企业应该建立量化风险评估体系，避免经验主义决策。企业要在智能风控系统上进行投资，提升风险识别效率，借助区块链、AI等技术构建风控平台。尤其是全球化企业，应建立全球风控信息共享平台，实现风险数据的实时联动。不同类型的风险各有特点、来源和影响，企业应采取有针对性的管理策略，并辅以不同管理工具或模型来管理风险。

第 10 章
Chapter 10

社 会 责 任

企业社会责任是一个多维度的话题，牵涉政治、经济、管理、伦理、文化和法律等多个方面。目前，国内外对此比较统一的认知是：一个成功的企业，一定要将积极承担社会责任作为最崇高的使命；而一个积极承担社会责任的企业，也必然会得到社会的赞赏和支持。我国企业承担社会责任是与国家发展阶段和政策导向紧密相连的。从最初的兼顾社会贡献，到全面履行社会责任，再到将社会责任融入企业发展战略，社会责任的理念和实践不断得到深化。2005年修订的《公司法》第五条首次将"社会责任"写入法律；2016年印发的《关于国有企业更好履行社会责任的指导意见》提到，要以可持续发展为核心，推动社会责任融入企业运营；2018年修订的《上市公司治理准则》增加了"利益相关者、环境保护与社会责任"章节；2024年制定的《关于新时代中央企业高标准履行社会责任的指导意见》，对央企的社会责任体系发展路线进行了清晰

的规划。

企业要发展，就要承担社会责任，这是现代市场经济条件下的一种重要行为准则。就像习近平总书记在企业家座谈会上指出的，"任何企业存在于社会之中，都是社会的企业"，理应承担社会责任。当然也有人问，履行社会责任是否会有损企业效益？其实，在当今社会，积极履行社会责任反而对企业提升效益而言具有重要作用。大家过去讲企业效益好，更多指的是利润，而资本市场现在分析效益时，不仅仅讲利润，更强调价值。今天，我们在看待企业效益的时候，社会在评估企业价值的时候，实际上都已考虑了社会责任。

关注利益相关者

简单来说，利益相关者就是跟企业决策与活动存在直接或间接利益关系的个人、群体和机构，利益相关者一方面可能受到企业决策与活动的影响，另一方面也可能对企业决策与活动产生影响。利益相关者可以分为内部利益相关者和外部利益相关者，内部利益相关者主要有股东、员工、管理层等，外部利益相关者主要有客户、供应商、社区、政府和监管机构等。作为公众公司，上市公司的利益相关者众多，它的一举一动都可能牵动社会的神经。上市公司要尊重利益相关者的权益，尤其要处理好投资者、客户和员工之间的关系，考虑到所有利益相关者的权益。维护利益相关者的权益是企业承担社会责任的一种体现，构建这种包括投资者、客户、员工等在内的立体化责任体系是企业生存的必然选择，决定了企业的经营理念和方向。

做企业要以人为中心

人是企业最宝贵的财富。我常想，汉字真的是博大精深，企业的

"企"字是"人"字下一个"止"字，就是说企业离开了人就停止运转、止步不前了。企业的财富、企业的进步都是由人来创造的。人是企业的主体，是推动企业前进的根本动力。坚持以人为中心，把实现人的幸福、人的价值作为企业发展的根本追求，这是我们在任何时候做企业都不能偏离的主线。

有人问过我：离开中国建材集团、国药集团这两家企业之后，您觉得自己留给它们的最重要的东西是什么？其实，我给它们留下了经营理念，那就是做企业要以人为中心，即"企业是人，企业靠人，企业为人，企业爱人"。做企业，不能只看到机器、厂房、土地、现金、产品这些东西，这些东西固然重要，但是所有的经营都要以人为核心。

具体来说，企业是人，是指企业是人格化的、人性化的，是有思想、有情感的经济组织，被大家赋予了一定的性格和特征。例如，说起华为，大家会想到任正非；说起海尔，大家会想到张瑞敏。企业靠人，是指企业的一切都是由人来完成的，要靠领导者的带领以及广大干部员工的努力和付出，企业的所有成绩都来自大家的汗水。在任何企业里，最重要的还是人。记得德国西门子的领导者讲过，无论西门子遇到多大的困难，只要人在，几年后又是一个西门子。企业为人，是指企业的经营目的归根结底是为了人。为了哪些人呢？我觉得至少应该有这三类人：一是员工，二是客户，三是投资者。当然，今天我们讲企业的社会责任，则是为了社会更美好。企业爱人，是指企业要以仁爱之心待人。在企业之内，要发挥员工的积极性和创造性，关心和爱护员工；在企业之外，要积极履行社会责任，努力回馈社会，创造阳光财富，推动社会和谐发展。

无论企业发展到哪一个阶段，无论前路是顺遂还是坎坷，以人为中心都应是企业的基本定位。员工心安稳了，人就安稳了；人安稳了，企业就安稳了。在北新建材、中国建材集团、国药集团任职期间，我把做企业的精力不单单放在规模和业务增长上，更重要的是放在"人"上。员工对企业的信心，需要企业领导者站在员工的立场去思考，这并不是一件很难的事情。比如，我在北新建材提出"工资年年涨，房子年年盖"，这一机制当时极大地激发了员工的积极性。

你怎样对待你的员工，你的员工就会怎样对待你的客户，这句话说得很有道理。企业只有真心对员工好，让员工与企业共同成长，激发出员工的积极性和创造性，员工才会发自内心地为企业创造效益，企业才能获得持续的成功。在我的理念里，企业的发展根本是员工，因此对员工好就成了北新建材的传统。早些年，北新建材就为员工开通了班车路线，提供了暖心的食堂服务，为员工营造了舒适的工作环境。员工对企业有信心，才会在服务客户的时候充满热情与活力，进而感染客户。北新建材"五朵金花"般的服务，让企业获得了许多忠诚客户。

对企业而言，员工、客户、投资者的信心至关重要，而这"三个信心"最终要用企业的良好绩效来支撑。因而，员工要以创造绩效为荣，以创造价值为荣。如果缺乏这样的绩效文化，企业就无法满足投资者的要求，就不能让所有利益相关者都满意，进而就会失去很多发展机会。而企业如果有了良好的绩效，就可以从资本市场上获得支持，进而在市场竞争中取胜，并给予社会更多回馈。员工也好、客户也好、投资者也好，其实都是人，也就是说，要让他们对企业有信心，就要以人为中心做企业。企业有了这"三个信心"，也就把握住了发展的正确方向。

做企业的目的是让社会更美好

长期以来，企业界一直以股东利益最大化为目标。1962年，美国著名经济学家米尔顿·弗里德曼在《资本主义与自由》一书中提出："企业仅具有一种而且只有一种社会责任——在法律和规章制度的约束下，利用资源从事旨在增加利润的活动。"1970年，弗里德曼在《纽约时报》上发文进一步阐明"企业唯一的社会责任就是增加利润"，这一论断在当时得到了广泛认同。随后，在美国大公司CEO组成的"商业圆桌会议"的影响下，世界各地的企业一度理所当然地将利润作为企业存在的目的，过度强调股东利益至上，而忽视利益相关者的利益。

过去那些年，有的股东把董事会当成橡皮图章，董事也唯股东马首是瞻，股东通过董事会和管理层掏空公司的事情屡有发生。有的股东以短期套利为目标谋求上市公司的控制权，进而以短期市值为目标，诱使公司董事会和管理层减少技术创新等长期投资，再利用短期高利润拉升股价，最后通过高位减持获利。在这个过程中，管理层拿到了高薪和奖励，却损害了员工利益等，最后损害了公司的健康发展。只强调股东利益会让企业发展短期化，使企业失去社会基础和员工支持，丧失活力。

企业的目的是企业行为的基础，这是一个"根"上的问题。企业需要赚钱，但是赚钱只是企业的目的之一。2019年，在华盛顿召开的"商业圆桌会议"发布了《公司宗旨宣言书》，重新定义了企业的宗旨，打破了股东利益的唯一重要性，强调"每个利益相关者都是至关重要的"。当然，这不是说股东利益不重要了，而是说只重视股东利益还远远不够。企业的经济目的是鲜明的，那就是必须有效益，而企业的社会目的也是鲜明的，那就是要为社会服务。这份宣言符合企业的真正目的，即创造一个更美好的社会。

在所有的利益相关者中，企业处于中心位置，它把大家紧密地联系在一起，共同组成了一个利益共同体，因此要在高质量发展中扎实推动共同富裕。大量的企业实践表明，共生共赢共享的理念让企业更具创新性和竞争力，进而创造出更好的企业效益和价值。中国石油将回报股东、绿色转型、员工福祉与边疆振兴深度协同，构建起与国家战略同频共振的责任共同体。2023年，它通过高比例分红回报股东，全年总派息额超过800亿元，连续5年位居央企前列。在绿色转型方面，它建成国内最大页岩气田——川南页岩气基地，保障清洁能源稳定供应。在员工方面，它投入12亿元升级一线作业安全设施，全员劳动报酬同比增长8.5%。在边疆振兴方面，它在西藏双湖县建成全球海拔最高光伏电站，年减排二氧化碳 1.2 万吨，并投入 3.8 亿元开展定点帮扶，惠及超 30 万农牧民。

我始终认为，经营向善的企业一定会有更美好的未来。企业的决策者在不确定性中能够做出正确选择，一是来自决策者的价值观，二是来自对商业规律和技术逻辑的把握与判断。我在中国建材集团时把企业的核心价值观归纳为：创新、绩效、和谐、责任，遇到要做选择的时候，首先从这四个核心维度去思考，并不只是追求绩效的最大化，我们要做好的商业和善的商业，不只要考虑企业自身，更要考虑企业的生态，如果绩效伤害到生态，就应该有所调整。做企业需要照顾到所有利益相关者的权益，有钱大家一起挣，社会才更美好。

做有品格的企业

企业既是一个经济组织，也是一个社会组织，所以企业兼具经济性和社会性。作为社会组织，企业要承担社会责任，处理好方方面面的关系，只有社会接受和社会支持的企业才能获得长远发展。企业如同人一样，在成长过程中会形成自己的品格，而恰恰是这些企业品格决定了它在社会中的认同度。企业的品格是企业在经营活动与社会交往中体现出来的品质、格局和作风，反映了企业的世界观、价值观和组织态度。企业的品格，也是集企业理念、文化和行为于一体的企业形象，安徽安利材料科技股份有限公司在生产经营方面秉持"五品"的理念：品质、品种、品牌、品格、品行，并以"五品"为企业的文化底座，促进了企业的综合发展。企业在成长过程中，坚持那些与眼前利益无关，甚至会影响眼前利益的品格至关重要，尤其是保护环境、热心公益、关心员工和世界公民。

第一，保护环境。在企业品格中，保护环境应放在首位，大多数企业在运行中会耗费能源和资源，会对环境产生一定的负荷，但随着企业规模和数量的增长，能源、资源和环境会不堪重负。绿色发展已经成为共识，绿色低碳经济正在不断壮大，只有积极保护环境的企业，才会有长久的未来。如今，我国某些地区的土壤、地表浅层水遭到污染，部分地区雾霾严重，这些环境问题影响了人们的健康，减少企业对环境的影响、保护和恢复绿水青山成为企业的重要责任。

中国建材集团是中国企业追求绿色可持续发展的一个缩影。作为全球最大的建材制造商，中国建材集团秉持绿色发展理念，把保卫蓝天作为企业第一责任。现在，大多数企业能做到固体废物和超标液体的零排放，对排放气体也进行了脱硫和脱硝，只是还不能对二氧化碳做到零排放，目前能做的只是尽量减排。中国建材集团在工厂环境管理上比较严格，如果哪家工厂排放物不达标，集团会考虑关闭这家工厂。

第二，热心公益。做企业，要有家国情怀，奉献社会，回报社会，服务所在地区和社区建设，热心公益。企业要在自然灾害救助以及关心和帮助弱势群体方面竭尽全力。通过这些公益活动，员工可以提升自己的人生观和价值观，更加珍视工作和热爱企业。万华化学积极组织"神奇实验室""博士讲堂"等科普活动，先后到访烟台、宁波、眉山等城市，以寓教于乐的形式让学生们了解化学知识，培养科学思维，激发创新热情。同时，万华化学不忘与当地政府、公益组织等密切合作，开展儿童关爱项目，用于改善儿童生活、教育环境，助力他们茁壮成长。

第三，关心员工。企业最宝贵的财富是员工，而不是机器、厂房等。有品格的企业善待员工，不只是出于竞争力的需要。企业应当成为员工自我实现的有效工具，注重员工的全面发展，加强员工的学习培训和拓展训练，丰富员工的文化生活，关心员工的身心健康，使员工德、智、体全面发展。企业重视员工发展，可以凝心聚力。大家都知道金融行业工作压力大，员工的健康问题突出，平安集团通过自己旗下的"平安好医生"为员工及家属提供24小时在线问诊、免费体检及心理健康服务。它还做了安居计划，为基层员工提供低息购房贷款，累计发放超过50亿元，覆盖数万名员工。它还建立了"知鸟"学习平台，为员工提供定制化培训课程,支持员工终身学习。

第四,世界公民。做企业和做人一样,要有深厚的道德,才能承载更多的东西,才能更稳定地发展,并在发展中拥有更强的竞争力。就企业而言,世界公民就是企业在世界范围的投资和经营活动,企业应积极、主动地履行企业公民责任,并进行企业社会责任的创新实践。不要将企业公民责任仅仅看成纯粹的"利他行为",它在本质上将企业的社会效益与经济效益有机结合起来,通过创新解决社会、环境相关问题,为企业带来新的发展,是一种"利人利己"的行为。今天,中国企业正在大规模地"走出去",无论走到哪里,中国企业都应该是受当地人民欢迎的,应该站在道德高地上做企业,把中华民族的美誉度带到各个国家和地区。

在"一带一路"倡议下,中国企业"走出去",不仅要带着技术和产品,还要带着中国人"以义为先"的价值观。中国建材集团"走出去"贯彻三大理念:为当地经济做贡献、和当地企业密切合作、与当地人民友好相处。世界公民,就是无论到哪里,都要真、实、亲、诚。做企业不仅要做好自己,更要心怀他人,心怀世界。

除此之外,一个有品格的企业不仅关注自身发展,更注重行业发展。行业是一个大系统,企业只是其中的一个组成部分。只有整个大系统健康了,每个企业才能健康发展;如果这个大系统不健康,单个企业要发展也会很艰难。行业发展不好,任何企业都难以独善其身。只有行业价值实现了,企业价值才能得以维系和提升。早些年的水泥行业十分混乱,行业内企业的生存环境异常恶劣。各个企业一开始都在比产量,看谁生产的水泥多,可是生产出来,又卖不出去,因为市场根本没有那么大的容量。于是,它们又开始拼价格,比谁卖得便宜,这种"自杀"式的压价竞争,危及了整个行业的生存。正所谓"一荣俱荣,一损俱损",我多年来一直倡导建立合作共赢的行业价值体系,不断跟大家讲全局、讲共赢,这是我对行业价值的理解,也是企业要承担的一份责任。

做企业的三重境界

多年前,我在参加中国企业"未来之星"年会时,主办方让我给年轻一代的创业者提些建议。我想来想去后提出,做企业有四点非常重要:清晰的战略、与人分利的思想、良好的心态和终身做企业的精神。在这四点中,很多人认为"分利"二字十分新奇。企业的利润是自己辛辛苦苦挣来的,谁都愿意去"获利""守利",为什么要让他人来分一杯羹呢?其实,分利是我多年来做企业的由衷感受。分利涉及互利和利他,企业的发展以盈利为前提,要求企业完全利他似乎不太容易,但企业只想利己也是不行的。

做企业要有三重境界:利己、互利、利他。利己主义是一种方式,但只图一己之利的企业做不成大事。市场是众多企业共处的环境,它不属于哪一家企业,企业要想在同一市场中共事,在考虑自身利益时也得兼顾和尊重他人的利益,而不能单纯利己,更不能损人利己,应该从利己到互利。在互利的基础上,还要利他,把企业的价值追求提升到维护公共利益的层面,促进行业健康发展,维护社会公平正义,努力增进他人的幸福和利益。

企业要有利他精神,同时又要互利,还要利己,这三者不矛盾吗?其实不然。正如孔子所言,"己欲立而立人,己欲达而达人",这句话的意思是:自己想立得住,也要使别人能立得住;自己想腾达,也要使别人腾达。同理,做企业是一件利己利他的事,常常利他才能达到利己。2007年,我写了一篇短文《"和"与"合"》,讲的就是这个道理。古人讲,礼之用,和为贵。"和"是人心底的理念,包括和谐的思想、和睦的环境、平和的心态;"合"是这种理念的外部效应,是合作共赢、利他主义的经营思路。"和"与"合"是相通的,没有"和"的理念和胸怀,就不可能有"合"的稳定和成功。"和"与"合"是目标,是境界,也是艺术。

以竞争为例，很多人想问题往往是直线型的：讲到竞争，好像就是你死我活；讲到包容，好像就是一团和气。事实上，包容中有竞争，竞争中也要有包容。我们要尊重竞争对手，讲究诚信友好，公平公开地竞争，追求效益最大化；同时还要与竞争对手合作，实现共赢多赢。中国建材集团的竞合主张与做法就好比撑起了一把大伞，提高了整个行业的价值，伞下的其他企业也因此受益。有人说，中国建材集团打了一把伞，但伞下避雨的人可能赚得更多。我说，这就是做企业的情怀，只有利他，才能互利、利己。不同利益主体的诉求是客观存在的，如果只看对立不看统一，认为竞争就是比勇斗狠，"冲冲杀杀"，结果只能是"杀敌一千自损八百"，损人不利己。市场经济的发展，要建立在每一个个体自制自律、平等互爱和诚信的基础上，坚持合理价格的定力，把包容思想、竞合文化以及孔融让梨的谦恭和境界真正引入竞争。

赢利是所有企业共同的目标。那么，"利"从何而来？说到底，要从一个健康有序、共生多赢的生态系统中获得。财富不是固有不变的常量，而是创造出来的增量，大家要在增量的基础上分享财富。如果从利己主义出发，必定引发恶性竞争；如果从互利主义出发，就能实现良性竞争；如果从利他主义出发，就能让更多人通过企业平台实现共同富裕，这将成为经济社会发展的巨大内在动力，这也是我的终极理想。如果企业能以利他为经营宗旨，那么势必就能承担起应尽的社会责任。

建立共享机制

党的十八届五中全会提出了"创新、协调、绿色、开放、共享"的新发展理念。其中，共享发展注重的是解决社会公平正义问题，强调的是人人享有、各得其所，不是少数人共享、一部分人共享。做企业也应遵循这个理念，将创造的财富与利益相关者共享。多年的治企实践让我深刻认识到，在国家共同富裕政策框架下，社会责任实践可以通过机制创新转化为普惠性增长引擎，而共享机制将会成为衔接企业责任与战略机遇的关键枢纽。

没机制，神仙也做不好企业

员工是企业的主体，理应得到充分保护。正确对待员工利益，是企业进化的重要标志，也是对企业财富创造者的一种尊重。过去，有关企业财富存在两种不同的看法：一种认为企业财富是资本的增值，另一种认为企业财富来自劳动者的创造。而在今天，社会普遍认为企业财富既离不开资本所有者的投入，也离不开经营者的努力和员工的创造，而且后者在企业高质量发展过程中起到越来越大的作用。

做企业不仅要能赚到钱，还要能分好钱。正如任正非所言，华为发展靠的是"认同、分钱"这四个字。"认同"，即进了华为就要认同华为的文化；"分钱"，即分好钱才能赚到更多的钱，钱要是分不好，后面就没钱可赚了。企业的核心是能不能分好钱，利益关系能不能处理好。如果利益关系处理不好，企业最后就赚不到钱；如果利益关系处理好了，企业就能赚更多的钱，优秀的员工就会加入，且不会离开，最后还会有好的客户。这里的"分钱"，就要靠机制。所谓机制，就是建立股东、经营者、员工的利益与企业效益之间的正相关关系。如果没有关系，就谈不上机制。

其实，机制也不是新东西。清朝的晋商就设立了一种机制：银股和身股。银股就是东家、金融投资者（金融资本），身股就是经营者，包括掌柜、账房先生和伙计。到了年底分红，东家分50%，掌柜、账房先生分25%，伙计分25%。这种分配机制，让一大批优秀的晋商繁荣壮大，平遥票号当年就是这么做起来的。然而，不少企业今天仍然存在机制问题，要么没有机制的概念，要么机制还不够好。

有的企业家对把钱分给员工的提法感到迷惑不解，认为这样做是把企业所有者的钱都分出去了，这是一种误解。因为有了好的分配机制，企业的创新能力、企业的活力都会增强，进而促使企业取得更好的发展，企业所有者的利益也会得到更大的保障。这个机制并不只是对员工有好处，对所有者也很有益处，可谓"你分得多，我就会分得更多"。实际上，没有好机制的企业是难以做下去的，但并不是每个企业的所有者都能想明白这个道理。

机制不分国企民企，尽管民企有着天然的机制基因，但也并不是每个民企都有好的机制，还得看企业一把手的开明程度；而国企的机制主要体现在对待人力资本的态度上，即是否让国企的人力资本更好地参与企业收入的分配。在机制上，万华化学就做得非常好。我专门到万华化学调研过，与廖增太董事长进行了一次长谈。廖增太告诉我，万华化学靠的是内部机制，"科技分红+员工持股"这一套机制吸引和留住了人才，使得万华化学实现了超常规的发展。

设计一套好的机制是不容易的。作为高新技术企业的优秀代表，小米在发展早期就设计了"现金+股票"的弹性分配机制，按照员工自行选择的结果分成三种类型：全部现金、大部分现金+少量股票、少量现金+大量股票。小米在实现内部融资的同时，更是将管理者、技术型员工相继变为自己的股东，达到了留心留人的效果，从而让企业股权、产品价值、人力资源价值有机地联系起来，形成了一个闭环。

凡是有好机制的企业今天基本上都做得很好，或者，今天做得好的企业基本都有好机制。不管国企还是民企，谁能破解机制的难题，谁重视人力资本，谁能建立起好的机制，谁就能发展得快，发展得好。

从激励机制到共享机制

我相信，机制在企业发展中能够发挥作用。1993年年初，我刚当北新建材厂长的时候，这家工厂发不出工资，每天有几百人迟到早退，不干活。我后来跟工人们谈:"怎么才会干活?"他们说:"好多年没有分过房子,好多年没有涨过工资了。"我说:"涨工资、分房子,钱在哪儿?钱在大家的手里,大家努力工作,有了效益,盖两栋宿舍楼不算什么,涨点工资也不算什么。"于是,我就在工厂挂起了两个条幅,一个条幅上写着"工资年年涨",另一个条幅上写着"房子年年盖"。

当时,北新建材有条从德国引进的石膏板生产线,热烟炉经常熄火,产能总是不达标,本来是年产 2000 万平方米的生产线,结果,10 年里年产始终没超过 800 万平方米。我当了厂长后,工人们建议我这位年轻厂长去点火,说不定就不会灭了。我举着火把扔了进去,点燃热烟炉后,我对周围的工人讲:"其实,我最想点燃的是你们心中的火。如果你们心中没火,炉子里的火就会灭;如果你们心中有火,炉子里的火就不会灭。"我当厂长的第一年,这个炉子里的火没有灭过,第二年石膏板产能就达标了,年产超过 2000 万平方米。

我当年经常反思这件事:到底发生了什么,让一个每况愈下的工厂恢复了生机。这让我联想到读 MBA 时,有位老师曾解释过什么是"冷漠":把鱼缸里吃鱼的鱼放在一边,把被吃的鱼放在另一边,中间隔着一个玻璃板,吃鱼的鱼撞了无数次玻璃板之后,认定被吃的鱼是吃不到的,把玻璃板撤掉,它们就能和平共处,这就是"冷漠"。早年的国有企业干多和干少都一样,干和不干也一个样。当工人们的想法总得不到满足后,他们就冷漠了。每年都盖房子和涨工资的承诺兑现后,工人们的积极性高涨,企业就快速发展起来了。谁能点燃员工心中的火,谁能调动员工的积极性,谁就能找到管理的真谛。而调动员工的积极性,靠的就是激励机制。

在工业时代,劳动、资本、土地是生产的三要素,企业那时把人当成劳动力看待。随着人类社会的不断进步,劳动、资本、土地、知识、技术、管理、数据等在今天都成了生产要素。对企业而言,重要的不再是机器和厂房等,而是有创造力的员工,即他们的人力、知识、技术、管理都成了与资本一样的生产要素。经过对数百家上市公司、非上市企业的观察和研究，我发现经营得好的企业都已将人力成本当成了人力资本，并且允许参与财富分配。所谓共享机制，就是企业既要考虑股东的利益，也要照顾经营者、劳动者的利益，兼顾效率和公平，实现利益相关者的共赢。

实际上，华为的全员持股就是共享机制的一种表现形式。华为的成功有两点十分关键，那就是企业家精神和"财散人聚"的机制。企业家精神属于大家常说的人力资本范畴，华为的"财散人聚"机制是倒逼出来的。华为创业初期十分困难，很多人认为任正非做不下去，没钱发工资，打白条给员工。最后怎么办呢？他的父亲建议与其这样，不如把股权分一分，结果增强了企业的凝聚力，华为走出了困境，迅速发展壮大。今天任正非在华为的股权不足1%，华为在重压下能众志成城，全员持股的共享机制起了很大作用。

上市公司应推行与股东利益一致的利润共享机制。1992—2024年，包括首发和再融资在内，A股募资总额约20.82万亿元。30多年来，累计分红约18.60万亿元，接近募资总额的90%。2024年，连续5年分红的上市公司有2099家，占上市满5年的上市公司数量的59%；862家上市公司连续10年分红，占上市满10年的上市公司数量的36%。这一转变在龙头企业中形成了示范效应。贵州茅台上市至今只融资了约22亿元，累计分红却超过3300亿元；格力电器融资了452亿元，累计分红1420亿元；海康威视融资了34亿元，累计分红648亿元。

机制工具箱

其实，企业建立共享机制并不难。总结起来，共享机制的建立关键在于以下两点。第一，所有者要开明，也要不断转变思想。财富不应被看成固定不变的常量，而应被看成可持续增加的变量（增量），与员工一起分享财富不是零和博弈，而是调动员工的积极性将"蛋糕"做大（做出增量）的过程。第二，采用适合企业自身的方式并形成可行的方案。在一些企业中，所有者意识到企业需要分享自身创造的财富，但是不知道该用什么工具，或者在方法上不会操作。

为了进一步推进市场化机制，国务院国资委制定了科技型企业股权和分红激励、员工持股、上市公司股权激励、超额利润分享和跟投等操作指引。不同企业可以根据各自的实际情况自主地选择这些工具，这些操作指引也有助于机制的实施落地。经过多年的实践和试点，中国建材集团摸索出几种有效的内部机制，比如员工持股、管理层股票计划、超额利润分享和科技型企业岗位分红等，旨在充分调动骨干员工的积极性，促进公司长期持续稳定发展。

第一，员工持股。员工持股主要是让骨干员工、科技人员来持股。实践表明，在员工持股模式下，公司平台能够很好地运营，平台里员工的股份是流动的，持有的股份是激励股而非继承股。一般来说，员工股份不上市流通，而是分享红利和净资产升值部分，员工退休时由公司回购其股份，再派分给新的员工。这样，既能保持员工的稳定性，又能保持员工持股的延续性。当然，员工持股并不适用于所有类型的企业，一般轻资产、智力技术密集、中小规模的企业较为适合，而重资产、规模大的企业的实践效果并不好。

如果员工拿了股票后，从股市中退出，那就失去了员工持股的真正意义，也会减少员工持股的总量，不利于企业的稳定经营。目前，不少员工希望得到更加实际的现金奖励，这也是企业激励的一个新趋向。分红可以同当期效益结合起来，而且不受股票价格下跌的影响。这种方法对员工来讲可能更有吸引力，对企业而言相当于给员工戴了"金手铐"，使员工更能稳定地工作。

第二，管理层股票计划。一般包括期权、增值权、限制性股票等，很多公司都在做。股票增值权把管理层收益和股价结合起来，进而将管理层的积极性与企业的市值结合在一起。管理层不出现金，也不真正拥有股票，但享受股票的增值，对管理层来说，这是比较安全且行之有效的办法。

自 2020 年开始，京东方实施了股票期权与限制性股票混合的激励计划。股票期权激励对象包含海外高层次技术专家和人才，授予海外人才股权激励，大幅提升了技术专家和人才的稳定性，有助于国家半导体显示产业竞争力的持续提升。在激励方案设计上，京东方的股权激励计划突破了首次股权激励授予额度不超过总股本 1% 的上限，激励额度占总股本比例达到 2.64%，而且率先使用股票回购方式解决激励来源。在业绩指标选取上，京东方创新性地拟定了滚动业绩目标，避免了行业周期的影响，符合自己所处行业的基本规律。京东方限制性股票的激励对象不超过 841 人，其中董事会聘任的高级管理人员 11 人，公司内部科学家、副总裁不超过 82 人，高级技术专家、总监不超过 173 人，技术专家、中层管理人员不超过 575 人。为了防止上市公司股价异常波动，在股权激励计划公告前，往往需要对员工严格保密。而限制性股票激励计划需要员工按照授予价格，在授予时足额缴齐认购资金，且以现金出资。这一激励计划实施后，员工干劲充足，促进了公司业绩倍增。

第三，超额利润分享。有很多企业不是上市公司，也不是科技型企业，而是生产制造公司或贸易公司，那怎么办？它们可以实施超额利润分享机制。这是从税前列支的一种奖励分配制度，把企业新增利润的一部分分给管理层和员工，也就是我们以前常讲的利润提成。比如，企业定了 1 亿元的利润目标，最终利润是 1.5 亿元，超额的 5000 万元就作为利润分享的对象。这样既确保了公司的利益，也提高了员工的积极性，应该普遍实施。

超额利润分享额在工资总额中列支，公司利润越多，员工分的就应该越多。西方跨国公司用的也是这个方法，到了下半年，每位员工都能算出自己的年收入。年收入的构成一般是：基薪占 40%，分红占 60%，当年效益好，分红就多，效益不好，分红就少。

除此之外，推动改革过程中，还鼓励从事新产业、新业态、新商业模式的企业，或者具有较高风险和不确定性的创新业务领域的企业，按照风险共担、利益共享原则实施跟投。在加大力度推动科技型企业开展股权和分红激励工作时，要注意以下几点：一是全面系统设计激励制度体系；二是健全内部管理机制；三是科学制订实施方案。

推动可持续发展

可持续发展是指企业在追求经济效益时，兼顾环境责任和社会责任，通过平衡经济、环境和社会三方面的需求，实现长期稳定的发展。它的核心在于通过降低资源消耗、减少环境污染、提升社会福祉等方式，构建与自然、社会和谐共生的模式。现在，企业在战略、运营、治理和社会等层面正在形成一套自己的方式方法，站在道德高地做企业，在创造财富时做到富而有责、富而有义、富而有爱。

积极应对气候变化与"双碳"问题

罗马俱乐部⊖在1972年发布了一份具有里程碑意义的报告——《增长的极限：罗马俱乐部关于人类困境的研究报告》，它的核心结论是，如果全球的经济增长、人口增长以及资源消耗继续按照当时的趋势进行下去，地球将面临一系列的"极限"，包括资源枯竭、环境污染加剧和生态系统的不可逆损害，这些最终都会限制经济增长并可能导致系统崩溃。20世纪90年代，科学家们发现地球的大气温度在升高，由此引发了冰川融化、海平面上升以及全球气候的恶化，给人类带来了生存的极限。

⊖ 罗马俱乐部是一个由科学家、企业家和其他重要人士组成的国际性非政府组织，成立于1968年，旨在探讨全球性的挑战，尤其是与可持续发展相关的问题。

2015年11月，我在巴黎参加了第21届联合国气候变化大会，宣传了中国企业应对气候变化所采取的措施。也是在那次大会上，大家达成了协议，从工业革命之前的1750年到21世纪末，将全球气温上升幅度控制在2摄氏度之内作为目标，争取不要超过1.5摄氏度。现在，全球气温上升幅度实际上已经超过了1摄氏度。如果我们不节制的话，全球气温甚至有可能会上升4～5摄氏度。围绕这些变化，企业一方面要进行绿色低碳生产，另一方面要加快新能源的发展，还要开展碳交易，进行碳捕捉等新的减碳尝试。

中国建材集团是全球最大的建材工业制造商，全世界每销售10吨水泥就有1吨是中国建材集团产的；每销售3张石膏板就有1张是中国建材集团产的。大家从产业规模容易联想到环境问题，然而，社会要发展，国家要建设，人们要安居，建筑材料不可或缺。如何生产这些材料，才能最大限度地节约能源和保护环境，这是我们要解决的问题。我以前在北新建材提出节能环保要从三个维度展开，中国建材集团后来把这些内容融入公司宣传片并在实践中不断丰富完善。

在原材料方面，中国建材集团倡导循环经济，在保证质量、环境和消费者健康的前提下，让城市和工业废弃物物尽其用。中国建材集团每年消纳工业废弃物1亿吨，自主研发100%使用电厂工业废弃物——脱硫石膏生产石膏板的技术，每年可消纳脱硫石膏近1800万吨，折合减排二氧化硫650万吨。

在生产方面，中国建材集团实现无害化处置城市垃圾，追求废水、废气和污染物的零排放。中国建材集团在水泥、玻璃等传统建材领域，积极淘汰落后产能，开发和应用节能环保技术。它的生产线全部配套余热发电系统，安装脱硫脱硝、静电与袋式双重收尘装备，减少二氧化硫、氮氧化物、PM2.5等的排放，仅余热发电一项就减少二氧化碳排放量955万吨。

在产品方面，中国建材集团注重节能环保、舒适健康，致力于为社会提供质量可靠、绿色环保的建材产品，为新能源产业提供产品和服务支持。中国建材集团大力发展太阳能和风能产业，逐渐取代传统能源。到2100年，人类将告别化石能源，到2050年，人类可用的化石能源量要比现在少50%～70%，所以，发展新能源材料不仅有必要而且很急迫。

除了上述三个维度外，我们还提出了建设"花园中的工厂""森林中的工厂"，而不是"工厂中的花园""工厂中的森林"。美化生态环境，绿化整个工厂，可以以种树为主，因为种树比种草耗费的水量更少。我们在厂房上布置分布式太阳能板，所发电力实现自发自用，节约电力成本。同时，我们持续致力于改善厂区周边的人居环境，深入开展复垦工作，目标是打造国家级绿色矿山。2007年，中国建材集团在山东枣庄重组水泥厂时，集中爆破拆除9条机械立窑水泥生产线，被誉为"中国水泥第一爆"。爆破之前，枣庄市领导曾说，当地小水泥厂污染严重，百姓"出门闭眼，睡觉捂脸"，窗户不能开，衣服不能晒，玉米叶上全是灰。爆破之后，我们在原址建设了日产5000吨熟料水泥生产线节能环保综合工程，构建起集生态工业、观光农业、新农村建设、休闲旅游于一体的循环经济链。在中国建材集团的带动下，当地小立窑水泥生产线相继被淘汰，水清了，天蓝了，老百姓也很满意。

全球气候升温与"双碳"问题严重影响着企业的可持续发展。2020年9月，中国明确提出力争在2030年前实现碳达峰、2060年前实现碳中和的"双碳"目标。企业占碳排放总量的主要部分，其中工业碳排放占比更是高达70%，因此，为了实现"双碳"目标，企业的意识和行动显得格外重要。2021年7月，联合国全球契约组织发布了《企业碳中和路径图》，该报告收录了来自美洲、欧洲、亚洲、非洲的55家企业的先进实践，其中包括中国宝武、华为等13家中国企业。显然，制定碳中和目标、实现公正的零碳未来是一项重要议题。在零碳之路上，企业的参与至关重要。在全球范围内，目前已有超过800家企业提出了自身的碳中和目标。

很多上市公司在积极应对气候与"双碳"问题上，都做出了不小的成绩。比亚迪 2023 年新能源汽车销量超过 300 万辆，累计减少碳排放超过 2000 万吨。宝山钢铁股份有限公司（简称"宝钢股份"）用氢能炼钢，启动了湛江钢铁氢基竖炉项目，2035 年的目标是将吨钢碳排放强度降低 30%，宝钢股份 2023 年节能低碳投资 23.8 亿元，实施多项节能项目，促进吨钢碳排放较 2020 年基准年降低 4%。万华化学开发了二氧化碳制聚氨酯技术，将工业废气转化为高附加值材料，还投资了风电、光伏项目，计划 2030 年绿电占比达 40%。蒙牛乳业推广"种养结合"模式，利用粪污发电和有机肥生产，单座牧场年减碳 1500 吨。很多企业正通过技术突破、产业链整合与政策响应，开展碳交易，进行碳捕捉等新的减碳尝试，做零碳工厂，逐步构建"双碳"目标下的竞争力。

企业经营的价值排序

企业在创造财富、分配财富和享用财富的过程中，绝不能罔顾环境及后人的利益，否则必将自食恶果。环境、安全、质量、技术、成本，这种价值排序最能体现企业经营的系统思维和长远眼光，在复杂多变的市场环境中，坚守这样的价值排序是非常不容易的。这里把环境要素排在第一，而将成本要素排在最后，并不是说成本不重要，而是前四个要素要比成本要素更为关键。只有把环境、安全、质量和技术这些要素做好，企业才能实现可持续发展并最终盈利。根据 ESG 报告披露的内容来看，中国建材集团、宁德时代、万华化学等头部企业基本上都是按照这一价值排序来做的。

在环境方面，企业要积极行动，参与环境保护，这不仅关乎企业的社会责任，也是企业长远发展的基础。其实，环境保护和超额利润一直是企业面临的两难选择。过去，企业对环境保护问题不够重视，甚至为了追求利润而违规排放。如今，大部分企业的思想格局和行为已发生了转变。企业的生产经营活动必须尊重自然、顺应自然、保护自然，否则，就会遭受自然的报复，这个规律是无法抗拒的。在环境保护方面，绿色是担当，绿色是使命，绿色也是方向。

在安全方面，企业必须确保生产过程和产品服务的安全性，安全是企业稳健运营的底线。在化工、钢铁等行业，企业在环境与安全方面的压力比较大，万华化学、中国宝武等头部企业都很注重这方面的工作。现在，万华化学是化工行业绿色转型的标杆，MDI生产碳强度全球最低，连续多年无重大安全事故，它的安全管理对标的是杜邦标准。

在质量方面，质量是企业的生命线。质量管理是一项长期、细致的工作，企业不仅要有责任心，还要全员参与。企业一定要把质量做好，我主张为了质量可以有过剩成本。在工厂里，个别技术人员施行负公差操作，这是坚决制止的。举个例子，某石膏板的厚度为（20±0.2）毫米，即该石膏板的标准厚度为20毫米，最大厚度是20.2毫米，最小厚度是19.8毫米。其中，+0.2就是正公差（也叫上差），-0.2就是负公差（也叫下差）。其实，该石膏板的厚度在19.8～20.2毫米范围内都是合格品。我在生产线上做过质量控制，知道负公差操作是想通过合理的"偷工减料"来降低成本。那时的任务是尽量减少公差，使产品尺寸、容重等更加精准。俗话说"一分钱一分货"，企业的产品可以贵一些，但是必须保质保量。

在技术方面，企业需要不断投入研发资金，提升技术水平，持续进行技术创新。在家电、汽车等行业，质量和技术是企业核心竞争优势的重要抓手，但必须在环境与安全得到保障的前提下，从质量和技术方面提升自身的核心竞争优势。科技企业一般是技术主导的，在发展过程中，对环境的影响相对比较小，但现在数据中心的减碳工作、数据资产的安全性与高质量也很重要。所以，科技企业也应该把环境、安全和质量放在技术的前面。

在成本方面，成本控制是企业经营的重要环节，但必须在确保环境、安全、质量和技术等要求的前提下进行。有人会说，做企业哪能不重视成本，成本确实很重要，但保护环境比降低成本更重要，如果生产线的环境保护不达标，宁可关停生产线。万华化学拒绝采用低成本但高污染的煤制氢工艺，而选择天然气路线，虽然单吨氢气成本增加了，但碳排放强度降低了。

注重可持续发展的方法

其实，可持续发展已经远远超越了企业"做正确的事"的层面，追求可持续发展不仅可以提升企业的社会责任感，还能给企业带来长期的竞争优势。如果将注重可持续发展的理念与方式方法全方面融入企业与行业，它们就可以获得更多资本、人才和市场等方面的信任溢价。企业注重可持续发展不仅是应对全球挑战的道德选择，更是实现长期竞争力的战略必然。针对可持续发展，企业在战略层面、运营层面、治理层面、社会层面都要有一些方式方法。

在战略层面，企业要将可持续发展理念融入战略规划。为此，企业要制定可持续发展目标，确保企业在追求经济利益时，也能实现环境和社会目标。企业要建立健全可持续发展内部制度体系和管理架构，比如，设立专门的可持续发展部门，负责统筹协调企业内部的可持续发展事务；制定可持续发展管理制度和程序，规范企业的ESG行为；建立可持续发展指标体系，用于衡量企业可持续发展的绩效。有的企业将ESG因素纳入企业战略决策，确保企业的经营活动与可持续发展目标相一致。

2025年4月3日，贵州茅台发布了一份《2024年环境、社会及治理（ESG）报告》，与以前报告不同的是，它构建了"财务–影响"双维议题评估矩阵。公司通过筛选出产品安全与质量、保护自然生态、供应链管理、客户服务、合规运营、隐私及数据安全等16项兼具财务与影响双重重要性的议题，全面响应监管机构的最新合规指引。当前，ESG正在从成本项转向价值项。贵州茅台通过双重重要性框架，将ESG要素嵌入全链条，以包装轻量化降低物流成本，以节水技术削减生产成本，以副产物循环利用创造新能源收益，这些举措均指向ESG与财务绩效的正向循环。

在运营层面，企业要积极推动绿色发展。在生产过程中，企业应注重节能减排，提高资源利用效率，减少对环境的负面影响，如采用清洁能源、推广绿色技术、优化生产工艺等。我曾到中国石油天然气股份有限公司华北石化分公司（简称"华北石化"）调研过，它是京津冀地区最大的炼化企业，年炼油加工能力为1000万吨。华北石化按照国家发展和改革委员会"减油增化、减油增特"的要求，围绕加工精细化、产品灵活化、功能多样化，谋划建设转型升级系列配套项目，大力推进节能减排项目，降低企业能耗，实现绿色低碳发展。华北石化落实"四精（精确、精准、精密、精细）"管理要求，日常进行对标工作；全面推广班组核算管理系统，以装置、班组为核算单元，实时显示平稳率、合格率、能耗、物耗等技术指标；开展劳动竞赛，让提质增效目标具体落实到岗位和各岗位的操作员工，并通过透明的奖金分配充分激发员工的主观能动性，逐步优化各项指标。

在治理层面，企业要完善公司治理结构，建立透明、高效的治理机制，确保企业的决策与运营符合可持续发展的要求。董事会要加强对可持续发展事务的监督和指导，可以设立专门的可持续发展委员会，负责审议企业的可持续发展战略和重大决策。同时，企业要建立健全内部审计和监督机制，确保可持续发展工作的有效执行。企业要按照相关标准和要求，及时、准确地披露可持续发展信息。企业可以发布可持续发展报告，向投资者和公众展示企业的可持续发展成果与努力方向。

在社会层面，企业既要履行社会责任，关注社会公益事业，积极参与教育、环境保护等社会公益活动，为社会创造更多价值，还要注重与投资者、客户、员工、社区等利益相关者保持良好的沟通，充分听取他们的意见和建议，共同推动企业的可持续发展。腾讯非常注重与利益相关者之间的沟通，它在用户端建立起"用户研究实验室"，每年收集超过 10 亿条反馈，通过 AI 分析优化产品。在开发者端，它定期举办"腾讯全球数字生态大会"，与开发者共享技术工具和分成政策。在政府与社区端，它不仅发布以"科技向善"为主题的年度报告，还公开 AI 伦理治理框架，参与制定 30 余项行业标准。此外，腾讯还投入 1000 亿元，设立"共同富裕专项计划"，资金用途按季度向公众披露。腾讯凭借自身在创新能力、生态构建和社会责任领域的实践，持续获得了国际商界的认可。

站在道德高地做企业

古人云：君子爱财，取之有道。其实，企业赢利也要取之有道。这里的"道"，不仅指企业的经营活动与行为要符合法律法规要求的基本底线，更高的要求应是：坚守道德底线，义利兼顾，以义为先，站在道德高地上做企业。什么叫道德高地？就是在发展观方面，把人类的福祉、国家的命运、行业的利益、员工的幸福结合起来；在利益分配方面，遵循共享、共富的原则；在管理方面，把环境保护、安全、责任放在速度、规模和效益之前。一个企业要想快速发展，并得到社会的广泛支持，就应该把德行和责任摆在首位，把对经济价值的追求与对社会价值的追求有机结合起来，达到持续发展的目的。在谋划战略时，在管理创新时，在推进改革时，在团队建设时，要时时想到"道德高地"四个字。

第一，以人为本的仁德。从人的需求和愿望出发，提升人的价值和幸福，这是做企业的根本出发点。企业要追求利润，但追求利润的根本还是为了人。企业应敬天爱人，成为利益相关者共同创造价值和快乐的平台，让各利益相关者共享企业发展的成果，让员工在企业平台上有安全感、归属感、幸福感，这才是企业可持续发展的根基。在物流行业，过去普遍存在外包用工、社保缺失的问题。2025 年 3 月，京东将逐步为全职外卖骑手缴纳五险一金，为兼职骑手提供意外险和健康医疗险。这一举动保障了基层员工的权益。顺丰控股自 2021 年起为快递员配偶及子女补充商业医疗保险，覆盖重疾与意外，同年还建立了"小哥学院"，与高校合作开设物流管理课程，优秀快递员可免费攻读大专学历。

第二，胸怀全局的品德。以大局为重，走互利共赢的道路，这是企业健康发展的必然选择。2018年，受到非洲猪瘟病毒影响，中国养猪行业面临灭顶之灾。牧原食品股份有限公司（简称"牧原股份"）率先研发出高效防疫体系后，主动向同行免费开放《猪场生物安全手册》，并举办多场防疫培训。2020年，牧原股份甚至允许竞争对手参观它的智能化猪场，公开消毒、通风等关键技术细节。牧原股份的这一举动不仅使中小养殖户存活率提升了30%，也保障了我国猪肉供应链的稳定。现在，不少行业出现过剩现象，企业在这个阶段必须加快转变发展方式，探讨一种新的活法——不是探讨哪个企业，而是探讨整个群体怎么活得更好。这个新活法就是摒弃传统的扩张继而恶性竞争的老路，从大局出发，大力发展新质生产力，不拘一格进行创新，实现企业与行业的长治久安。

第三，节能减排的公德。推动绿色发展，维护全球生态安全，这是每个企业应尽的义务。今天绿色发展已成为共识，为了人类的可持续发展而非眼前的利益，为了惠及子孙后代而非满足一时的贪欲，企业必须树立自律意识，为全球生态安全做出应有努力。"双碳"目标加速让电动汽车成为汽车产业的未来。我国拥有庞大的汽车市场，这为电动汽车、自动驾驶技术等产业的发展提供了很大的市场空间，我国新能源汽车产销量已经连续数年位居全球第一。这几年，我先后去了上汽、广汽埃安、北汽新能源等企业调研，并试驾了它们的新型电动汽车，可谓各有千秋。目前，电动汽车最重要的不是电池、电机和电控，而是设计和能源。电动汽车同时可以考虑将设计与时尚相结合，用时尚营销方式进行销售，实现从卖产品到卖品牌的转变。

第四，推己及人的美德。秉持包容和谐理念，把兼收并蓄的儒商文化带到世界，这是中国企业独有的商业智慧。《论语》中讲"德不孤，必有邻"，企业有高尚的品格、有厚重的道德，就能凝聚力量，得到社会的尊重和支持。以"走出去"为例，中国企业的一言一行、一举一动都代表着中国。中国建材集团在距离赞比亚首都卢萨卡 20 公里的地方建了一个水泥基地，在开工前，为当地打了一些水井，捐建了小学和医院，当地女酋长曼莎女士十分感动。有一次我去看望小学的孩子们，带了些铅笔盒等文具，还带了些足球等体育用品，我离开时，孩子们唱着"手挽手，心连心，我们和中国建材是一家人"。虽然语言不通，但孩子们纯真的笑容和天籁般的声音深深打动了我。无数实践告诉我们，中国企业要想真正融入全球市场，就应有和谐共赢的思想，为所在国提供优质服务、就业岗位、税收贡献、公益支持，保护当地环境和市场秩序，努力成为和谐发展的践行者、倡导者与推动者。

做企业不仅要赢利，更要有高尚的道德追求，把责任担当的意识、悲天悯人的情怀融于自身价值追求。可持续发展的企业应有仁者的素质、修养和胸怀，有感恩的心态和爱人的思想，有包容理念和利他精神，只有具备了这样的境界，企业才会拥有更强的竞争力和生命力。这正应了那句古训：厚德载物。

最佳实践案例：中国移动履行社会责任模式

中国移动通信集团有限公司（简称"中国移动"）2000 年 4 月 20 日在北京成立，2004 年在我国香港和纽约实现主营业务资产整体上市，2022 年 1 月 5 日在上海证券交易所上市，成为"红筹公司回归 A 股主板上市第一股"。中国移动是全球最大的电信运营商之一，也是一家高市值公司，这几年通过大手笔分红和市值管理为股东创造了相当可观的回报。中国移动主要提供基础电信和增值电信服务，在我国 31 个省份和香港等境外地区设有全资子公司、28 家专业机构，同时面向全球超过 200 个国家和地区提供国际漫游及信息服务。我曾到中国移动调研过几次，与公司董事长、相关负责人进行过深入交流，它的社会责任和服务理念给我留下了极深的印象。我觉得,中国移动是一家有境界、有格局、有情怀的优秀上市公司。

社会责任的实践

经过 20 多年的发展,中国移动现在已成为全球网络规模第一、客户规模第一、收入规模第一、公司市值领先、盈利水平领先的电信运营企业。中国移动不仅是履行经济责任的优秀上市公司,更是积极履行社会责任的标杆企业。它的履责理念是"至诚尽性,成己达人"。这句话的意思是,以天下之至诚而尽己之性、尽人之性、尽物之性,在实现企业自身可持续发展的基础上,积极发挥所长,为经济、社会、环境可持续发展做出贡献。近些年,中国移动在公益慈善、节能环保、乡村振兴与社会帮扶、科技创新与社会赋能方面表现突出。

深耕公益慈善

中国移动一直深耕公益慈善,积极探索出了"移动+公益+互联网"的新模式,以中国移动 app 为主要载体,为慈善组织提供募捐信息发布、信息管理等服务,为公众提供安全、便捷、透明的互联网捐赠服务。2021 年 11 月上线运营的"中国移动公益"平台,是民政部指定的慈善组织互联网公开募捐信息平台之一。截至 2023 年年底,累计入驻这个平台的慈善组织有 38 家,平台累计发布慈善项目 71 个,累计访问量超过 3.80 亿次,累计捐赠人次 211.20 万,累计现金捐赠 731.28 万元,累计积分捐赠 5.77 亿个。

自 2006 年以来,中国移动就联合教育部、中国教育发展基金会持续开展"蓝色梦想—中国移动教育捐助计划",包括"中国移动中西部中小学校长培训"和"中国移动多媒体教室"两大子项目。截至 2023 年年底,累计捐赠金额 2.70 亿元,累计培训农村中小学校长超过 13 万人,累计捐建"中国移动多媒体教室"4725 间。2020 年 10 月启动的"全球通蓝色梦想公益计划",携手全球通品牌客户,通过积分捐、现金捐等方式帮助改善偏远地区儿童的学习环境，提升当地基础教育水平。截至 2023 年年底，累计携手超过 2000 万客户帮助全国 31 个省份的 240 所学校，累计捐赠价值 2870 万元（含税）的信息化物资，捐赠价值 1185 万元（含税）的教学教具用品，有效改善当地学校教学条件。

中国移动智慧家庭运营中心积极开展"健康中国行"系列活动，深入社区和乡村，为基层群众提供健康公益义诊服务。中国移动在世界阿尔茨海默病日和国际聋人日期间，携手中国老年保健协会开展公益守护行动，推出多项针对老年群体和听障人士的科技关怀服务。中国移动注重为老年人提供适老化服务，打造了"尊长专席"，65 岁以上老年人拨打 10086 可直接进入人工服务。它还上线了 10086 视频客服，通过"面对面"视频引导和远程辅助，为老年人客户提供"看听说触"一体化服务。中国移动还升级了 app 服务，可以设置老年人专属的大字体、大图标页面，同时支持语音播报，有效降低误触概率。在 2023 年杭州第 19 届亚洲运动会和亚洲残疾人运动会期间，咪咕视频推出低时延双行滚动字幕，并在普通话解说字幕基础上，首次在行业中推出体育直播特色方言智能字幕（如闽南语、粤语等），打造无障碍观赛新模式，助力跨地域文化交流。

践行节能环保

中国移动有一个专门的气候管治组织，该组织设有决策层、管理层、执行层。决策层是中国移动碳达峰碳中和（节能减排）工作领导小组，由董事长担任组长，决策层的主要职责是承担生态环境保护及能源节约工作的主体责任，研究制定总体策略和部署，统筹协调公司相关资源形成合力，审议解决工作中的重大问题，保障工作顺利推进。管理层是中国移动碳达峰碳中和（节能减排）工作组，由分管副总经理担任组长，总部各部门负责人和信息技术中心、供应链管理中心以及物联网公司负责人担任成员，主要负责实施与污染防治及能源节约相关的战略安排，按照管理程序为相关部门和分公司分配具体任务，并监测和评估能源消耗情况。执行层是总部计划建设部，主要负责应对气候变化相关规划的制定与实施，按季度审查与气候相关的目标和指标进展，并定期向董事会报告年度进展；每半年通过工作会材料形式，向分管副总经理汇报工作；按年度编制节能减排投资预算，预算由董事会成员审核。

中国移动设置了财务和非财务相结合的激励机制，将应对气候变化相关的考核指标纳入高级管理人员及不同层级员工的绩效考核体系中，推动形成全员积极参与节能减排的企业文化氛围。考核指标均围绕降低排放强度设定，针对董事长与能源经理层，采用财务激励方式，对于全体员工，施行非财务型的激励办法。公司董事长的绩效考核体系中纳入污染防治及能源节约工作情况，与董事长工资直接挂钩。碳排放总量、碳排放强度等与气候变化议题相关的指标纳入了省公司KPI评估体系，并制定了具体评估文件，省公司总经理和能源经理的薪酬与年度KPI评估结果直接挂钩。在子公司与员工层面，每年评选碳达峰碳中和行动计划先进集体、优秀个人。中国移动通过"C^2三能——中国移动碳达峰碳中和行动计划"，在节能、洁能、赋能三个方面开展工作。中国移动2023年节电超过89亿千瓦时，利用信息技术助力社会减排温室气体约3.1亿吨，每太字节信息流量助力社会减少温室气体排放115千克。

碳普惠制是为市民和小微企业的节能减碳行为赋予价值而建立的激励机制。中国移动在江西以数智化方式赋能低碳生活，携手江西省机关事务局，共同打造了"绿宝碳汇平台（全省公共机构低碳积分制平台）+中国移动（江西）app+全民绿色权益+生态伙伴"新模式，在绿宝碳汇平台上线移动专区，为该平台用户提供多元的绿币积分方式以及话费、流量等绿币兑换权益，加速推动绿宝碳汇平台低碳积分模式应用普及。截至2024年10月底，绿宝碳汇平台注册人数达186万余人，累计碳积分9.7亿个，初步核算实现碳减排19.7万吨。

安徽清凉峰国家级自然保护区被誉为华东地区的"天然动植物园"和"物种基因库"。为了更好地守护这片珍贵的土地，中国移动在安徽歙县打造了智慧林长信息化平台，通过建设林业有害生物防治、林长制信息展示、森林资源管理、灾害应急处置、指挥中心大屏、后台配置管理、移动巡护 app 等功能模块，让林业巡护由"用脚丈量"走向"云端管理"。2023 年 5 月，中国移动首次在高海拔无人区应用大带宽、长距离微波传输，为可可西里腹地的卓乃湖保护站及其周边 7 公里地域接入 5G 网络。通过中国移动 5G 专网，卓乃湖保护站首次实现 5G 远程实时监控，直播卓乃湖藏羚羊产仔盛况。中国移动与陕西汉中朱鹮国家级自然保护区管理局合作建设"5G+ 野生朱鹮监测分析"平台，通过深度融合 5G 和人工智能技术，在大型朱鹮夜宿地布置野保相机、高清云台等前端设备，并在后端配置鸟类识别算法与人工智能超脑，实现对栖居地朱鹮数量、种群分布等关键信息的监测统计，大幅降低了人工巡查频率，为工作人员研判朱鹮保护策略提供了精准依据，开创了信息化辅助野生朱鹮保护的先河。

乡村振兴与社会帮扶

数字乡村是乡村振兴的战略方向和建设数字中国的重要内容。中国移动持续深入推进"数智乡村振兴计划"，推进电信普遍服务，大力拓展农村和偏远地区的网络覆盖范围，促进基本公共服务均等化。中国移动 2023 年为偏远山区、边境地区等网络信息服务投入资金超过 180 亿元、累计超过 2200 亿元，建设了超过 39 万个数字乡村达标村，服务乡村用户 6400 万余人。

中国移动搭建了立体化、常态化、专业化的培训体系，培训对象涉及基层干部、乡村振兴带头人、技术人员，助力当地提升"造血"能力。中国移动开展的"智赋当康——支柱产业振兴帮扶行动"旨在助力帮扶县培育特色支柱产业，"特色产品神州行——消费帮扶专项行动"旨在打造消费侧、渠道侧、供给侧全链条消费帮扶体系，促进农产品销售提速升档。

科技创新与社会赋能

2023年,中国移动充分发挥运营商的龙头研发牵引作用和网络技术积累优势,与设备商和芯片设计公司携手,共同研制国内首款可重构5G射频收发芯片"破风8676"。截至2023年年底,"破风8676"芯片已在中国移动多家合作伙伴的整机设备中集成,填补了可重构射频收发芯片领域的国内空白,有效提升了我国5G网络核心设备的自主可控度。中国移动牵头组建5G创新联合体,构建全球领先的5G+行业网络基础,推动5G技术在医疗、教育、工业等多个领域的应用。

2023年,中国移动将国家"东数西算"战略与算力网络建设深度融合,推进算力跨地域、跨层级、跨内核、跨主体融通发展,打造了"全国20毫秒、省域5毫秒左右、地市1毫秒"的三级算力时延圈。它建设了国内运营商最大的单体智算中心,推进建设了12个智算中心节点,面向全网提供了大规模训练服务。2023年,中国移动构建了业界首个算网大脑,实现算力网络算力供给能力、数据处理能力、网络连通能力、业务供给能力最大化。算网大脑"手握"四大"金刚钻",开创"任务式"算网服务新模式,推动算力网络能力再次跃升。截至2023年年底,算网大脑已在全国试商用,支持"东数西算"、智算超算、数据快递等115种算网业务,并应用于大规模数据灾备存储、影视渲染、天文、医药研发等领域。

中国移动特别支持中小微企业的创新发展,充分利用自身的资源禀赋,助推中小微企业数字化转型升级,帮助中小微企业减负、提质、增效,增强市场竞争力。一方面,中国移动主要通过折扣优惠形式降低通信运营成本,2023年企业专线平均资费同比下降35.08%,企业宽带平均资费下降25.76%,累计让利金额14.08亿元。另一方面,它通过打造融合产品包来提升中小微企业的管理水平,2023年落地融合产品包1100万套,为超过2700万中小微企业提供信息化服务。

中国移动创新防诈安全服务。全网覆盖的诈骗提醒服务可在用户接到国际来电时进行短信提示；高频呼叫骚扰诈骗电话拦截服务可免费开通，无须安装 app；超级 SIM 卡必达消息可实时中断诈骗电话，或将通话转移至反诈中心，阻断诈骗行为。它开展反诈特色宣传，通过反诈精品短视频、明星反诈公益宣传等多元化方式，开展线上反诈宣传；印发《防诈骗宣传手册》等素材，联合公安开展反诈宣传活动。2023 年，中国移动全年拦截诈骗电话 3.71 亿次、诈骗短信 2.79 亿条、诈骗网址 889.24 万个，拦截涉诈 app 传播 197.98 万次，发送 10086 防诈骗公益短信 270.41 亿条，协同公安机关打击诈骗窝点 7890 个，缴获涉诈设备 2.06 万台，抓捕犯罪人员 1.50 万人，避免民众财产损失 240.12 亿元。

实践启示

启示一：社会责任理念的落地要有管治架构和机制。社会责任理念的价值不仅在于对外传播，更在于对内驱动系统性变革。企业要将理念转化为可执行的 KPI 嵌入组织架构，通过持续创新解决社会痛点问题。中国移动的气候管治架构权责明确，管治效用纳入绩效管理，还配有相应的激励机制，这让节能环保等社会责任工作目标化、可量化，有助于落实落地。

启示二：带动全社会一起做公益慈善。企业在做公益慈善时，不仅要做领头者，还要积极利用自身资源，构建平台，带动全社会参与公益慈善事业，并通过平台开展活动，最大限度地为资源匮乏的地区和人群提供帮助。

启示三：科技赋能乡村建设和社会发展。中国移动利用自己的科技力量，守护自然之美、赋能数字乡村建设和发展，用科技保护珍稀物种与自然资源。不仅如此，中国移动还攻克了"破风 8676"芯片等关键核心技术，构建了业界首个算网大脑等，为服务社会民生领域做出了应有的贡献。

后 记

———

这本书从最初构思到现在正式出版也有几年时间了。我是2019年5月出任中国上市公司协会会长的,那时我还是中国建材集团的董事长。做会长后不久,央视给我做了期对话节目《从股市"运动员"到"教练员"》,这期节目广受观众的好评,当时正值"两康"暴雷后股市比较低迷,大家对我做会长有些期待。于我而言,这个职务是我进一步了解众多上市公司和学习资本市场的极好机会。我也深知,对不少上市公司而言,从过去熟悉的产品市场进入一个全新的资本市场,并不是件容易的事,要进行认真的学习和实践。

习近平总书记十分重视和关心我国资本市场的健康发展与上市公司质量,他在2018年中央经济工作会议上指出,资本市场在金融运行中具有牵一发而动全身的作用,要通过深化改革,打造一个规范、透明、开放、有活力、有韧性的资本市场。2020年3月,新修订的《证券法》正式施行。2020年10月，国务院印发的《关于进一步提高上市公司质量的意见》指出，提高上市公司质量是推动资本市场健康发展的内在要求，是新时代加快完善社会主义市场经济体制的重要内容。2024年4月发布的新"国九条"进一步提出，要加快建设安全、规范、透明、开放、有活力、有韧性的资本市场。

为了强化对上市公司的规范治理和提高上市公司的质量，中国证监会2020年开始了为期两年的公司治理专项行动，2022年又启动了为期三年的提高上市公司质量专项行动。中国上市公司协会也把提高上市公司质量作为中心任务，开展了大规模的培训工作，每次集中培训经常由我讲第一课"如何提高上市公司质量"，听过我讲课的上市公司"董监高"人员至少有上万名。也正是从那时起，我萌生了就如何提高上市公司质量而给大家写一本书的想法，主要是希望能为大家提供些指导。这两年，中国上市公司协会和北大法学院举办了上市公司高管领航培训班，我在班上为学员们进行为期一天的授课，课程内容就是上市公司高质量发展的十项修炼，学员们反响很好。正是大家的热情鼓励，让我增强了写作这本书的信心和勇气。新"国九条"对资本市场和上市公司的高质量发展提出了明确的目标：未来5年，上市公司质量和结构明显优化；到2035年，上市公司质量显著提高。这相当于一个10年计划，也是一个伟大工程，要把众多上市公司提升为高质量的公司，既责任重大，又使命光荣，也要求每个上市公司都要时不我待，都要付出超常的努力。帮助大家明确目标，厘清思路，为大家做些参考和赋能，这也是我写这本书的初衷。在这几年里，我先后调研了近500家上市公司，近距离和上市公司高管进行了多次交流。应该说，这些年在如何提高上市公司质量方面，我有了进一步的认识，而这本书恰好反映了我的观察与思考。

我国资本市场发展至今已有35个年头了，与西方国家的资本市场相比，时间并不长，但我国资本市场在这段时间里从无到有，从小到大，一跃成为全球第二大资本市场。在这个过程，我国资本市场支持了国有企业的改革，支持了民营企业的壮大，支持了科创企业的发展，支持了专精特新"小巨人"的成长。今天，我国境内上市公司有 5400 多家，上市公司的年收入总和约占我国 GDP 的 60%，税收占比约为 26%。客观地说，我国资本市场为我国经济做出了巨大贡献，我国上市公司也成了我国经济的引领者。但是我们也要清醒地看到，资本市场的发展程度和我国经济发展的要求还存在不少差距，上市公司的整体表现和投资者的要求也有不小的差距，这也是我们需要正视的困难和要解决的问题。

要做好资本市场，需要四个方面的配合：一是经济的基本面要好，二是监管政策要到位，三是上市公司质量要好，四是投资者生态要好。在这四项工作中，上市公司质量又是经济基本面的基本盘。大家常讲，上市公司质量是资本市场的基石，只有提高上市公司质量，才能做好资本市场；只有做好资本市场，才能创造经济的繁荣。

在我的企业生涯中，我做了 18 年上市公司的董事长，先在 A 股北新建材做了 5 年董事长，后在 H 股中国建材股份做了 13 年董事长。我担任过董事长的中国建材集团和国药集团，它们分别管理着 14 家和 6 家上市公司。在出任中国上市公司协会会长之前，我长期担任中国上市公司协会的副会长，因此，我对如何做好上市公司有一些切身体会，这本书里有不少内容是我在长期实践中的经验和思考。

通过多年的实践和观察，我认为提高上市公司质量是有法可循的。一些上市公司的最佳实践也为我们提供了难得的经验借鉴，认真研究这些方法和经验对于提高上市公司质量具有很强的现实意义。这本书讨论了我国上市公司在公司治理、经营管理、价值创造、社会责任等方面的十项修炼，并融入了大量的企业实践案例。这不是一本讲理论的书，而是一本讲实践的书，这本书是专为上市公司的高管团队和经理人员写的，也适合拟上市公司和有志于进入资本市场的企业管理者们阅读，当然，对广大非上市公司也有参照和学习的意义。相信对大家而言，这是本好读和实用的书。

我国资本市场享有盛名的专家吴晓求先生欣然作序，为本书增色不少。他在序中对我国做好可持续发展的资本市场提出了三个方面的建议：一是要提高上市公司的竞争力和可投资性，二是要提高充分的流动性，三是资本市场全链条式的制度改革和规则完善。他对做好资本市场充满了殷切期待，同时他对这本书给予的肯定也让我十分感动。在写作过程中，这本书得到了中国上市公司协会的大力支持，也得到了一些上市公司的鼎力相助，程凤朝团队也做出了贡献，他们的上市公司健康指数为我们寻找相关案例提供了指引，中国上市公司协会的蔡莹莹博士也提供了不少帮助，中国企业改革与发展研究会的李秀兰和李倩也为这本书做了很多工作，机械工业出版社的吴亚军一如既往地为我的这本书主持编辑工作。应该说，这本书是大家集思广益和共同努力的结果，在此衷心感谢大家的支持和努力，也感谢机械工业出版社的不懈努力。这是机械工业出版社这几年为我出版的第六本书了，感谢将成为本书读者的朋友们，让我们共同努力，为提高上市公司质量和活跃资本市场而奋斗。

宋志平

2025 年 7 月